人間・始皇帝

鶴間和幸
Kazuyuki Tsuruma

岩波新書
1563

目次

プロローグ

始皇帝の実像を求めて

いまから二二〇〇年も前の古代中国に出現した始皇帝《しこうてい》（前二五九―前二一〇、在位前二四七―前二二〇）は中国史上最初の皇帝であった。司馬遷《しばせん》（前一四五頃―前八六頃）の編纂した『史記』を読むことによって、五〇年の帝王の生涯をたどることができる。始皇帝、つまり秦王政《しんせい》は秦を遠く離れた趙《ちょう》の都邯鄲《かんたん》で生まれ、一三歳で秦王に即位し、三九歳で天下を統一して皇帝となったが、一二年後に不意に病死、かれが樹立した秦帝国も三年後には瓦解してしまう。

だが、わずか一五年の短命な統一帝国にもかかわらず、始皇帝ほど中国史上大きな議論をよびおこしてきた皇帝はいない。始皇帝亡き後二〇〇〇年以上にもわたって、始皇帝の権威は生き続け、中国史に大きな影響を与え続けてきたからである。現在の中国を理解するうえでも、始皇帝の時代から学ぶことは多い。たんなる絶対的な権力者とか、有能な君主と決めつけられないところに、人間的な興味をよびおこす存在なのである。

司馬遷は中国の統一をはじめて実現させた皇帝として、つまり皇帝になるべくしてなった必然的存在として始皇帝を描いている。『史記』に見えるのは、始皇帝の死後一〇〇年以上経って書かれた司馬遷による始皇帝像であり、すでに始皇帝の実像とは一定の距離があった。司馬遷はほぼ前漢の武帝《ぶてい》(在位前一四一―前八七)の治世を生きた人間であり、武帝という皇帝とその時代を描くために『史記』をまとめたといってもよい。始皇帝の時代そのものを描く目的で『史記』の秦始皇本紀《ほんぎ》を記したのではなかった。司馬遷の目には今上皇帝である武帝と始皇帝が重なって見えていたのである。

二人の帝王の行動がよく似ているのは、他でもなく武帝自身が始皇帝を意識していたからであった。武帝が行った、北は匈奴《きょうど》、南は南越《なんえつ》(秦滅亡直後に秦人を王として独立した越人の国)との大規模な戦争、万里の長城の建設、泰山《たいざん》での封禅《ほうぜん》という国家祭祀、全国の山川祭祀を実行した巡行などは始皇帝の事業の再現であるといってよい。始皇帝の過去の遺産を受け継ぎながら、一方でその呪縛から離れようとした過程が武帝五四年の治世であったといえる。

したがって始皇帝の五〇年の生涯の実像に迫るには、『史記』からいったん離れなければならない。それは『史記』の記述を無視することではなく、『史記』のなかの始皇帝に関する記述を一つ一つ典拠を確認し検証していくことである。さいわいに司馬遷は始皇帝の歴史を創作したわけではなく、ほとんど原史料の素材はそのままに、そこから取捨選択することによって始皇帝の年代記を作成したので、『史記』に収められた素材の文章を武帝の時代から切り離して再構成する作業が可能である。その際に有効な方法は、始皇帝の同時代の考古資料と文字史料を積極的に活用することである。しかし一九七四年まではそのような方法をとること自体が難しかった。

地下からのメッセージ

一九七四年三月、始皇帝陵の東一・五キロメートルの地点で偶然に兵馬俑坑《へいばようこう》が発見された。兵馬俑の俑とは孔子《こうし》のことばに由来する。人間の姿をありのままに写し取り、墓に埋めたひとがたをいう。孔子はこれを嫌ったが、発見された坑からは、始皇帝と同時代の兵士と馬の姿が等身大で生き生きと甦ってきた。さらに翌七五年には、湖北省雲夢《うんぼう》県にある秦の時代の一地方官吏の墓から、一一五五枚の始皇帝の時代の竹簡《ちくかん》(竹を乾燥させた細長い札に墨で文字を記したもの)が発見された(睡虎地秦簡《すいこちしんかん》)。両者とも二〇〇〇年以上地下に眠っていた始皇帝の時代がそのままに私たちの眼前に現れたものである。その後も始皇帝陵周辺の発掘と、秦の時代の竹簡文字史料の発見はとどまることを知らない。

さらに今世紀に入って二〇〇二年には、湖南省の古城にあった古井戸から三万八〇〇〇枚にもおよぶ秦代の簡牘《かんとく》(簡はふだ、牘は板)が発見され(里耶《りや》秦簡)、その正式な図版全五巻が二〇一二年一月から刊行され始めた。二〇〇七年には湖南大学嶽麓書院《がくろくしょいん》が盗掘された秦代の簡牘を香港で購入し、寄贈分もあわせて二一七六枚の整理が進み(嶽麓秦簡)、二〇一〇年一二月から全四巻の図版が刊行された。さらに海外に流出した秦代の竹簡七六二枚と漢代の竹簡三三〇〇枚以上が二〇一〇年と二〇〇九年にそれぞれ北京大学に寄贈され(北大秦簡と北大漢簡)、二〇一二年一二月より漢代の竹簡の方から全七巻の図版が刊行され始めた。

これらは司馬遷の伝えてきた情報をはるかに超えた始皇帝の同時代史料となった。いまや古井戸や地方官吏の墓といった地下からの貴重なメッセージは無視できなくなっている。二〇一〇年代に入ってまさに始皇帝研究は新たな段階にきているといってもよい。(ただ嶽麓秦簡と北大秦簡・漢簡は、正式に発掘されたものではなく、偽造簡が横行する骨董市場に流出したものであるため、簡牘の年代測定、文字の形態、文意の妥当性などに注意し、慎重に扱う必要がある。)

これらの中には『史記』とは異なる始皇帝の故事を記したものが見つかっている。たとえば、北大漢簡のなかには始皇帝のことを語った『趙正書《ちょうせいしょ》』と題する竹簡文書がある（第七章扉参照）。五〇枚の竹簡に約一五〇〇字ほどの文字が書かれている。趙正とは『史記』にいう始皇帝趙政のことであり、これまでまったく知られることのなかった始皇帝に関する漢代の文献が新たに発見されたことになる。全文はまだ公表されていないが、武帝治政末期にまとめられた『史記』よりも少しだけ古い時期に書かれたものであるらしい。『史記』では始皇帝のことを嬴政《えいせい》または趙政といっている。伝説では秦の先祖は五帝の舜《しゅん》のときに嬴という姓を賜わり、その子孫が趙城に封ぜられたので趙という氏を持ったとされてきた。

　ところがこの『趙正書』の内容には驚かされた。始皇帝を「趙正」とするのみならず、始皇帝を皇帝とは認めずに秦王と呼びつづけ、また秦王は白《はく》（柏）人《じん》の地で病気になったと記されており、『史記』でいう平原津《へいげんしん》で病になった記述とは食い違う。また『史記』では、始皇帝崩御の直後、沙丘《さきゅう》において胡《こ》亥《がい》、趙高《ちょうこう》、李《り》斯《し》の三人が陰謀した反乱が起きたことになっている。長男扶蘇《ふそ》に後継を託した始皇帝の遺詔《いしょう》がここで破棄されたという。ところが『趙正書』では始皇帝のもとで胡亥を正統な後継者にする会議が行われ、始皇帝もこれに同意したという。『史記』との齟齬《そご》は明らかである。

　さらに二〇一三年湖南省益陽《えきよう》市の古井戸で発見された最新の秦の時代の竹簡（益陽秦簡）によ

れば、即位したばかりの二世皇帝が「天下の人びとは始皇帝を失いました。突然の悲しみは深く、朕《ちん》は始皇帝の遺詔をお守りいたします」と父亡き後の決意を述べていることがわかった。『史記』によれば始皇帝の遺詔は趙高らに破棄され、新たに書き換えられた偽詔《ぎしょう》によって二世皇帝が即位したことになっている。史実はどうだったのか。もっとも重要な始皇帝の史料である『史記』の再検証が必要となってきた。

人間・始皇帝

始皇帝が暴君であったのか、それとも有能な君主であったのか、議論は今に至るまで絶えることがない。焚書坑儒《ふんしょこうじゅ》によって儒家の書を焼き、儒者を穴埋めにし、また万里の長城などの大土木工事では民衆を酷使したことから暴君とされる。一方戦国の分裂時代を終焉させて統一を実現し、文字・度量衡《どりょうこう》を統一し、また郡県制の実施によって中国歴代王朝の基本的政治体制を築いた点を見れば、有能な君主とされる。これら従来のイメージに加え、新たに発見された同時代史料は、これまで一般に語られてきた儒家弾圧の暴君像とは異なった皇帝像を語ってくれる。同時に統一事業を強権で実現していった皇帝よりも、征服しながらも東方（六国《りっこく》の地）の地域の文化を畏怖《いふ》しつづけた人間・始皇帝が浮かび上がってくる。

私は二〇一〇年から五年間、「出土資料から見た始皇帝の時代」「出土資料から始皇帝の時代を読む」と題した講義を大学で続けてきた。毎年のように公表される新しい出土資料を紹介しながら、『史記』の読み直しを行い、始皇帝の人間としての実像に迫ってきた。その結果からしぼられてきたのが八つのテーマである。本書では講義の内容を再現しながら、始皇帝の出生、即位、内乱、暗殺未遂、統一と巡行、中華の夢、死、帝国の終焉と、始皇帝の一生涯とその没後の秦の歴史をたどってゆく。中国の皇帝のなかで、これほど波乱に満ちた生涯をたどった者はいない。だからこそ皇帝・始皇帝ではなく人間・始皇帝に焦点を当てながら、一人の人物がたどった歴史をふりかえることに意味がある。その作業をともに体験しながら読み進めていただきたい。

第一章　趙正出生
――生誕の秘密（一歳）

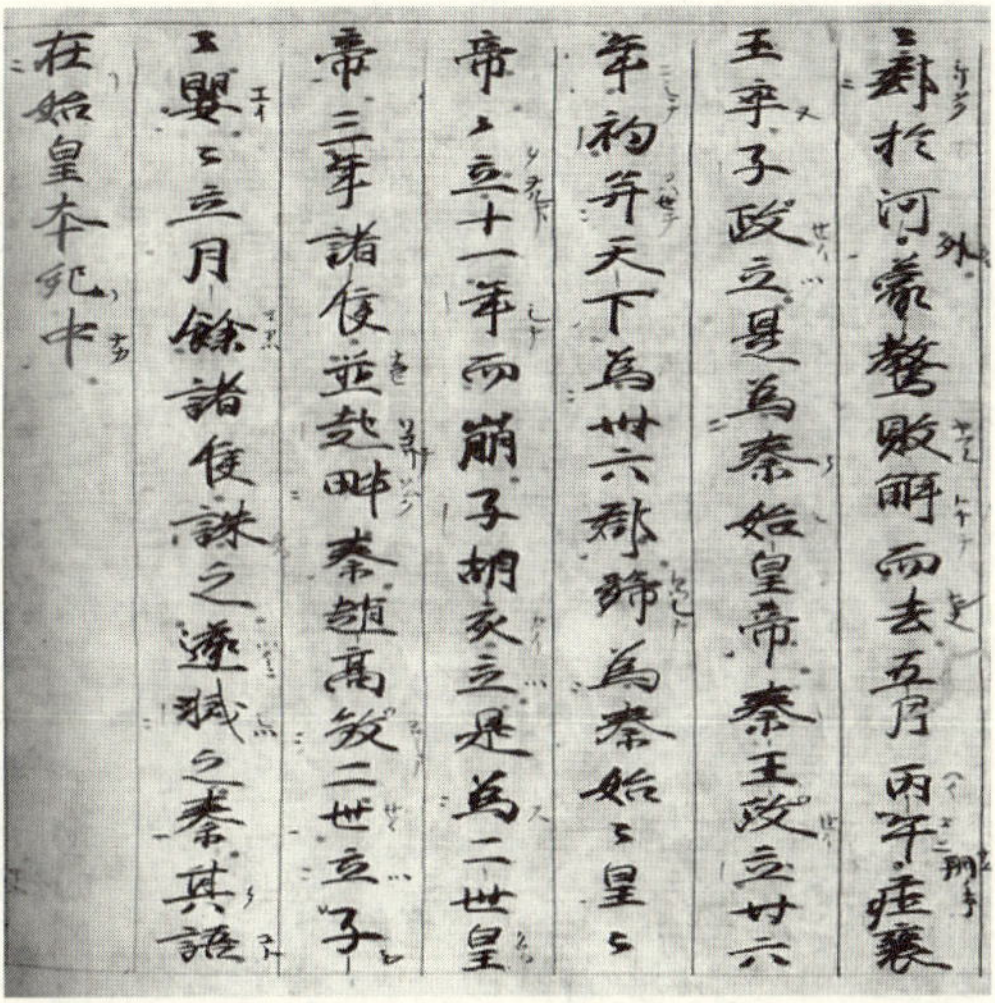
卒於河外蒙驁敗解而去五月丙午莊襄
王卒子政立是為秦始皇帝秦王政立廿六
年初并天下為卅六郡號為秦始ゝ皇ゝ
帝ゝ五十一年而崩子胡亥立是為二世皇
帝三年諸侯並起叛秦趙高殺二世立子
嬰ゝ立月餘諸侯誅之遂滅秦其語
在始皇本紀中

『史記』巻5秦本紀（公益財団法人東洋文庫蔵，京都高山寺旧蔵）
天養2（1145）年に日本で書写された．返り点，送り仮名，漢字のふり仮名・声調がほどこされている．本文の内容は23頁参照．

始皇帝《しこうてい》の出生について、『史記』の始皇帝の本紀《ほんぎ》では秦王《しん》（荘襄王子楚《そうじょうしそ》）の子であるといい、呂不韋《りょふい》という商人の列伝では呂不韋の子であるといっている。『史記』をあくまでも伝説の文学として読むならば、その齟齬《そご》はむしろ読者の興味をそそることになる。あの中国をはじめて統一した始皇帝にじつは秦の王室の血が流れていなかったとか、東方の商人とその愛姫《あいき》の間の子であったとかいうのは話としてはおもしろいかもしれない。しかし『史記』を歴史の史料として読むならば史実はたしかに一つしかない。どちらかが史実であると断定はできないが、どちらの記事が史実により近いのかを判断することはできる。

また始皇帝の姓名は『史記』の本紀や世家《せいか》では趙政《ちょうせい》としている。しかし『史記』の古いテキストや戦国時代の外交の故事を集めた『戦国策《せんごくさく》』の注では趙正《ちょうせい》であったという。名前など政であっても正であってもどちらでもよいのではないかと思われるかもしれない。しかしのちに秦の王になり、皇帝になった人物である。中国では皇帝の名を避諱《ひき》（死者の名を諱《いみな》といい、この文字全般を使用することを文書では避け、別の字に置き換える）する習慣があるため、どの文字かは重要である。誕生したときには将来秦王になることも、ましてや皇帝になることなど約束されていなかった一人の人間につけられた名前が、皇帝になったことで、没後の歴史のなかでどのように伝えられていったのか。二つの異なる文字として伝えられているとすれば、どちらが史実であるのかさぐることも興味深いのではないだろうか。

始皇帝の出生の事実により近づくためには、『史記』の各所に散らされた記述を整合的に読んでいく必要がある。

長平の戦い

始皇帝が誕生する前年の昭王四七(前二六〇)年に起こった長平《ちょうへい》の戦いは、白起《はくき》将軍に率いられた秦軍が四五万もの趙の兵士を殺し、しかもかれらをその場で偽って生きながら穴埋めにしたというきわめて残酷で壮絶な戦争であった。この直前、長平からわずか一五〇キロメートルほど東北に離れた趙の都の邯鄲では、韓《かん》あるいは衛《えい》の大商人の呂不韋と秦の王子の子楚《しそ》が出会っていた。そんななか長平の戦いが始まった(図1―1)。

この戦いで、経験豊富な秦の老将軍白起がなぜ、趙の青年将軍趙括《ちょうかつ》の軍営を襲って四五万人も生き埋めにしたのかはわからない。戦国時代の戦争では敵兵の首をとり、それに応じた爵位を得るのが兵士の参戦の目的であっても、四五万人はあまりにも多すぎる。だが『史記』では、まず六国年表《りっこくねんぴょう》に昭王四七(前二六〇)年、「白起が趙の長平を破って兵士四五万を殺した」とあり、

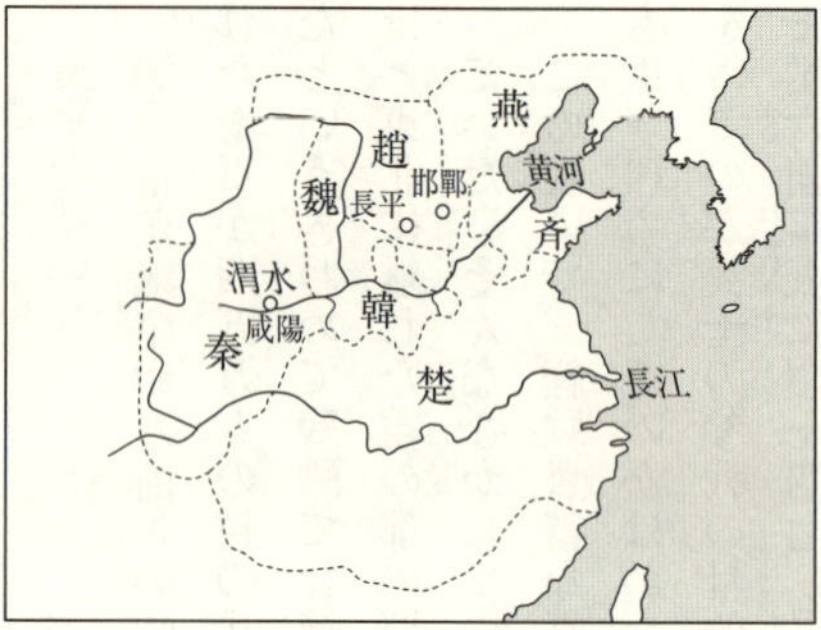

図 1-1　戦国諸国図

秦本紀には四十余万を殺したとある。また攻撃された趙の歴史は趙世家にあり、そこでは「兵士四十余万をみな穴埋めにした」とあり、少なくとも「殺した」ことが穴埋めにして殺したことであったことがわかる。つまり白起は趙の軍勢をだまし討ちにしたことになる。

白起将軍は昭王四八（前二五九）年の武《ぶ》安《あん》攻撃を最後に失脚した。同時代史料の睡虎《すいこ》地《ち》秦簡《しんかん》の『編年記』には、「昭王四八年、武安を攻める」とある。その後、白起は長平の戦いの功績で武安君と呼ばれるようになった。しかしながら秦出身の白起将軍は魏《ぎ》出身の秦の丞相《じょうしょう》范雎《はんしょ》との権力闘争に敗れ、昭王五〇（前二五七）年、官と爵をすべて剥奪され、死罪を言い渡された。このときに最期のことばとして、白起は死罪になった理由をあえて「趙の降伏の兵士数十万人を偽って穴埋めにしたことが死罪に値する」と述べて自害した。かれ自身は四五万の戦果を心底から誇るわけではなく、戦術として若い趙の兵士を生き埋めにしたことに罪の意識があったのである。数を誇るならば四五万と明示しそうなところを数十万と概数で示している。同時に秦の兵士として一五歳以上の若者が動員され過半の者が死傷したことも悼んでいる。それでも秦の民衆は無実を信じて白起の死を悼んだ。

この長平の古戦場の史跡が一九九五年発見された。長平は現在の山西省高平市《こうへいし》永禄村《えいろくそん》にある。十数箇所の人骨坑が出土し、一つの坑には二〇歳から四五歳の男性ら百三十数人が埋まっていた。考古資料が『史記』の記述を裏付けてくれたことになる。大腿骨に矢じりが深く食い込んだものもあれば、鈍器で殴られたような陥没のある頭蓋骨も見られ、なかには刀痕も見られる。頭骨が分離したものも六〇体見られた。これほど深い秦の趙軍への憎しみはどこからきたものであったのだろうか。逆に、趙の人びとは秦の無慈悲な行動に深い悲しみと怨念を募らせただろう。こうした秦と趙が最悪の関係のときに、趙の都で始皇帝は生まれたのである。

質子の価値

質子《ちし》の質はシチではなくチと読み、この場合はにえ(礼物)とか、ひとじちを意味する。春秋戦国時代、諸国の間では後継の太子やその他の公子を質子としてしばしば交換した。秦の昭王《しょうおう》はかつて質子として燕《えん》の国に出ていたし、その昭王の悼太子《とうたいし》も質子として滞在していた魏の国で死亡し、その遺体は帰国して秦の王族の墓地に帰葬された。二年後、亡き悼太子に代わって

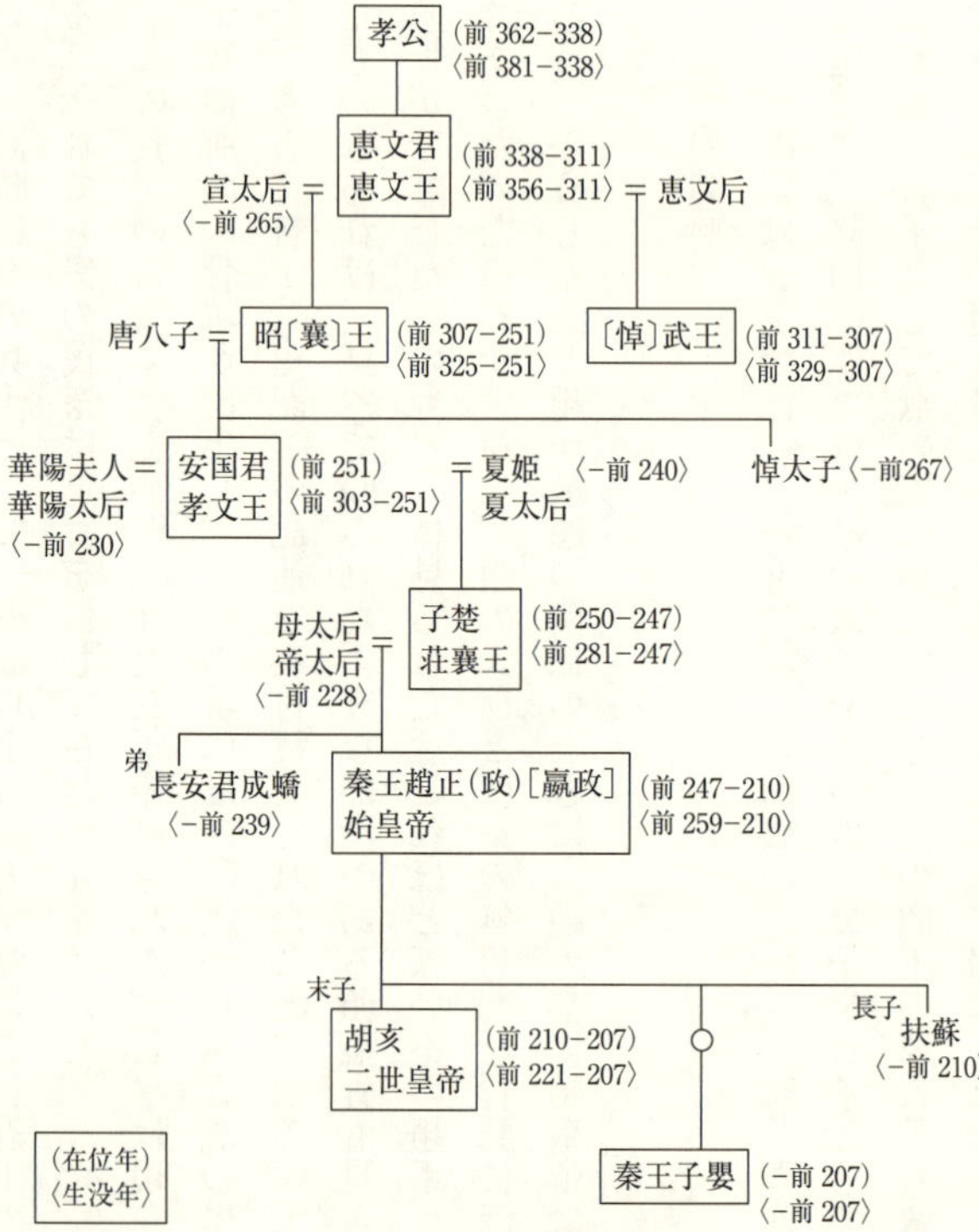

図1-2　戦国秦の系図

昭王の次子の安国《あんこく》君が太子となった。のちの孝文《こうぶん》王であり、始皇帝の祖父にあたる(図1―2)。

　秦も外国から質子を迎え入れた。昭王四(前三〇三)年、楚《そ》の懐《かい》王の太子が秦に質子となったことがある。しかし秦の大夫を私闘のすえに殺したことで国に逃げ帰った。この質子の行動がきっかけで秦と楚の間で戦争が起こることになる。昭王八(前二九九)年、楚の懐王が秦に幽閉されると、今度は斉《せい》に出ていた質子の太子が楚に戻されて即位した。後に述べるように燕王喜《き》の太子丹《たん》が質子のときに秦に冷遇されたことが、秦王政の暗殺未遂事件を誘引することになった例もある。

一国の太子が出国することもあるし、国に戻ってから太子に即くこともある。いずれにしても質子としての在外体験は、戦国時代の複雑な国際関係のなかで生きていく智恵を彼らに与えたことだろう。質子が本国の危難を救うこともしばしばあった。

安国君の子、始皇帝の父たる子楚もまた質子であった。そして子楚を支えたのが、不遇の身の子楚の将来を見込んで「奇貨《きか》」とし、将来を見通した東方の大商人呂不韋であった。商機を見て高値になる商品を奇貨という。子楚は邯鄲に滞在していたときに、呂不韋の愛姫に惹かれ、愛姫はやがて一人の男子を産んだ。これが始皇帝である。長平の戦いで大量に趙の兵士が穴埋めにされた直後のことであった。

二人の父の真偽

『史記』秦始皇本紀を読むと、冒頭に秦始皇帝は秦荘襄王の子であると明言しているが、『史記』呂不韋列伝は、明らかに始皇帝の父が東方の大商人呂不韋であったと読むことができる。

列伝によれば、呂不韋は自分と同居していた愛姫が懐妊していることを知っていた。その後に子楚が呂不韋に誘われて酒を飲んだときに、この愛姫をたいそう気に入って求めたが、呂不韋の怒りをかった。しかし呂不韋はこのときすでに子楚を将来王位につけようと家財を使い果たしていたので、結局奇貨を居《お》くべしと愛姫を子楚に献上することにした。愛姫は身ごもっていることを隠して子楚のもとに行き、大期《たいき》(一二ヶ月)になって政を生んだというのである。

この列伝の記述では、始皇帝は通常の十月十日《とつきとおか》あるいは二八〇日前後をはるかに超える一二ヶ月の妊娠期間で生まれたことになる。生誕した昭王四八(前二五九)年正月(一月のこと)から一〇ヶ月さかのぼれば昭王四七(前二六〇)年三月ころに妊娠したはずである。実際にはこのころに子楚が愛姫と出会い、愛姫が妊娠したのであろう。

しかし誰かが始皇帝は秦の王族の血を引かず、東方の商人呂不韋の子であるとすることを目論んで、子楚と出会う前に妊娠していたことにした。その結果、生誕から一二ヶ月もさかのぼって呂不韋の子を身ごもっていたことになった。前漢の昭帝も一四ヶ月で生まれたことが奇異とされたし、伝説上の聖人である堯《ぎょう》も一四ヶ月で誕生したという。しかしこの場合かれらとは事情が異なり、始皇帝が常人とは違う聖人の生誕であったことを伝えたわけではなかった。むしろその素性をおとしめようとしたものである。後漢の時代に『漢書《かんじょ》』を編纂した班固《はんこ》も始皇帝のことを呂不韋の姓をとって呂政《りょせい》とまでいった。それは呂不韋列伝の記述を信じたまでである。いったい始皇帝の出生の秘密として呂不韋の子と喧伝したのは誰であったのだろうか。

その解答へのヒントは『史記』春申君列伝《しゅんしんくんれつでん》にあった。時間を少しだけ先に進めなければならない。楚の春申君黄歇《こうけつ》は戦国四君《しくん》の一人である。あとの三人は斉の孟嘗君《もうしょうくん》田文《でんぶん》と趙の平原君《へいげんくん》趙勝《ちょうしょう》と魏の信陵君《しんりょうくん》無忌《むき》であった。彼らは自分の広大な領地を持ち、食客を数千人規模で全国から集め、それぞれの国王をしのぐ権力を握っていた。孟嘗君は少し前の人間であるから、同時代では文信侯の呂不韋が彼らと相並ぶ四君であったといえる。

なかでも春申君黄歇と呂不韋はよく似た経歴をもつ。春申君は楚の考烈王《こうれつおう》(在位前二六三―前二三八)が太子のときから一心同体、二五年間も一人の王に仕えて令尹《れいいん》(丞相)として楚の政治を動かした(図1―3)。呂不韋も荘襄王と秦王(始皇帝)の二代にわたって一二年間相邦《しょうほう》(丞相)として仕えた。また、考烈王にはなかなか世継ぎが生まれなかったことから、趙の李園《りえん》は妹を春申君に嫁がせ、身ごもったあとにすぐに考烈王の王后とし、この妃が太子のちの幽王《ゆうおう》を生んだという。背後に平原君趙勝の動きがあったかもしれない。李園はそのことが発覚することを恐れ、楚考烈王二五(前二三八)年、春申君を殺害したという。まさに同じ年に、秦ではのちにふれる嫪毐《ろうあい》の乱が起こり、呂不韋の失脚と自殺のきっかけとなった。

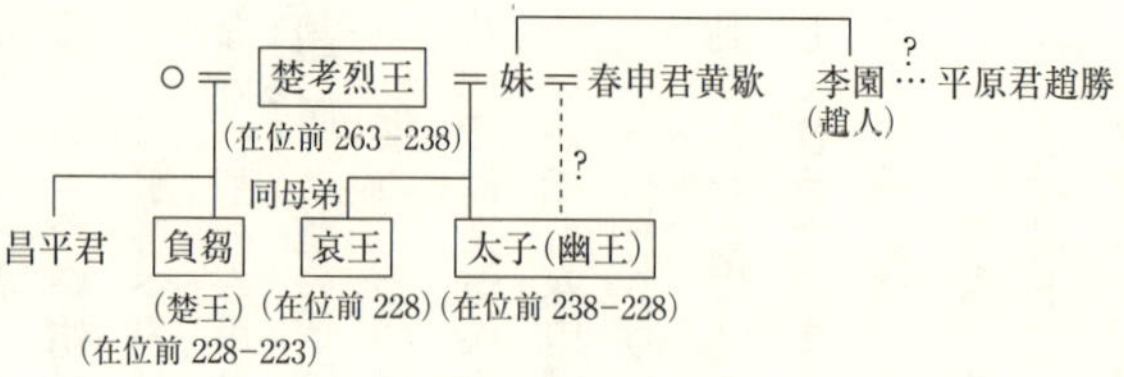

図1-3　楚王と春申君

しかし実際には春申君の敵は李園ではなく、李園の甥となる幽王の同《どう》母弟《ぼてい》（母を同じくする弟）の哀《あい》王を即位二ヶ月で襲撃して殺した一党であったと思われる。彼らは楚最後の王の負芻《ふすう》、すなわち幽王の異母弟を擁立した人びとであった。かれらこそが幽王をおとしめ春申君を失脚させることをもくろんで、春申君が幽王の父であるといううわさを広めたのであろう。同じころ呂不韋が始皇帝の父であると漏らしたのも、呂不韋と嫪毐の二大勢力を徹底して排斥しようとした人びとであったと思われる。その後、呂不韋らに代わって若き秦王を支えたのは、楚の公子にして秦の相邦となった昌平《しょうへい》君と楚の地方官吏出身の李斯《りし》であった。

趙政と趙正、ふたつの姓名

もう一度時間を戻して始皇帝誕生の背景をみてみよう。始皇帝は「昭王四八（前二五九）年正月に邯鄲で生まれたので名を政とし、姓は趙氏」と『史記』秦始皇本紀の冒頭に記述している。しかし正月生まれと政という名とはすぐには結びつかない。結論からいえば、おそらく司馬遷が

「正月生まれだから名を正とした」という文章の正の一字を政に換えてしまったことから、後世の『史記』の注釈者は混乱してしまったのだろう。将来皇帝になることなど想像しがたかった子が正月に邯鄲で生まれた。単純に正月の正を名前にしたにちがいない。しかし彼を戦国の統一者として描こうとした司馬遷はそういうわけにはいかなかった。

私たちが実際に見ることができる『史記』のテキストは、紙に印刷された一〇世紀北宋《ほくそう》以降のいわゆる刊本（印刷本）の時代のものであり、出版者名や出版機関名をとって何々本と呼ばれる。南宋時代には黄善夫《こうぜんふ》（個人）本（第三章扉参照）、元《げん》代には彭寅翁《ほういんおう》（個人）本、明《みん》代には汲古閣《きゅうこかく》本、凌稚隆《りょうちりゅう》『史記評林』本（第四章扉参照）、清《しん》代には武英殿本（第二章扉参照）、金陵書局本、現代の中国では中華書局本などがある。いまは中華書局修訂本（二〇一四年、第八章扉参照）を最新のテキストとして使用するのが便利である。それらのどのテキストを見ても趙政という姓名しか見あたらず、趙正はない。秦が征服した国々の歴史は『史記』世家に書かれている。そこにも秦王「政」あるいは秦王「趙政」が即位したと記されている。

印刷本の『史記』の時代の前には紙に筆で書かれていた抄本《しょうほん》（写本）の『史記』の時代があった。南北朝時代から唐《とう》時代、五世紀から一〇世紀初頭までのことであった。この時代には三つの注釈書もまとめられた。五世紀南朝劉宋《りゅうそう》の裴駰《はいいん》の『史記集解《しっかい》』と、八世紀唐の司馬貞《しばてい》の『史記索隠《さくいん》』と、同じく唐の張守節《ちょうしゅせつ》の『史記正義』との三つである。この写本の時代のテキストは中国よりも日本に多く残されている。中国では印刷の時代に入っても、日本では依然として写本文化が続いていたからである。東京国立博物館所蔵の唐代の『史記』河渠書《かきょしょ》の残巻は『史記集解』である。唐から写本『史記』を輸入した日本では、平安時代に盛んに筆写され、一一、一二世紀の写本も残されている。公益財団法人東洋文庫所蔵の写本の秦本紀も『史記集解』である（本章扉参照）。

こうした写本『史記』の時代には、趙政を趙正と書いたテキストがあったことが間接的にわかる。『史記集解』は四世紀の徐広《じょこう》の『史記音義』を引用し、彼が見た『史記』のひとつのテキストには趙正と記すものがあったという。また三世紀の宋忠《そうちゅう》の説も引用し、元旦（一月一日）生まれであったから正という名前にしたという。趙正とする『史記』のテキストが併存していたというのは見過ごせない。唐の司馬貞は、始皇帝が趙の国で生まれたので趙政といったという説と、秦と趙の共通の祖先が趙城を得て繁栄したので趙政といったという説をあげ、一方で秦は二世皇帝のときに始皇帝の諱《いみな》（死者の名前）の正を避けて正月を端月《たんげつ》と改めたともいっている。「端」はこの場合、端《はし》ではなく正しいの意で、このように同じ意味の文字に差し替えることを避諱という。始皇帝の名前が正であったことを認めたことになる。

同じ唐の張守節は、正月《せいがつ》元旦生まれであるから政《せい》を名にしたと、『史記』の記述を苦心して説明する。その結果、始皇帝の諱の政《せい》の音を避けて正月《しょうがつ》と発音するようになったという。しかしこれは曲解である。張守節は唐代の漢字音を周秦漢の始皇帝の時代の上古音にも当てはめてしまった。唐代の中古音の漢字には平声《へいせい》(高く平らか)、上声《じょうせい》(尻上がり)、去声《きょせい》(尻下がり)、入声《にっしょう》(子音で終わる)の声調があった。正と政はまったく同じ音であるが、音の抑揚には平声と去声の二つがあった。平声は日本に伝わる六朝《りくちょう》時代の呉《ご》音のショウ、去声は唐代の漢音のセイに当たる。端正の正(セイ)は去声で尻下がりに読み、正月の正(ショウ)は高く平らな平声で読む。現代中国語の発音でも端正(duānzhèng)の正は第四声、正月(zhēngyuè)の正は第一声となり、引き継がれている。しかし始皇帝の時代に名前の正の去声を避けたために正月の正を平声として読んだわけではない。呉音とは南朝の都のあった江南の発音であり、漢音は唐の都長安付近の西北の発音である。どちらも秦までさかのぼるものではない。

司馬遷の思惑

さらに「プロローグ」でふれたように、新たに『趙正書』の竹簡《ちくかん》文書が発見されたことによって、司馬遷《しばせん》の『史記』よりも前に趙正と呼ばれていたことがはじめてわかった。『趙正書』

は『史記』と同じ武帝期でも早い時期に書かれたという（現存はしないが『史記』もまとめられた当時は竹簡の文書であった）。司馬遷もこの書の存在を知っていた可能性はある。何より、始皇帝は正月生まれであるから趙正であったとするのは単純明快である。このように考えてくると司馬遷が趙正を趙政に改めた可能性は高い。元旦生まれであったかまでは十分な確証はないが、『趙正書』の内容は秦王趙正の晩年の故事であり、秦王を皇帝と認めていない。司馬遷はあえて趙正を趙政と読み替えることによって始皇帝の権威を高めようとしたのだろう。政は政事を意味する（中国古代では政「治」よりも政「事」の方を一般的に用いる）。

　ところが、漢代の司馬遷の感覚ではそうであったかもしれないが、秦代にはまつりごとを意味する「政」の字がまだ使われておらず「正」字で代用していたのである。北京大学所蔵竹簡には漢簡のほかに秦簡もあり、そのなかに「従正之経《じゅうせいのみち》」「清潔正直《せいけつせいちょく》」と記した文書があった。江陵王家《こうりょうおうか》台《だい》秦簡にも「正事之常《せいじのつね》」と記した竹簡がある。従正は従政（政治をとる意味）、正事は政事のことである。正は正直《せいちょく》と正事《せいじ》では意味を異にし、後者のように秦の時代の正は政の仮借《かしゃ》（意味とは無関係に音を借りる）としても用いていたのである。司馬遷はいまでは残っていない秦の史書『秦記』を読んで六国年表をまとめた。『秦記』は秦の簡単な年代記であり、秦本紀、秦始皇本紀の記事も『秦記』に依拠している部分がある。秦の文字の使い方によれば、『秦記』

には趙政ではなく趙正とあったはずである。『史記』秦本紀の最後の箇所に『秦記』が引用されている。「荘襄王《そうじょうおう》卒《しゅっ》して子の政立つ。是れ秦始皇帝為《た》り。秦王政立つこと二十六年、初めて天下を并《あわ》せて三十六郡と為《な》し、号して始皇帝と為す。始皇帝五十一年にして崩《ほう》ず」の部分である。秦本紀が依拠したこの『秦記』の原文でも秦王政は秦王正であったはずである。（ちなみに最後の「五十一年而崩」の箇所は、日本に残る写本では「立十一年而崩」となっている〈本章扉参照〉。五一歳で崩御したことよりも〈実際は五〇歳と七ヶ月〉、皇帝に即位して一一年〈実際は一一年と数ヶ月〉で崩御したことを記した方が本来の文章にふさわしい。写本の時代には誤写は避けられない。立の字は字形が似ている五に誤写してしまったのであり、中国の中華書局修訂本が新たに日本の写本によって修正されていることはおもしろい。）

始皇帝趙正の正の字は皇帝の名前であっても、始皇帝の生きている時代には必ずしも避諱しなければならなかったわけではない。始皇帝亡き後、子の二世皇帝の治世では、周家台秦簡の二世皇帝元年の暦譜《れきふ》（カレンダー）の木牘《もくとく》に見えるように、正月は端月とわざわざ改めてある。『史記』の秦楚《しんそ》之《の》際月表《さいげっぴょう》の二世二年端月、三年端月と同じである。一方始皇帝と同時代の出土文書では正月とそのまま書いてあるのが普通であり、始皇帝の生前の文書である睡虎地秦簡でも里正《りせい》（村の役人）を里典《りてん》と一部改めてあるものの、生存している始皇帝の名を徹底して避けることはしていないと理解すべきであろう。始皇帝の死後には諱を避けたのである。

生誕日の占い

睡虎地秦簡のなかに『日書《にっしょ》』という占いの文書があり、そのなかに生子《せいし》という誕生日の干支《かんし》による占いがあった（図1―4）。当時の日付は甲子《こうし》から癸《き》亥《がい》まで六〇日の繰り返しで表記されるのが一般的であり、その六〇通りの干支からその子の将来の吉凶を占った。出世、長寿、富裕、寵愛、勇武などは吉、その対極には貧困、疾病、孤児、奴婢などの凶があった。現代から見れば迷信にすぎないが、そこに示された内容からは秦の時代の社会相を読み取れる。「乙亥《いつがい》生まれは酒に利なり」とか「丁酉《ていゆう》生まれは酒を嗜《たしな》む」とかいうのは、将来酒飲みになることをいったものである。「己《き》卯《ぼう》生まれは邦《くに》を去る」とは、戦国時代には国境を越えた移動が多かったことを示している。庶民の将来の願いは、男子は上卿《じょうけい》（大臣）、女子は邦君《ほうくん》（王侯）の妻になることであり、一方で男子では人臣《じんしん》（奴）、女子では人妾《じんしょう》（婢）に落とされることがあった。人々が家柄に関係なく奴婢から大臣や王后にまでになる可能性があった時代が、始皇帝の生まれた時代であった。

『日書』にある生子の六〇通りの干支のなかで、一つだけどうしても突出して違和感を与えるものがある。「丙寅《へいいん》生まれは武にして聖」とありいかにも別格である。聖とは理想的な人格者をいい、堯舜《ぎょうしゅん》など上古の帝王は理想的な聖王であったし、孔子も聖者と仁者をめざしていた。のちに皇帝始皇帝を顕彰した刻石にも聖智とか聖徳とかいうことばが多く見え、始皇帝も聖者を人格的な理想と考えていた。『日書』ではだれであっても身分にかかわらず、丙寅の日に生まれさえすれば武勇と聖智を具えることが想定されていたのであり、丙寅生まれが始皇帝のために準備されていたわけではない。始皇帝の生誕が正月丙寅であったとすれば正月三日生まれになる。

睡虎地秦簡の『編年記』には「(昭王)四五(前二六二)年十二月甲午《こうご》鶏鳴《けいめい》時、喜産《うま》る」と記されている。一地方官吏の誕生日が、干支に加えて鶏鳴(午前二時)という時刻まで記されていた。甲午生まれの喜の将来を『日書』で見れば「勇武にして腕力があり、兄弟がすくない」というものであった。ところが始皇帝の誕生した時間を知ることはできない。史書には王族の誕生時間まで記すことはない。

甲子生少孤　乙丑生不武乃工考(巧)　丙寅生武聖

図 1-4 睡虎地秦簡『日書』生子

呂不韋の画策

さて歴史の流れに話をもどしたい。老獪《ろうかい》

な白起将軍が武安戦を最後に帰国したために、若い将軍たちに託された秦の邯鄲陥落作戦は失敗に終わった。それはまた何よりも趙の平原君趙勝の要請を受けた魏の信陵君無忌と楚の春申君黄歇の国際的な救援軍が駆けつけて趙を救ったことが大きかった(図1―5)。趙の平原君、魏の信陵君、楚の春申君に共通していることは、国を越えて食客を数千人規模で集め、自国の王を丞相などの地位にあって支えながら国際的な動きをしていたことである。かれらが邯鄲に集合したときに、邯鄲城内では商人の呂不韋が活動していた。呂不韋は三君の動きを当然知っていたはずだから、商人から野望をもった政治家へと転換するきっかけを三人

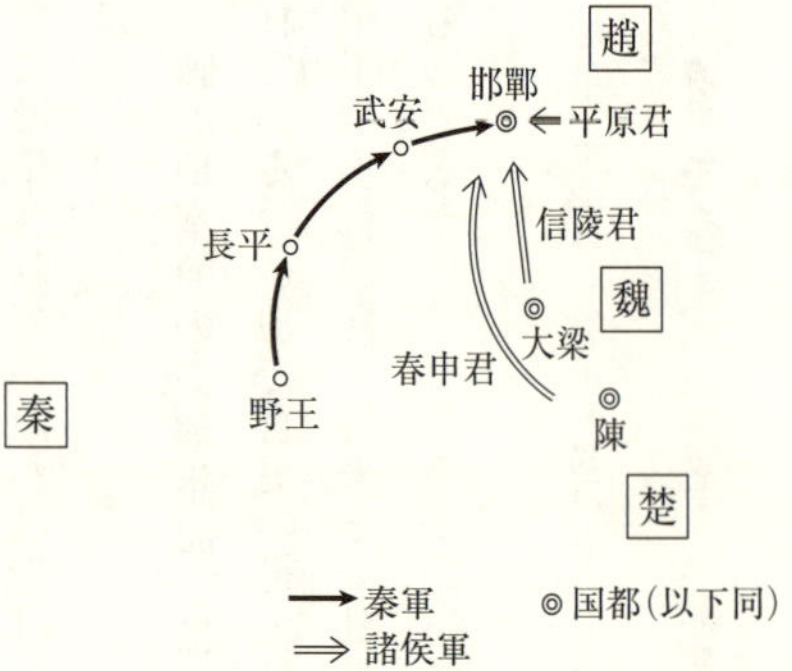

図1-5　秦軍と諸侯軍の動き

から得たことが想像される。

　邯鄲をめぐる戦況はますます激化し、王齕《おうこつ》将軍率いる秦軍が包囲するなか、趙の平原君は決死の兵三〇〇〇人で迎え撃つ一方、援軍を待った。魏の信陵君は姉が平原君の夫人という関係にあり、援軍を魏王に願い出たが、秦の脅しもあって動かない。そこで食客たちの智恵と働き

で将軍のもっていた虎符《こふ》(兵を象徴する青銅の虎を二分した割符)の一方を魏王のもとから盗むことに成功し、魏の八万の精鋭を邯鄲に送り込んだ。楚は趙との合従《がっしょう》の同盟に基づいて春申君が救援軍を送った。この三君の連合がなければ、秦軍は邯鄲を陥落させていただろうし、邯鄲が陥落していたら、子楚と趙正は激戦のなかで殺されていたかもしれない。秦軍が邯鄲に入ることができなかったことがむしろ子楚と趙正ののちの運命を決めることになった。

『史記』呂不韋列伝と『戦国策』秦策の記事には呂不韋がこの間に秦へどのような工作をしていたのかが見える。『史記』呂不韋列伝によれば、秦の包囲戦の前に、すでに呂不韋は秦の王子の子楚を、子が授からなかった太子安国君の正妃華陽《かよう》夫人の養子にするように説得していたという。呂不韋は秦に入って華陽夫人の姉を通じて夫人の同意を得た。工作をはじめたのは趙正がまだ生まれる前であったから、趙正よりも子楚をのちの太子にするのが目的であった。戦争が本格化したのち、警備の官吏に賄賂を贈り、子楚を邯鄲から脱出させて包囲する秦軍のもとに無事送り届けた。昭王の死後、子の安国君が王(孝文王)となり、国に戻った子楚が約束通り太子となったという。

一方『戦国策』には『史記』とは異なった故事が見える。呂不韋は子楚のあつかいについて自分の父と相談した。農業の利益は一〇倍になる、珠玉を取引すれば利益は一〇〇倍になる、だが君主を立てれば無数の利益があることを父から学んだという。呂不韋は華陽夫人の弟の陽《よう》泉《せん》君に、子楚を後継にしておけば一族は将来も安泰であると説得した。ついには華陽夫人の機嫌をとるために、夫人の故郷の楚の国の服を子楚に着せて対面させた。夫人は喜んですぐに養子にしたという。

私たちは『史記』呂不韋列伝の記事にばかり目を向けるが、『戦国策』のこの記事にもっと注目してもよい。前漢末劉向《りゅうきょう》のまとめた『戦国策』の原本は、戦国時代の縦横家《じゅうおうか》たちが諸侯に宛てた書簡群『縦横家書』にあった。これは『史記』もよりどころとしたものである。一九七二年、湖南省長沙馬王堆《まおうたい》前漢墓から帛書《はくしょ》(絹地に書かれた書)が大量に出土し、そのなかにも『縦横家書』と名づけたものが見つかっている。

『史記』呂不韋列伝と『戦国策』の記事で、呂不韋の工作の内容が異なるのは、商人呂不韋による秦の質子帰国作戦に関していろいろな故事が伝わっていたからであろう。出国している質子を本国に帰国させて王位につけることは、質子を受け入れた国にとって利益になった。反面、帰国させられなければ質子は空質、すなわち価値のない質子となる。国際関係の現実が質子の値を変えてしまう。

ともあれ質子の子楚は一旦本国から見すてられながら、昭王五〇(前二五七)年、秦軍が邯鄲を包囲するさなか、脱出し帰国することに成功した。趙正と母の趙姫《ちょうき》は邯鄲に残されたが、母の家にかくまわれて生き延びることができた。秦軍は邯鄲に入れずに、昭王五一（前二五六）年、南の新中を攻撃したが、ふたたび韓、魏、楚の国際的な援軍に負けた。やがて秦の昭王が亡くなり、安国君が即位すると、子楚は太子となった。孝文王の二十数人の子の一人、母は夏太后《かたいこう》（秦王の母として太后と呼ばれた）で中男《ちゅうなん》（長男と末子の間の男子）の庶子、王位からほど遠かった人間が秦の太子になったのである。父の正妃であった華陽夫人は華陽后となった。

呂不韋の算段

東方六国《りっこく》のタテの合従（燕・斉・韓・魏・趙・楚）と、そこに食い込んだ秦のヨコの連衡《れんこう》を中心に戦国七国の外交は動いていた。秦の昭王の治世に東方六国の合従（縦に連なった対秦同盟）は一時成立を見るが、すぐに崩れてしまった。呂不韋はもともとこうした戦時体制下で各国の国境を越えて商売をし、千金の財をなした大商人であった（図1―6）。千金とは黄金一斤（約二五〇グラム）の金餅《きんぺい》（円形の金）一〇〇〇枚にあたる。

中国古代では数学が相当な水準で発達していた。現存する『九章算術』のテキストは後漢代に編纂されたものだが、分数や比例、多元一次方程式などの複雑な計算が見られ、全体で二四

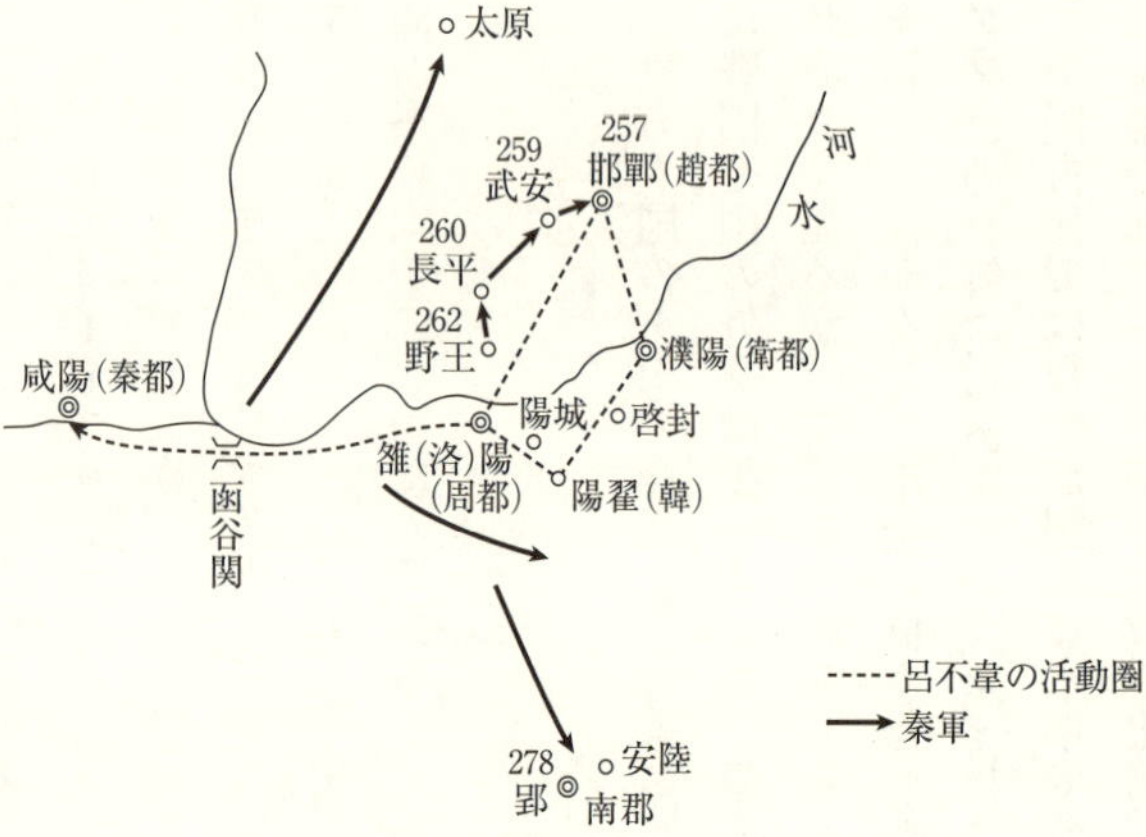

図 1-6　呂不韋の活動圏

六もの例題と解答からなる。前漢初期の張家山漢簡にも『算数書』があり、さらにいま私たちは秦の時代の『数書』（嶽麓秦簡《がくろくしんかん》）と『算書』（北大秦簡）を見ることができるようになった。清華《せいか》大学所蔵楚簡には戦国時代の楚に伝わる算数書も含まれていた。地方官吏の秦墓からは算木《さんぎ》も出土する。王家台秦墓では六二・五センチの竹や骨で作られたものが六〇本、周家台秦墓では一二・二センチのものが二五本あった。数学は官吏に必要な知識であり、算木を並べて数を表し、計算した。徴税する側の官吏の数学の知識は、徴税される側の商人の知恵のよりどころにもなった。

『史記』によれば呂不韋は五〇〇金を邯鄲にいる子楚に工作資金として与え、五〇〇金で珍貴な物を購入して秦に入ったと伝えられる。これを安国君の華陽夫人に献上したことで、子楚を養子として跡継ぎにすることができた。斉の孟嘗君は一〇〇〇金の狐白裘《こはくきゅう》（狐の白い腋毛《わきげ》の毛皮）を昭王に献上したが、このような物であったかもしれない。何と言うこともない呂不韋列伝の記述であるが、黄金を持って国境の関所を通過すると損失が大きかったことを考えると理にかなった行動であったことがわかる。もし黄金五〇〇金をそのまま持参して秦に入ったとしたら、ほとんどが関税で失われてしまったはずである。

『九章算術』には黄金を持参したときに関所で通行税を払う計算の出題がある。五ヶ所の関所を通過したとき、最初の関所では所持額の二分の一を徴税され、つぎの関所では残高の三分の一、つぎからも四分の一、五分の一、六分の一と徴税されていく。税額の合計が金一斤となったときに、最初に所持していた金の重さはいくらかという設問である（九章算術巻第六均輸）。

持ち金を一とすると、第一関門で二分の一の税金を払うと残高は二分の一、第二関門では二分の一に三分の一を掛けた税金を払うと残高は元金の二分の一から六分の一を引いて三分の一となる。同じように第三関門では残高は税率の四分の一と同じになり、最後の第五関門では残高は税率の六分の一となる。結局所持した金の六分の五を税金として取られたことになる。六分の五が一斤であるから、一斤の五分の六が元の所持額になる（**図1—7**）。

ここからは一斤は一六両、一両は二四銖《しゅ》という複雑な秦の重量の単位で換算してゆく。一斤

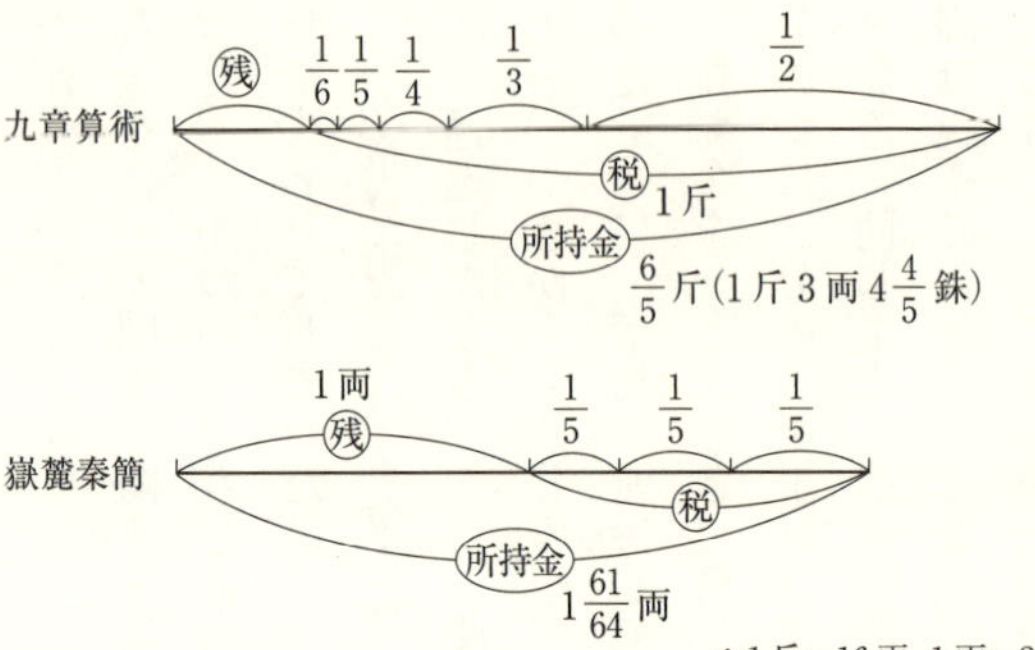

＊1斤＝16両, 1両＝24銖

図1-7　通行税の計算

と五分の一斤は一斤と五分の一六両、すなわち一斤三両と五分の一両、五分の一両は五分の二四銖、すなわち四銖と五分の四銖であるから、正解は一斤三両四銖と五分の四銖となる。一斤あまりしか所持していないのに一斤の徴税額は大きい。

嶽麓秦簡の『数書』でも三ヶ所の関所を通過し、五分の一ずつの税金を取られ一両の残金となった場合、もとの所持金はいくらかという設問がある。正解は一両と六四分の六一両となる。解法は、五分の一ずつ取られていくから、残金は五分の四ずつとなるので、五分の四掛ける五分の四掛ける五分の四で一二五分の六四となり、分母、分子をひっくり返せば六四分の一二五、すなわち一両と六四分の六一両となる。こちらでは所持額は半減してしまう。商才のある呂不韋は怠りなかったはずである。黄金五〇〇金をそのまま咸陽まで持ち込むことは避けた。

始皇帝の母

ところで呂不韋の元の愛姫であった始皇帝の母は、のちには秦王の母の意味で母太后《ぼたいこう》と呼ばれ、死後は始皇帝の母として帝太后と呼ばれた。しかし、始皇帝の母ほどの人物でありながら姓も名も残っていないのは不思議である。趙の豪家の女《むすめ》とか、邯鄲の諸姫といわれるだけであった。容姿が麗しく、舞踊に長けていたという。それまで秦の王侯は他国の王室から夫人を娶ることが多かった。太子や王の夫人を外国に求める国際結婚は外交上も必要であった。秦の恵文王の夫人の宣太后は羋八子《びはっし》という。羋《び》は出身地の楚の貴族の姓であり、八子は夫人の下に連なる秦の女官の名称である。先述の孝文王の夫人の華陽夫人も楚から迎え入れられている。

司馬遷は趙女や鄭姫《ていき》（趙や鄭の女性を総称していう）の特徴をこう伝えている。化粧に凝り、琴をつま弾く素養をもち、長い袂《たもと》を引きずりながら細くとがった靴をはき、色目つかいに情を伝え、資産家と見れば老若を選ばずにどこでも出かけていった。のちの始皇帝の後宮も鄭や衛の女性でにぎわっていたという。とりわけ窈窕《ようちょう》（美しくたおやか）な趙女はもてはやされた。趙のすぐ北の中山国《ちゅうざんこく》にも殷の紂《ちゅう》王以来の淫楽の伝統があり、中山の女性はよく音の出る瑟《しつ》をつま弾き、靴をはき、富貴な者に媚びをうり、各国の後宮に入っていたという。こうした中原の女性はとりわけもてはやされ、鄭衛の曲を聞くと少し淫らな気持ちになったともいわれる。淫らな音楽とは、伝統的な宮廷の雅楽ではなく男女の恋愛歌のことである。趙出身の始皇帝の母は楚の王族出身の宣太后や華陽夫人とは違っていた。彼女を愛姫とした呂不韋も、大国よりもむしろこうした鄭に近い韓の陽翟《ようたく》（呂不韋列伝）や、衛の濮陽《ぼくよう》（『戦国策』）といった都市を拠点とし、趙の邯鄲に出入りしていた商人であった（図1―6参照）。秦の咸陽宮の遺跡からも女性を描いた壁画の断片が出土している。倡優《しょうゆう》（俳優）の女性のようであり、後ろに髷《まげ》を結って正坐して大きな袖を払いながら振りかえる姿態は、鄭や衛や趙の出身の女性であるかもしれない。

　母の出自の問題をはじめとして始皇帝を理解するには、東方の小国の鄭や衛、そして始皇帝が生まれた趙に注目する必要がある。戦国時代にもまだ七雄（秦・韓・魏・趙・燕・斉・楚）以外に、鄭（前三七五年韓滅ぼす）、衛（前二二一年秦滅ぼす）、宋（前二八六年斉滅ぼす）、魯《ろ》（前二四九年楚滅ぼす）、中山《ちゅうざん》（前二九六年趙・斉・燕滅ぼす）、蜀《しょく》（前三〇一年秦の司馬《しば》錯《さく》滅ぼす）といった国々が生き残っていた。

　ともあれ、趙正はこうして誕生し、趙正には秦王という地位がめぐってきた。本書では『史記』の趙政ではなく、あえて趙正と記していく。

第二章　秦王即位

——帝王誕生の背景（一―一三歳）

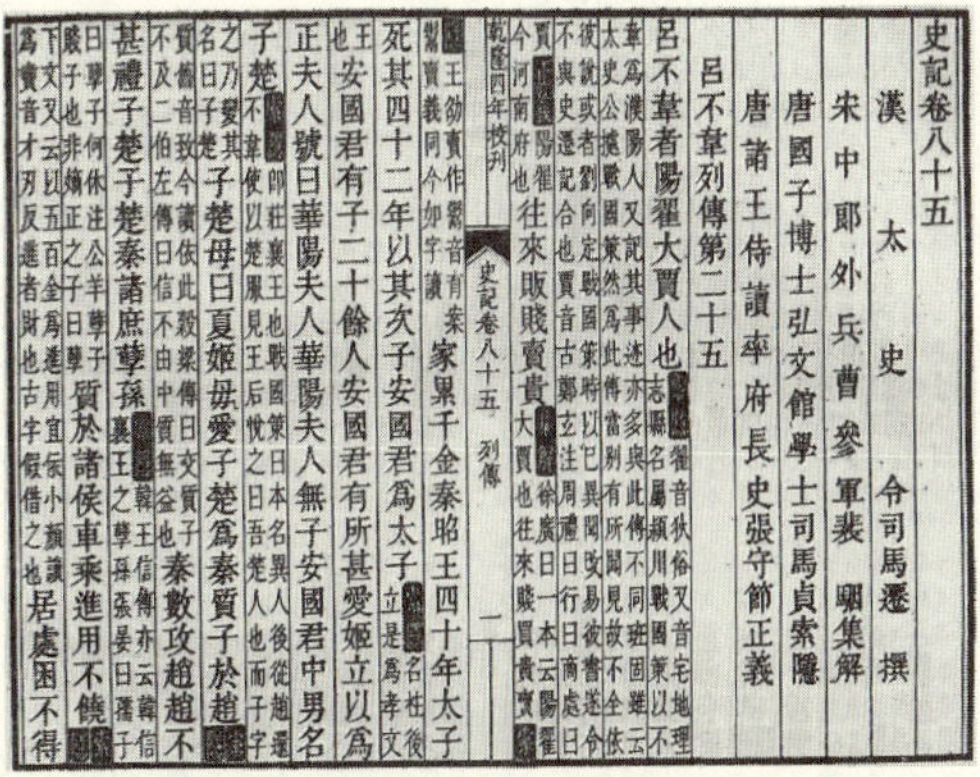

史記卷八十五
漢　太　史　令司馬遷　撰
宋中郞外兵曹參軍裴　駰集解
唐國子博士弘文館學士司馬貞索隱
唐諸王侍讀率府長史張守節正義
呂不韋列傳第二十五
呂不韋者陽翟大賈人也 翟音狄俗又音宅地理志縣名屬潁川戰國策以不韋爲濮陽人又記其事迹亦多與此傳不同班固雖云太史公據戰國策然爲此傳當別有所聞見故不全依彼說或者劉向定戰國策時以已異聞改易彼書遂令不與史遷記合也賈音古鄭玄注周禮曰行曰商處曰賈 陽翟今河南府也 往來販賤賣貴 徐廣曰一本云陽翟大賈也往來賤買貴賣
乾隆四年校刊
史記卷八十五　列傳　一
王劭賣作鬻音育案鬻賣義同今俗字讀 家累千金秦昭王四十年太子死其四十二年以其次子安國君爲太子 名柱後立是爲孝文王也 安國君有子二十餘人安國君有所甚愛姬立以爲正夫人號曰華陽夫人華陽夫人無子安國君中男名子楚 即莊襄王也戰國策曰本名異人後從趙還不韋使以楚服見王后悅之曰吾楚人也而子字之乃變其名曰子楚 子楚母曰夏姬毋愛子楚爲秦質子於趙 質音致今讀依此穀梁傳曰交質子不及二伯左傳曰信不由中質無益也 秦數攻趙趙不甚禮子楚子楚秦諸庶孽孫 韓王信傳亦云韓信襄王之孽孫張晏曰孽子曰孽子何休注公羊孽子賤子也非嫡正之子曰孽 質於諸侯車乘進用不饒 下文又云以五百金爲進用宜依小顏讀爲賮音才刃反賮者財也古字假借之也 居處困不得

『史記』巻 85 呂不韋列伝（清代 18 世紀・武英殿本）
北京紫禁城内西南に武英殿があり，乾隆帝の時代に書籍が刊行された．

長期にわたって君臨した昭王の死後、わずか三日だけの王で終わった孝文王と、三年余の荘襄《そうじょう》王という短命の王が続いた。そして趙正《ちょうせい》が一三歳の若さで秦《しん》王に即位した。二人の王の在位の短さにはだれしもが不可解さを認めながらも、もっとも身近にいた呂不韋《りょふい》を怪しむ証拠は何も残っていない。しかし出土史料の『編年記』には『史記』にはない新たな事実が語られていた。

秦の暦は一〇月の冬が一年の始まりとなっていた。『史記』では前二五一年一〇月の年初の三日間に孝文王が即位したとしているが、出土史料では年末の閏《うるう》の九月のことになっている。即位した次の一〇月から年号を元年と数えるが、もし閏九月であったら孝文王元年が始まる一〇月からの一年間には孝文王はすでに世に存在していなかったことになる。それでも元年と内外に主張したのはどのような意味があったのだろうか。

いっぽう趙正が五月に秦王に即位した後の一〇月からの始皇元(前二四六)年の方は、二つの大規模な土木事業が始まっている。みずからの王陵の造営と、同時に外国の技術を導入した大規模な灌漑工事である。一四歳の若き王の存在を内外にしっかりと認知させるためのものであった。しかしそこに大きな事件が起こることになった。外国人技術者鄭国《ていこく》が間諜《かんちょう》(スパイ)であるという事件が発覚したのである。あまりにも積極的に外国人を採用し、外国の技術を導入することで、内側の秦人から抵抗する勢力が出てきたためであると、『史記』河渠書《かきょしょ》と李斯《りし》列伝には記されている。ところが秦始皇本紀では間諜の事件にはまったくふれられていない。食客を抱えこんだ二大勢力の嫪毐《ろうあい》と呂不韋が秦王に反対する事件が起こり、かれらが抱えていた外国人を排斥する動きが出るなかで、李斯のそれに反対する上書につながったと記されるのみである。どちらが真相であったのだろうか。

帰国

趙正が邯鄲《かんたん》から秦都咸陽《かんよう》に脱出したのは、昭王五〇(前二五七)年、わずか三歳のときであったともいわれるし、九歳のときに母子が父に遅れて帰国したともいわれる。呂不韋列伝のなかでも記述は揺れるが、後者の方が妥当である。昭王五〇(前二五七)年王齕《おうこつ》将軍率いる秦軍は邯鄲を囲んだ。趙にいた質子《ちし》の子楚《しそ》と妻子に危険が及ぶことはわかっていたはずである。趙は子楚と妻子を殺そうとしたが、子楚の夫人が趙の豪家の出身であったことが幸いし、その一族の力で匿われた。呂不韋も先述のように金六〇〇斤で監視役の官吏を買収して子楚を脱出させ、秦軍のもとに逃れさせることができたという。

あるいはつぎのような話も『戦国策』に残されている。呂不韋が趙のある人物と交渉した。子楚はすでに子のいない華陽《かよう》夫人の養子となることが約束されている。帰国させれば将来太子になる身であるので、無駄にとどめておくよりは趙のために利用した方がよい。そこで趙は子楚を帰国させることを認めた。商人呂不韋の人的なネットワークが活きたことになる。

子楚が帰国したときは、六九歳にもなる曽祖父昭王の治世がまだ続いていた。その太子といってても安国君はすでに四六歳、なかなか王位に与ることはできなかった。安国君も昭王がいつ亡くなってもよいように覚悟はしていたはずである。そこで子楚を嫡嗣《ちゃくし》にする約束をした。安国君と華陽夫人の間で玉符を作り、そこに約束のことばを刻み込んだ。これで安国君の他の子が将来秦王を継ぐことはなくなった。

父の子楚が秦王になり、母が正夫人になれば、やがて王位が回ってくることになると趙正も次第に感じ取っていた。昭王五六(前二五一)年曽祖父昭王が亡くなり、祖父の安国君にいよいよ王位が回ってきた。父の子楚は約束通り太子となった。

二人の秦王の死

『史記』秦本紀によれば、昭王は昭王五六(前二五一)年の秋に亡くなり、安国君孝文王は、先王の喪があけた一〇月己亥《きがい》の日に五三歳で即位し、三日後の辛丑《しんちゅう》の日に亡くなったという。孝文王元年の年初のことである。わずか三日だけ即位した秦王の死の陰に何があったのか何も語られていないが、急死への対応から見えてくるものがある。ここに出土史料の睡虎地秦簡《すいこちしんかん》の『編年記』は重要な手がかりを提供してくれた(図2―1)。「五六年、後《こう》九月、昭死す」という記事は、昭王が一〇月よりも一ヶ月前の、閏年《うるうどし》の年末の後(閏)九月にすでに亡くなっていたという新事実である。

この年は九月のあとにもう一ヶ月の九月が置かれて一三ヶ月あり、後九月に亡くなったということは、孝文王の即位も後九月であった可能性が出てきた。暦によれば『史記』でいう一〇月には己亥も辛丑の日もなく、後(閏)九月に己亥(後九月二八日)と辛丑(後九月三〇日の大晦日)の日が確かにある。孝文王は

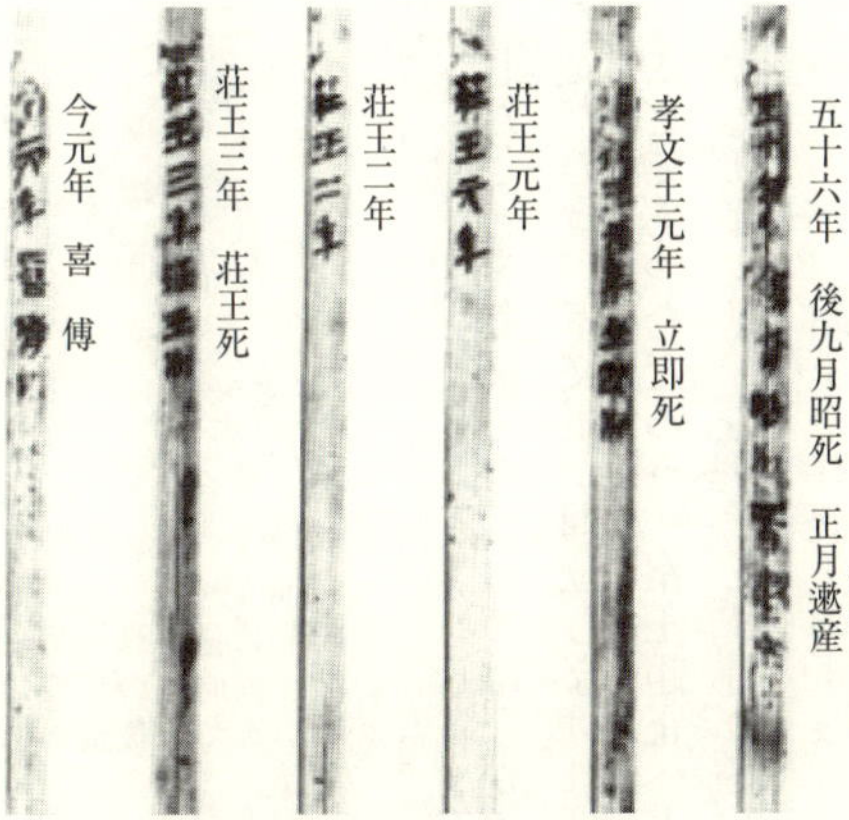
五十六年　後九月昭死　正月遬(速)産
孝文王元年　立即死
荘王元年
荘王二年
荘王三年　荘王死
今元年　喜　傅

図2-1　睡虎地秦簡『編年記』
今元年は秦王趙正元年．被葬者の名は喜，17歳で戸籍に登録され(傅《ふ》)，一族の遬《そく》が生まれたことも記されている．

昭王五六年の年末の三日前に即位し、大晦日の日にすでに亡くなっていたことが判明したのである。

すでに孝文王が亡くなり、同時につぎの荘襄王が即位しているのに、孝文王の即位の方を重んじて年あけの一〇月から九月までの一年間を孝文王の元年とした。

図2-2　始皇帝肖像　17世紀の『三才図会』に描かれた始皇帝. 同時代の肖像はないので, 後世の暴君像.

『編年記』には「孝文王元年　立即死（立ちて即《ただち》に死す）」と記してあるから、即位してすぐに死去したことを隠蔽したわけではなかった。昭王五六年と荘襄王元年の間に孝文王元年をはさみこんだのは、孝文王が即位しなければ荘襄王と秦王趙正の即位はなかったことを思うと、当然のことであっただろう。秦王趙正へといたる血統を、歴史上明確にのこしておこうという意図を考えれば辻褄もあう。三日間の秦王のために造った王陵も寿陵《じゅりょう》と名付けられた。発掘はされていないが、昭王や荘襄王の王陵区と離れて西安の市街地にひっそりと残されている。

荘襄王も即位後三年で、荘襄王三（前二四七）年の五月丙午《へいご》（五月二六日）の日に死因不明のまま亡くなった。荘襄王を支えていた呂不韋には意外な事態であり、趙正の秦王即位への道は慌ただしかった。二人の秦王の急死によって、いよいよ呂不韋の意のままになる一三歳の秦王が即位することになる（図2－2）。

秦王即位

趙正の一三歳という即位年齢は、恵文王、悼武《とうぶ》王、昭王の一九歳よりも若い。もちろん、祖父孝文王の五三歳、父荘襄王の三二歳に比べるとはるかに若かった。一三歳という年齢は、一般の庶民でもまだ小男子《しょうだんし》と呼ばれた子供にすぎなかった。そのため秦王として即位しても国事は大臣に委ねられた。少年秦王の年号は、即位の翌年から元年、二年と刻まれていくことになる。

秦では庶民の場合、子供か大人かの判断は、まず実年齢よりも身長を基準にした。男子は六尺五寸(約一五〇センチメートル)、女子は六尺二寸(約一四〇センチメートル)以下が子供、すなわち小男子や小女子《しょうじょし》と呼ばれた。漢代でも一四歳以下を未成年の子供としたので、秦王の一三歳は小男子にあたる。秦ではさらに一七歳になれば男子として戸籍に就けられている。一人前の男子として扱われる年齢が一七歳であった。

かつて幼くして王位についた周の成王は叔父の周公旦《しゅうこうたん》に政治を任せた。周公旦は七年間、成王が成長するまで政治をとった。周公旦と召公(燕の始祖)が幼い成王を見守った。始皇帝が秦王に即位した年齢もこれに近い。秦王も一三歳から二二歳ころまで、相邦《しょうほう》(丞相《じょうしょう》)呂不韋の補佐を得た。政令の施行では、形の上では母太后《ぼたいこう》（趙姫《ちょうき》）が秦王に代行したこともあった。

秦王趙正が受け継いだ秦の領土は、東方六国のうち秦と接している韓・魏・趙・楚の領土を大きく侵していた。魏には河東郡《かとう》、趙には太原郡《たいげん》、韓には上党郡《じょうとう》、もとの周の地には三川郡《さんせん》、楚には南郡が置かれていた。郡県制の郡は、県を統轄する地方行政組織であるが、戦国時代には、敵国の領土を侵略し、その占領地を治める拠点であった。これらに巴蜀《はしょく》・漢中《かんちゅう》（漢水上流）の地を加えれば、秦はもはや関中《かんちゅう》（東の函谷関《かんこくかん》と西の隴関《ろうかん》、あるいは東は函谷関、西は散関《さんかん》、北は蕭関《しょうかん》、南は武関《ぶかん》にはさまれた地）にとどまった小国ではなかった。秦王趙正は曽祖父の昭王からこうした広大な領土を受け継いだのである（九六頁図5―1参照）。

間諜事件と逐客令

即位後、若き秦王の周りでは不思議な事件が起こった。韓の間諜として鄭国という人物が摘発された事件も真相の判断は難しい。七国のなかでも韓という小国は隣国の秦の脅威にさらされていた。水工という水利技術者の鄭国が秦に派遣され、秦王即位の翌年の始皇元（前二四六）年から水利工事が始まった。このこと自体は先進技術の秦への導入であり何の問題もない。このとき秦王は同時にみずからの陵墓の土木建設も始めた。秦王はまだ少年であり、そうした二つの工事を直接指導したわけではなかった。王を支えた行政の長である相邦の呂不韋が関わっていたはずである。

陵墓の造営は一つの制度である。新王が即位したら、まずは先王の埋葬を終え、年が明けてから新王の陵墓の造営を始める。漢代では埋葬されていない陵墓を初陵《しょりょう》と呼び、皇帝が埋葬されてから長陵（前漢高祖陵）、茂陵《もりょう》（武帝陵）などと呼ぶ。生きているときから陵墓を建設することはべつに忌むべきものではなかった。秦王はこのときまだ皇帝ではなかったので、皇帝陵ではなく王陵の建設として始まり、曽祖父母も父母も驪山《りざん》の麓の芷陽《しよう》（東陵《とうりょう》）という場所に埋葬されていたので、始皇帝も驪山の北麓の地を選定した。

まずは地下を深くひたすら掘り進めた。あとでふれる始皇帝陵の東に位置する兵馬俑坑からは「相邦呂不韋造《しょうほうりょふいつくる》」の文字を刻んだ青銅製の武器が出土している（図2—3）。『史記』では相国呂不韋とするが相邦呂不韋の方が正しい。漢代には高祖劉邦の避諱《ひき》のために相邦は相国と改められたのである。刻まれた文字に呂不韋と始皇帝陵のつながりがかいま見える。当然鄭国と呂不韋の関係も想像できる。

さて、鄭国による水利工事が始まって九年して嫪毐《ろうあい》の乱が起こった（次章で詳述）。この前後に水工の鄭国がじつは韓の間諜であることが発覚したという。この事件は『史記』の本紀では

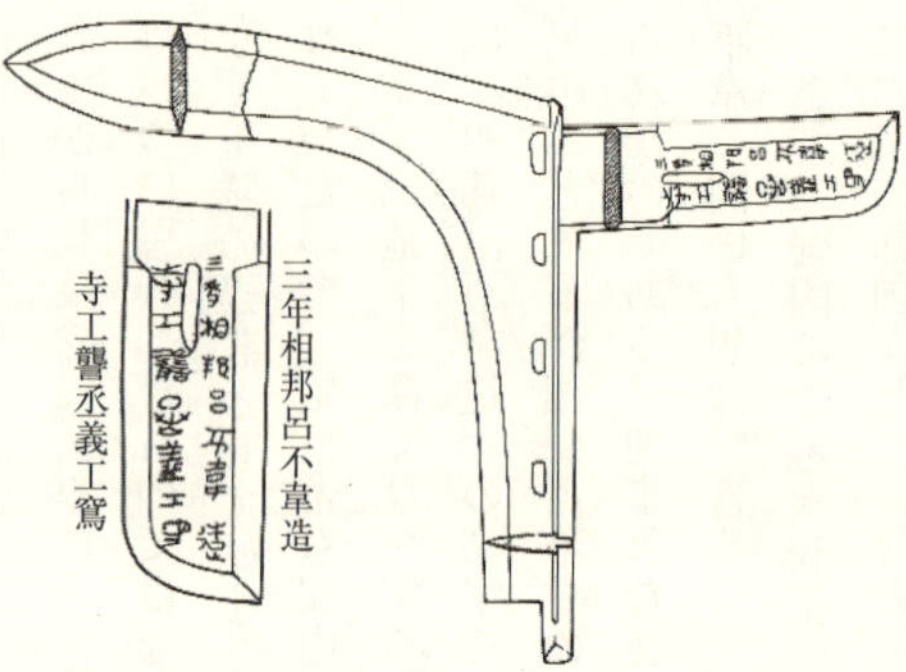

図 2-3　「相邦呂不韋造」銘戈（『秦始皇陵兵馬俑坑一号坑発掘報告 1974～1984』文物出版社，1988 年より）

何ら言及せず、水利の歴史をまとめた河渠書と李斯列伝の方に見える。河渠書によれば、秦は鄭国を殺そうとしたので、鄭国はみずからが間諜であったことを自白し、渠（灌漑水路）の完成は秦の利益になることを勧めて生き延びたという。ここには、外国人一般（客）の排斥を求める逐客令《ちくかくれい》のことは出てこない。

戦国時代に密かに情報を外国にもたらす間諜が暗躍していたことは『孫子』用間《ようかん》篇に詳しく、そこには五種類もの間諜が挙げられている。敵国に送りこむ間諜は、偽りの情報を死を覚悟して敵国に持ち込む者を「死間《しかん》」といい、極秘に生還して敵国の情報をもたらす者を「生《せい》間《かん》」といった。敵国の人間を活用する間諜は、民間人を「因間《いんかん》」、官吏を「内間《ないかん》」といった。敵国の間諜を活用する「反間《はんかん》」（二重スパイ）までいたという。しかし鄭国はこのどの間諜にも属さず、河渠書では秦の東伐という軍事行動をやめさせることに鄭国の目的があったという。秦に土木工事を軍事よりも優先させようとした。しかし同時に始まった陵墓の造営でも、労働力として供出されるのは刑徒であり、土木工事が一般の成年男子からなる秦の軍事力に大きな支障を起こすことはない。

一方李斯列伝では、鄭国が間諜であると非難し、これをきっかけに諸侯からのすべての客の追放を求めたのは秦の宗室《そうしつ》（王族）や大臣であったとする。このときの秦には多くの外国人が入っていたので、だれが生間であり、だれが死間であるのかなどという判断は難しい。秦の宗室や大臣は自分たちの保身のためにすべての東方諸国の人間を追放しようとする逐客令を求めたことになる。だが当時の外国人の多さを考えるとこれには無理がある。

おそらく逐客令のきっかけは、鄭国の間諜事件ではなく、秦始皇本紀にいうように、嫪毐《ろうあい》の乱であろう。本紀によれば、逐客令は嫪毐の乱の翌年の始皇一〇（前二三七）年に出されている。このとき秦王趙正は沢山の賓客《ひんかく》、食客を抱えた嫪毐や呂不韋が若き秦王をもしのぐ権勢をもっていることに気づき、かれらのもとに集まっていた客を捜査し、追放しようとした。李斯自身も楚の出身であり、呂不韋の舎人《しゃじん》（主人の家に住み雑役に奉仕する者）から秦の官吏となった経歴をもち、このときは客卿《かくけい》という優遇された身分にあり、まさに逐客の対象であった。そのため反対の上書を行ったのである。つまり李斯列伝は河渠書と秦始皇本紀の別個の記事を安易に結びつけてしまったものと思われる。清代の注釈者梁玉縄《りょうぎょくじょう》も逐客令は鄭国ではなく嫪毐の事件によるものであるとすでに指摘している(『史記志疑』)。

それにしても上書として出された七〇〇字あまりの李斯の文章は美文であり、説得力がある。秦では物資も人材も乏しいのに、東方六国の合従の同盟にくさびを打ち、経済、人口、軍事の面で優位を保ってきたのは、歴代の秦王が外国製品や外国人を積極的に受け入れてきたからだと主張した。目の前の陛下が身につけている玉《ぎょく》や真珠、黄金や丹青《たんせい》(赤と青の顔料)で彩られた調度品、後宮の鄭衛《ていえい》の音楽、そして後宮の鄭の女性にいたるまで外国のもので満ち溢れているという。これを聞いた秦王はすぐに逐客令を取り下げた。これが李斯の秦での政治的な地位を確固たるものにした。

このとき秦王は李斯のことばを理解し、みずからの意志で判断したものと思われる。嫪毐のかげにいた呂不韋にはもはや頼ることはできない。鄭国もいったんは殺されそうになったが、秦王は鄭国のさきのことばに動かされ、工事を完成させた。これらはどれも成人になったばかりの秦王の判断であり、嫪毐の乱と鄭国の間諜事件は秦王が王として自立するための試練でもあった。秦王趙正は呂不韋に代わった李斯とともに帝王への道を歩み始めたのである。

鄭国渠の水の潤い

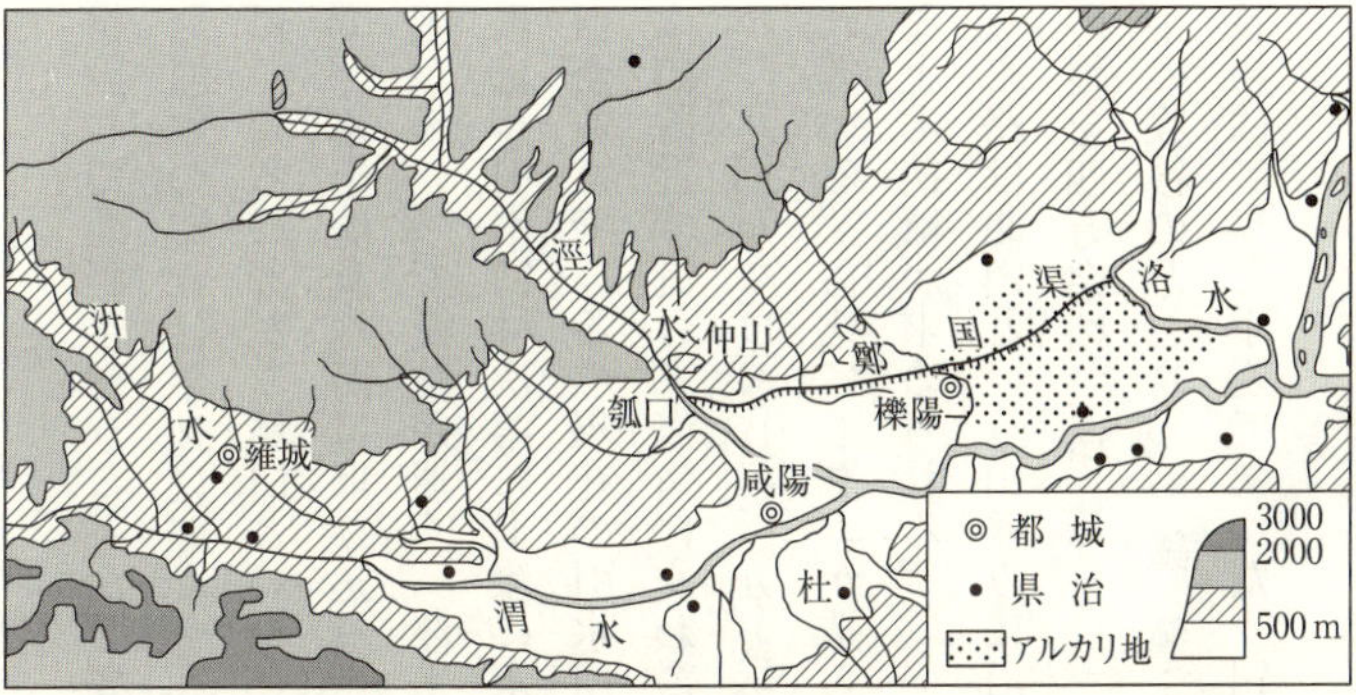

図 2-4　鄭国渠地図

韓の鄭国の水利工事は成功した。これは後に鄭国渠《ていこくきょ》と呼ばれた。驚くべきことに、古代の鄭国渠は二二〇〇年あまりを経て現在も現地で生きている(図2－4)。本当に間諜の事業であったのだろうか。

現在は涇恵渠《けいけいきょ》といい、その水は小麦やトウモロコシ、綿花の畑を灌漑している。涇水《けいすい》の水は仲山《ちゅうざん》の山間部から関中の盆地に流れ込み、やがて渭水《いすい》に合流する。涇水と渭水は古来ならび称された。衛の地方の谷風《こくふう》という歌の一節に「涇は渭を以て濁る」(『詩経』邶風《はいふう》)というくだりがある。濁った涇水は澄んだ渭水に出会ってこそ、その濁りの度合が顕著だという意味である。涇水の流れは高低差があって速く、関中平原を東西に流れる渭水は緩やかである。緩やかであるほど、土砂は川底に堆積して澄んでくる。渭水の南は秦嶺《しんれい》山脈の豊富な水が潤してくれるが、渭水の北の平原は乾燥しているので、水路(渠)を建設して灌漑を行うことが必要であった。

涇水の流れは平地に降りてからすぐに湾曲して方向を変える。その地形が瓠《ひさご》（ひょうたん）に似ていることから瓠口《ここう》といった。春の渇水期でも遠心力から凸面の外側に沿って水が流れるので、水を灌漑水路に取り込みやすい瓠口が鄭国渠の引水口に選ばれた。しかし黄土の大地は土壌が脆いので浸食が速く、涇水の川底は耕地よりも次第に低くなる。その段差を克服するためには、引水口は次第に上流に求めていかなければならない。秦漢以来、宋元明清の歴代の引水口が並んでいる。現在の引水口はもっとも北に位置するダムにある。一九八五年、鄭国渠の引水口附近で流れに直角に交わる全長二六五〇メートルもの版築《はんちく》（板《いた》の間に水平に土を突き固めて重ねたもの）が発見された。ダムで水をせき止め、水位を上げて引水したのではないかと推測されている。古代にもダムが造られていたことになる。水圧を考えると、長城や城壁以上に高度な土木技術が求められる。

水路は北山という山並みに沿って東の洛水《らくすい》まで三〇〇里（一二〇キロメートル）に及んだ。塩害の地を四万余頃《けい》（一頃は一・八二ヘクタール）も灌漑した。このおかげで、一畝《ほ》あたり普通は一石《せき》半の収穫のところ、一鐘《しょう》（鍾）すなわち六斛《こく》四斗《と》になった。豊作時の収穫を上回る。乾燥地の穀物はアワと小麦であった。司馬遷は、鄭国渠によって関中が豊かになったので、秦はその経済力で諸侯を併合できたのだという。

　乾燥した土壌では地下水位が上昇し、地表に塩分が吹き出る。これを涇水の泥水で押し流して灌漑するのが鄭国渠の智恵であった。現地では灌漑水の排水溝が築かれている。灌漑水を畑に溜めておくと、地下水の上昇を誘発する。灌漑水路よりも深い位置に排水溝を設ければ、地下水も排水溝より上には昇らず、塩害を防ぐことができる。秦の時代にそこまでの智恵があったかどうかはまだ不明である。

　鄭国渠のこうした水利技術は同時に着手されていた始皇帝陵の地下宮殿にも応用されていたことがわかってきた（第八章詳述）。地下宮殿の工事では、驪山《りざん》の北麓の緩やかな傾斜地をひたすら掘り進めていた。ところが一五、六メートルも掘ると地下水が浸透してくる。地下宮殿の深さは三〇メートル近くであるので、浸透してきた水を排除するために地下深くに排水溝を設けた。三〇メートルを超える深さにすれば、水はそこに貯まる。緩やかな斜面にあるので、地下水も緩やかに北に流れていった。この地下の排水溝は地下宮殿が完成すると、土で埋めて地下ダムとした。

　こうした鄭国渠と陵墓の地上と地下のダムの発想は、東方大平原《とうほうだいへいげん》（黄河と長江の中下流域に広がる平原）から流入した高度な水利技術からきている。秦の東方からの人材と技術の導入は早かった。東方の大商人であった呂不韋が相邦として牽引したのである。こうしたことからも『史記』河渠書と李斯列伝の鄭国間諜説は再考しなければならない。

第三章　嫪毐の乱

――彗星は語る（二二歳）

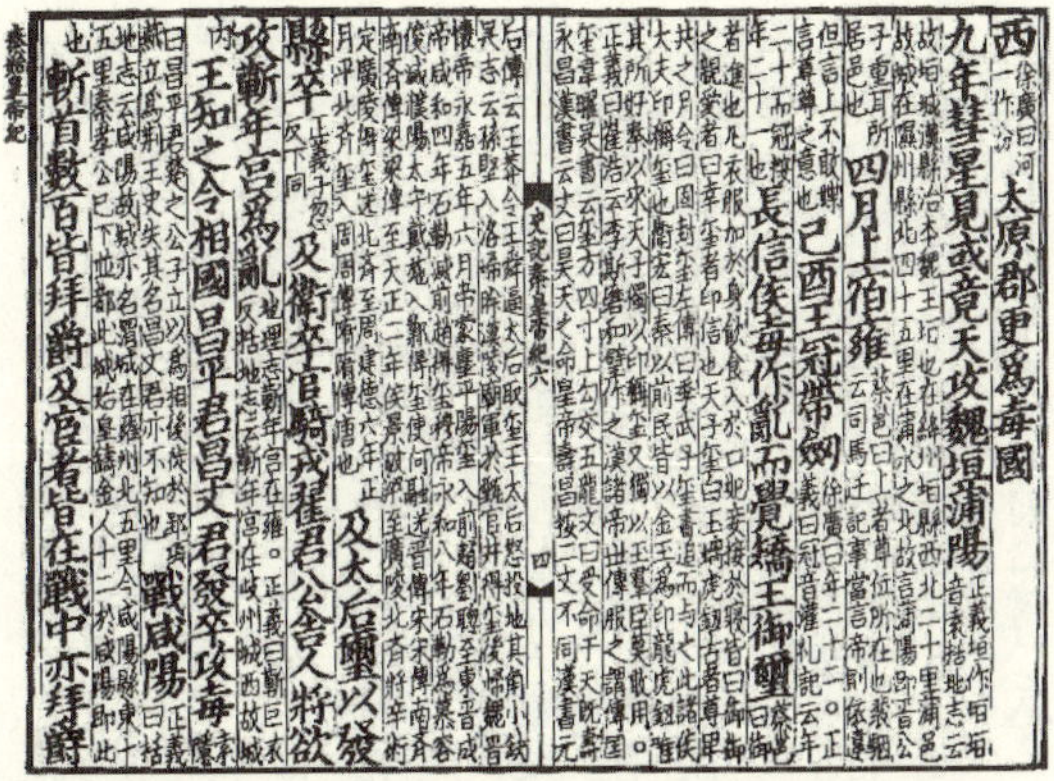
西　太原郡更為毐國
九年彗星見或竟天攻魏垣蒲陽
四月上宿雍
己酉王冠帶劍
長信侯毐作亂而覺矯王御璽
及太后璽以發
縣卒　及衛卒官騎戎翟君公舍人將欲
攻蘄年宮為亂
王知之令相國昌平君昌文君發卒攻毐
戰咸陽
斬首數百皆拜爵及宦者皆在戰中亦拜爵

『史記』巻 6 秦始皇本紀始皇 9 年（南宋 12 世紀・黄善夫本）
宋の時代に三つの注釈が一つにまとめられ，印刷本として初めて刊行された．

成人を迎えた秦王《しん》が、秦国の危機となった嫪毐《ろうあい》の乱に遭遇する。嫪毐という人物は、『史記』呂不韋《りょふい》列伝では呂不韋が秦王の母《ぼ》太后《たいこう》との関係の発覚を恐れて後宮に送り込んだ絶倫の男性として描かれているが、その故事にふりまわされては史実が見えてこない。嫪毐が呂不韋とともに秦王朝を二分するほどの絶大な権力を掌握したのは、腐罪《ふざい》（性器を除去する去勢《きょせい》の刑）を受けた者と偽って後宮に入り太后と結びついたからである。成人を迎えた秦王は嫪毐と全面対決した。中央の官僚たちも嫪毐につくか秦王につくか分かれるほど、嫪毐は権力を握っていた。

『史記』では秦王が反乱勃発後に嫪毐軍を迎え撃ったのか、それとも反乱陰謀の嫌疑で事前に嫪毐側に攻撃をしかけたのか、記述に大きな齟齬がある。しかし事件の経過を彗星《すいせい》の記事をたよりに整理していくと、反乱の真相が見えてくる。この年は事件をはさんで二度の彗星が現れた。毎夜少しずつ移動しながら長い期間観測できる彗星は不吉の予兆と考えられている。このときは彗星とともに事件が進行していった。人びとは彗星によって日常の行動を慎んだが、為政者にとっては逆にその人びとの畏れを政治的に利用する機会でもあっただろう。事実、秦王は彗星を口実にハレの成人式を延期し、その間に陰謀を事前に封じ込めたと

——思われる。彗星が語る嫪毐の乱の経過を整理していく。

彗星と内乱

始皇九（前二三八）年、嫪毐の乱という始皇帝の生涯で最大の内乱事件が起こった。しかし事件について、『史記』秦始皇本紀と呂不韋列伝を読み比べてみると、大きな齟齬があり実際に内乱があったのかどうか疑わしくなる。

そもそも嫪毐という人物は、呂不韋がもとの愛姫すなわち始皇帝の母太后（趙姫《ちょうき》）との関係が続いていたことが発覚するのを恐れて、後宮に送りこんだ男である。嫪毐は見かけは去勢の刑の身を装って眉と鬚を抜いていたが、実は後宮でも自慢の巨物に木の輪を引っかけて回転させるなどの猥褻《わいせつ》な芸を行っていたという。その部分ばかりが面白おかしく語られてきた嫪毐は、逆臣としての負の評価が一貫して揺らぐことはない。嫪毐と淫乱な秦王の母太后とが結託して秦王排斥を陰謀したとの図式が描かれた。

しかし少し引いて事態を見つめてみると、この事件をきっかけにいつしか政治の実権を握っていた嫪毐は殺され、彼の背後にいた呂不韋も失脚して服毒自殺してしまうことになる。二人は昭王亡き後の秦王朝の巨大な権力を二分していた人物であり、ここで彼らが排除されて、秦王の親政が始まったのである。そう考えると、この事件はたんなるスキャンダルではありえない。

司馬遷は本紀と列伝に事件に関する史料を列挙しながら、呂不韋列伝の末尾の論賛《ろんさん》（司馬遷のことば）ではそれらと異なる自分の見解を示している。後に示すように、本紀によれば、嫪毐が、成人式のために古都雍城《ようじょう》にある離宮に赴いたおりに秦王を襲撃する計画を立てたとの密告があり、実行前に秦王によって都咸陽《かんよう》で逆襲されたという。もしそうであれば嫪毐の反乱は実行されていなかったことになる。しかし呂不韋列伝の論賛では秦王が咸陽を離れた隙を狙い、嫪毐が雍城の離宮の蘄年宮《きねんきゅう》で反乱を起こしたので捕らえられたのだという。事実はどちらであろうか。司馬遷といえどもこの事件から一五〇年ほど経過して『史記』をまとめたのであり、事件の真相は見えなくなっていた。そこで司馬遷が残してくれた記述をもう一度時系列に並び替えて、真相をあらためてさぐってみたい。

重要な手がかりは、『史記』六国年表の始皇九（前二三八）年の記事、「彗星見《あらわ》れ天を竟《つ》く。嫪毐乱を為《な》し、その舎人《しゃじん》を蜀《しょく》に遷《うつ》す。彗星復見《またあらわ》る」の内容にある。この年は嫪毐の乱をはさんで彗星が二度も現れた。数ヶ月にわたる不吉な天文現象が、人びとの行動を左右したと思われる。そして彗星という天文現象に注目して、この一年に起きた事件を正しい順番に並び替えてみると、じつは蘄年宮での嫪毐の反乱は起きていなかったことになる。

四度の彗星

始皇帝の治世には一五年間に四回も彗星が出現したと『史記』天官書《てんかんしょ》は伝えている。長いものは八〇日間も続き、彗星の尾の光も天にまで長く延びていたという。一瞬に輝く流星（隕石《いんせき》）とは異なり、彗星は惑星のように日々少しずつ移動し、太陽方向に丸い頭を向け、反対方向にほうきのようなガスとチリの尾を延ばす。湖南省長沙馬王堆《まおうたい》前漢墓から出土した帛書《はくしょ》『天文気象雑占』には二九種類もの彗星が克明に描かれていた。そのなかに始皇帝の時代の四つの彗星も含まれていたはずである（図3－1、2）。

始皇帝の一五年間といっても、実際には四回の彗星は始皇七（前二四〇）年から始皇一三（前二三四）年の七年間に集中していた。春秋の時代二四二年間に三回の彗星が現れたのに比べると、短期間に春秋時代をうわまわる回数の彗星が現れたことになる。この七年は始皇帝の二〇歳から二六歳までにあたり、彗星の出現は始皇帝にとっても内乱を乗り越えて王として自立していく重要な時期と重なっていた。

古代の人びとはもちろん彗星を肉眼で観測していたので、明るく輝いた大彗星が集中して出

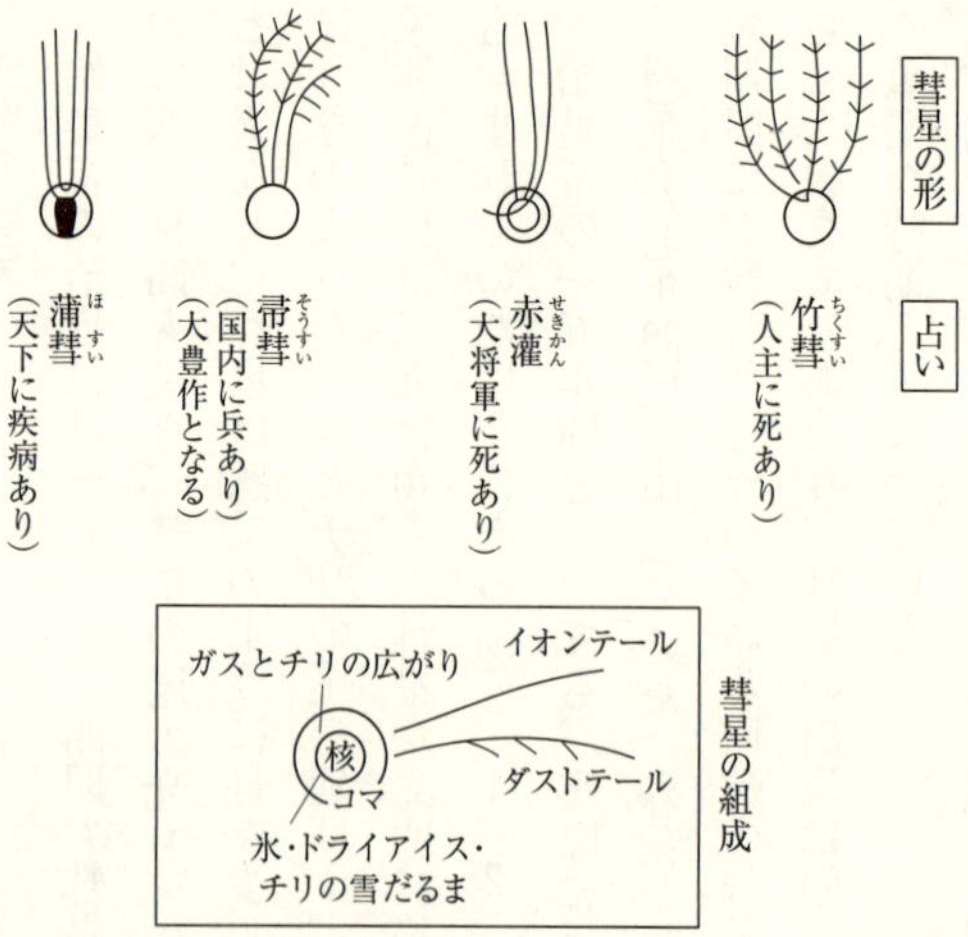

図 3-1　馬王堆帛書『天文気象雑占』にみる彗星

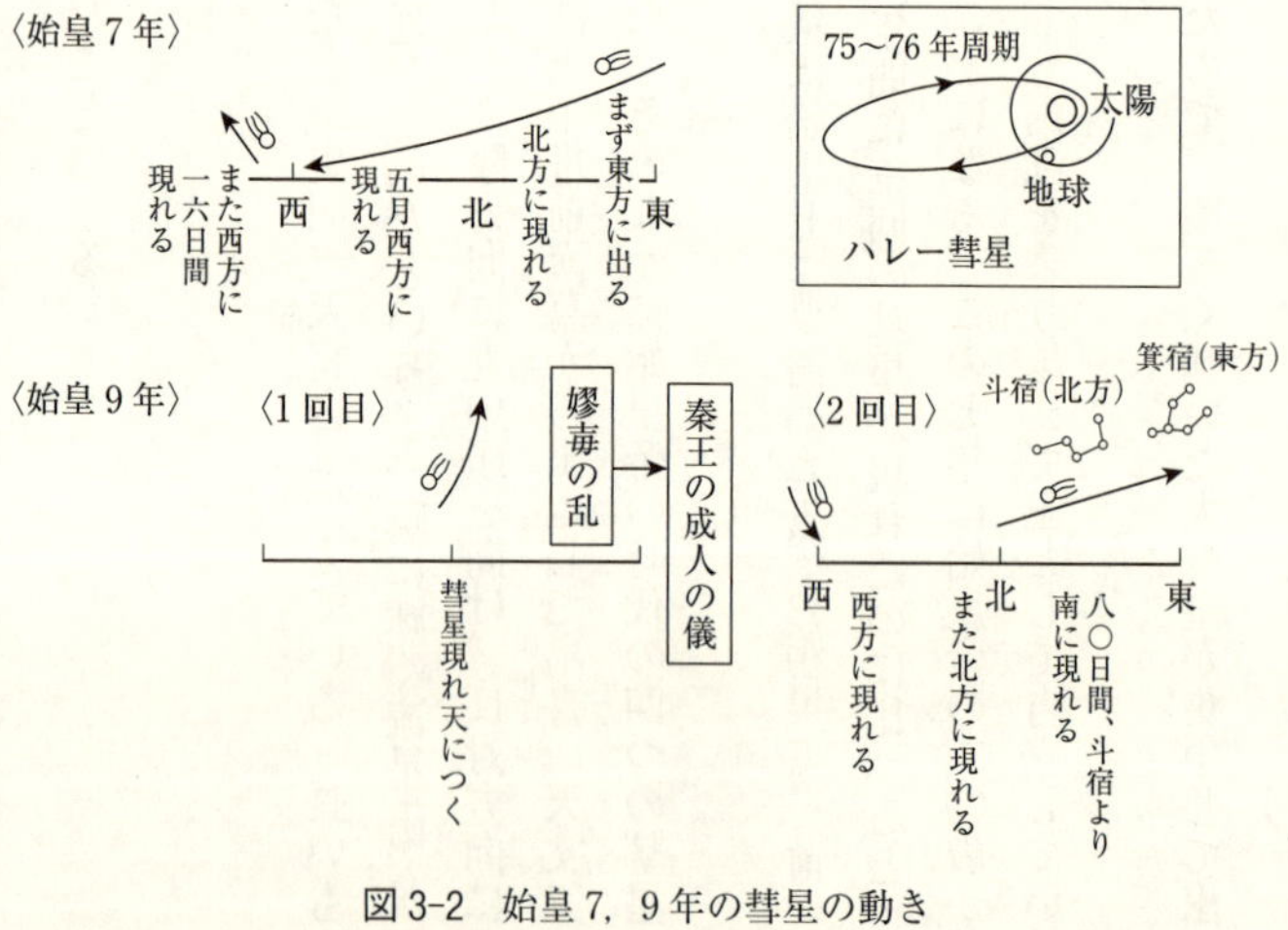

図 3-2　始皇 7，9 年の彗星の動き

現したのを見ていた。彗星は不意に現れ、惑星とは別の不規則な動きをするので、その現れる位置によって兵乱や殺害などの不吉な事件が起こると考えられた。それを裏づけるかのように、始皇七（前二四〇）年には始皇帝の祖母の夏太后《かたいこう》と蒙驁《もうごう》将軍が亡くなり、始皇九（前二三八）年には二回の彗星の間に嫪毐の乱が起こった。

最初の始皇七（前二四〇）年の彗星はハレー彗星と見られている。周期七六年のハレー彗星が始皇帝の王の時代にちょうど遭遇した。始皇帝も一生に一度見られるかどうかという貴重な機会であったはずである。このときの彗星はまず東方に出現してから北方に移り、五月には西方に移動した。その後いったん消えて（彗星が太陽に接近したことを意味する）ふたたび西方に一六日間現れた（太陽から離れてふたたび地球に近づいたことを意味する）。短周期彗星のハレー彗星はその軌道によって明るさ、尾の長さ、接近の期間は異なる。一九一〇年のハレー彗星は一年のうち一〇ヶ月以上も観測できたという。

彗星の観測時間が長いということは、その間に人びとは不吉な彗星を見ながら行動していたことになる。つまり民衆のあいだには、何か不吉な事件がいつ起こってもおかしくないという畏れが蔓延していただろう。王としては通常のハレの行動を慎しむ一方で、これを利用することもありえたのではないか。その意味では彗星の出現がまさに新たな政治的事件を引き起こしたともいえるのである。

嫪毐の乱の記事

始皇九（前二三八）年は冬の一〇月からはじまり、秦始皇本紀の記事はつぎのように並んでいる。

①「彗星が現れ、天を竟《つ》いた」。彗星の頭は下に向き、尾が天上にまでまっすぐ長く伸びていたという意味である。流れ星ではないので、彗星の尾が一瞬のうちに天空全体に拡散したわけではない。

②「四月に秦王は雍《よう》に宿り、己酉《きゆう》（二一日）に戴冠して剣を帯びた」。

③「長信侯嫪毐は乱を起こそうとして発覚した」。

④「王はこのことを知り、相邦の昌平君《しょうへいくん》と昌文君《しょうぶんくん》に卒（兵士）を発して嫪毐を攻め、咸陽で戦い、首を斬ること数百であった」。

⑤「嫪毐は敗走し、国中に命令して嫪毐を生け捕りにした者には一〇〇万銭、殺した場合は五〇万銭を与えることにした」。

⑥「嫪毐らはことごとく捕らえられた。二〇人は梟首《きょうしゅ》（さらし首）となった」。

⑦「四月に寒冷で死者があった」。
⑧「彗星が西方に現れ、また北方に現れ、斗宿《としゅく》より南に八〇日移動した」。
この記事が時系列どおりだとすれば、どのようなことがここからわかるだろうか。

まず前提として、『礼記《らいき》』に従えば、成人の儀はこの年の正月（秦王趙正の二二歳の誕生日）より前に行われるはずであった。『礼記』には「年二十にして冠《かんむり》する」とあり、これが二〇歳を終えた二一歳で成人の儀を行うことであるとすれば、この年の正月より前に行われていなければならない。それが、すでに二二歳となった四月まで延ばされたのには、おそらく①の彗星の出現が理由とされたのであろう。先ほど述べたように、不吉な彗星が現れているなかに成人の吉礼を行うことはないために、彗星が消滅したのを確認してから戴冠の日程を決定したと思われる。

しかしその後の記事を見てみると、いくつか気になる点がある。まず②では秦王は雍城の蘄《き》年宮《ねんきゅう》という離宮で戴冠し、その後に、③と④にあるように咸陽で戦いが行われたことになる。これが事実どおりだとすると、少なくとも呂不韋列伝の論賛にある、「秦王が成人の儀のために咸陽を離れた隙を狙い、嫪毐が雍城で秦王を待ち受けて反乱を起こした」という司馬遷の見解は当たらないことになる。

同時に、この記事がまったく事実の時系列どおりだというのも考えにくい。②と⑦に「四月」とあることから考えると、その間にある四月二一日の秦王戴冠から、乱の発覚、戦闘、そして追跡と嫪毐一党の処刑まですべてが、わずか一〇日ほどで起こったことになる。事の大きさを考えると、不自然に思われる。

事件の真相

おそらく真相はこうではないだろうか。本来②は、⑦の直前に入るべき記事であった。すなわち嫪毐の陰謀が発覚し、秦王が咸陽でその一党を攻め、処刑するまでの出来事は、①の彗星が現れた後、四月の戴冠式(②)より前にすべて終わっていたのである。それを司馬遷はみずからのこの事件に対する見解にあわせて、戴冠式のときに反乱が起こったのであるかのように、②の記事の位置を移したのではないか。

呂不韋列伝によれば、嫪毐が反乱を実行する前に嫪毐と母太后との関係を秦王に密告する者がいたという。彗星が現れていた時期のことである。嫪毐と母太后との間に密かに二人の子が生まれており、嫪毐がその子を王にする陰謀があることが秦王の耳に入った。不吉な彗星が現れている期間、何か不穏な出来事が起こるのではないかという畏れが民衆の間にはある。おそ

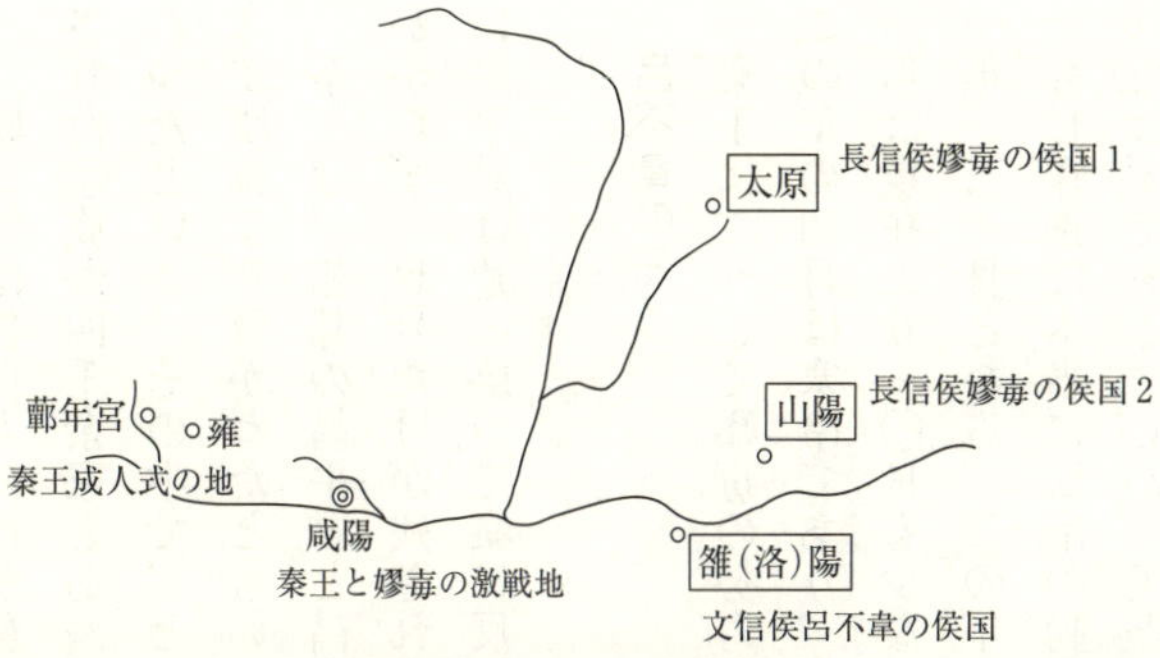

図3-3　嫪毐の乱関係地図

らく秦王趙正はそれを利用し、これを好機として自らの戴冠式を延期するとともに、まだ起こっていない反乱を演出して、嫪毐という権力者を排除したのではないだろうか。「彗星が出ている間に、何か起こっても不思議ではない」という当時の感覚をうまく利用したともいえる。

嫪毐の家は数千人の私奴婢を抱え、屋敷に抱える舎人《しゃじん》も千数百人いたという。長信侯に封じられ、秦から離れた山陽（河南省北部太行山《たいこうさん》の南麓の地）の地を与えられていた（図3－3）。太原郡（山西省）も嫪毐の国となっており、嫪毐にとってみれば秦を追放されたときの拠点にできるものだった。秦の政治は表面では呂不韋が動かしていたが、裏では嫪毐が握っていたといえる。二人は秦の東方の中原の占領地に拠点を保持し、勢力を二分していたことになる。

都咸陽において嫪毐と秦王の両軍の決戦が行われたとはいっても、実際は秦王側の不意打ちの襲撃であったのだろう。嫪毒側は数百人の首が奪われている。嫪毒の勢力は生半可なものではなく、のちに蜀に流された家族が四千余家もあったし、中央政府の衛尉、内史ら率いる兵卒、騎馬兵も嫪毒側に加わったという。その中で、ともかく嫪毒よりも秦王が先に動いたことは、成人となった秦王の方が嫪毒より賢かったともいえる。秦国の危機を感じ取って機敏に行動したのである。

秦王は、相邦の昌平君と昌文君に兵を動員させて嫪毒を攻撃した。この二人の人物の名前はわからず、封号だけが残されている。二人は楚の王族でありながらも、秦に仕えていた。のちに昌平君は楚に戻って秦に反旗を翻したというが、このときは秦の危機を救ったのである。

呂不韋の死

秦王はこうして嫪毒の勢力を抑えた後、四月には成人の儀を無事終了した。先述のとおり、この年の四月は寒冷であり、死者も出るほどであったという。当時の秦の暦は陰暦であるので一年は現在より一〇日も少ない。そのためほぼ三年に一回ほどの割合で閏月を置き、その年は一年一三ヶ月となる。この年は四月といっても気候は例年の三月である。

もし嫪毒に本当に反乱の動きがあったとして、事前に察知しなければ、秦王は雍城で幽閉されたはずである。しかし実際は嫪毒の一族を皆殺しにし、二人の同母弟を殺し、母の太后を雍城に幽閉した。このあとふたたび彗星が現れたのは、もちろん予期しないことであった。秦王はまた何かが起こることを予感したにちがいない。ここで、今度はこの間の動きがまったく見えなかった呂不韋に目が注がれたのではないか。呂不韋とすれば嫪毐を宮中に送った目的はみずからの保身であり、かならずしも秦王を陥れようとするものではなかったはずである。しかし秦王は事態が明らかになると、呂不韋が関わっていたことを察知したという。

嫪毐と呂不韋とが本当に結託していたのかは疑問である。この乱で明らかになったのは、嫪毐の背後に呂不韋がいたということではなく、嫪毐と太后の関係が発覚したことから太后と呂不韋の関係も暴露されたということである。だが秦王は相邦の呂不韋を処罰することにはためらいがあった。父荘襄王以来の功績があまりにも大きかったからである。翌年の一〇月に結局呂不韋は相邦の職を罷免されたが、一〇万戸もの文信侯の爵位は残され、故郷にも近い河南の封地に送られた。これは秦王の最後の思いやりであった。

秦から離れた呂不韋のもとにはふたたび諸侯や賓客《ひんかく》が集まり出した。それを見て秦王はようやく蜀の地に呂不韋を家族とともに移すことにしたが、呂不韋はその前に酖《ちん》をあおって死を選んだ。酖とは猛毒のある鴆《ちん》鳥の羽毛を漬けた酒のことである。嫪毐の乱から呂不韋の死までは二年もの時間が経過している。

秦王の不孝と密通事件

前漢初期の張家山漢簡のなかに『奏讞書《そうげんしょ》』という、地方官吏ではさばききれない難事件の再審を中央の廷尉《ていい》や地方の上級官庁に上申した竹簡文書があり、そのなかに始皇帝の時代のものも四件あった。前漢初期、高祖・呂太后《りょたいこう》の時代に、秦の判例まで参考にしていたことになる。

そのなかの一件に、亡き夫の喪中の棺の前で別の男性と密通した女性の事件ファイルが見られる。この女性を「不孝は棄市《きし》」(親不孝を行ったら首を切り市場にさらす)という秦の法律で処罰すべきかどうか、中央の廷尉のあいだでは大激論になったという。夫は亡くなっているので別の男性と関係をもったことは問題にならず、妻の行為は亡夫の父母にたいする不孝の罪に当たるのではないかというのが審議の焦点であった。

結局夫は亡くなっているので、処罰はされずに終わった。このとき不孝の一般事例があげられ、生きている父に食事を三日間与えないのは不孝で棄市となるが、亡き父のために家で祭祀を三日間怠る程度は罪にはならないとされる。同様に妻が亡き夫を欺いても罪にはならない。中央の廷尉自身が誤りを認めた。秦の時代の意外な倫理観を示す事例である。

この案件の女性を始皇帝の母太后に置き換えてみると、嫪毐の乱の背景も見えてくる。母太后は亡き夫の荘襄王を裏切って後宮で呂不韋や嫪毐と関係をもった。秦王はこのことを許さず、母の責任を問おうとして咸陽宮から雍城に移した。しかしこのことは、上記のように、当時の秦ではむしろ罪にはあたらない。そのことを斉人《せいひと》の茅焦《ぼうしょう》に諭され、秦王はのちに母を咸陽宮に戻している。茅焦は秦王の行為は諸侯に信頼されず、秦にそむくきっかけになるといった。母に対する秦王の不孝が暗に非難されたのであろう。

秦王といえどもみずからの不孝には敏感であった。秦の時代でも家の秩序を保持するには、孝が求められた。権力の頂点にいた秦王自身にこの不孝の律が適用されることはないが、秦王は不孝によって諸侯や民衆の信頼を失うことを恐れたのである。

第四章　暗殺未遂
――刺客の人物像（三三二歳）

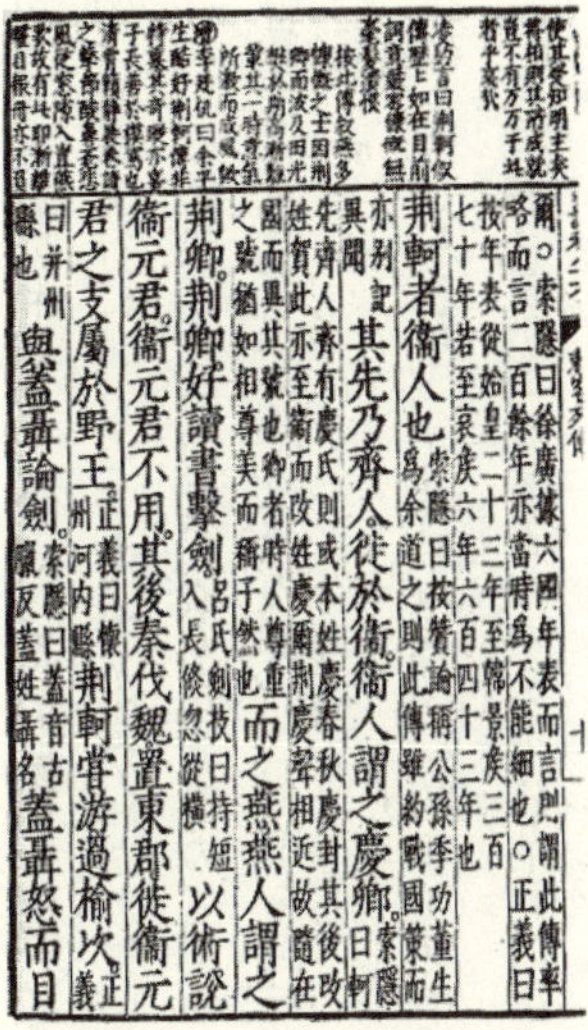
闕○索隱曰徐廣據六國年表而言則謂此傳率略而言二百餘年亦當時爲不能細也○正義曰按年表從始皇二十三年至韓景侯三百七十年若至哀侯六年六百四十三年也
荊軻者衛人也。索隱曰按贊論稱公孫季功董生爲余道之則此傳雖約戰國策而亦別記異聞
其先乃齊人。徙於衛。衛人謂之慶卿。索隱曰軻先齊人齊有慶氏則或本姓慶春秋慶封其後改姓賀此亦至衛而改姓慶爾荊慶聲相近故隨在國而異其號也卿者時人尊重之號猶如相尊美而稱子然也
而之燕。燕人謂之荊卿。荊卿好讀書擊劍。呂氏劍技曰持短入長倏忽從橫
以術說衛元君。衛元君不用。其後秦伐魏。置東郡。徙衛元君之支屬於野王。正義曰懷州河內縣
荊軻嘗游過榆次。正義曰并州縣也
與蓋聶論劍。索隱曰蓋音古臘反蓋姓聶名
蓋聶怒而目

『史記評林』巻86 刺客列伝（明代）
江戸時代の日本でも盛んに読まれ，訓点のついた和刻本も出版された．

三〇歳を超えた秦王にふたたび大きな事件がめぐってきた。刺客《し かく》荊軻《けいか》による暗殺未遂事件である。始皇二〇(前二二七)年、燕《えん》の太子丹《たん》に依頼された荊軻は秦王の暗殺を企てたが、失敗に終わった。『史記』巻六秦始皇本紀と巻八六刺客列伝では、それぞれ秦王の側と刺客荊軻の双方の立場からこの事件が語られている。とくに刺客列伝では春秋戦国時代の五人の刺客の最後に荊軻が主人公として登場する。司馬遷は荊軻の、ひとのために命を懸けるような行動に正義を認めたのか、ここでは克明に暗殺実行にいたるストーリーが記されている。ところが刺客列伝とほぼ同じ文章で書かれた『戦国策』燕策では、燕と趙と秦の三国の外交の行方が主に語られ、燕王喜が太子丹の軽率な行動(秦王暗殺未遂)のために、国を滅ぼしてしまった始末としてこの事件は記されている。

ここでいまいちど荊軻の行動を冷静にたどってみると、故国衛のための荊軻の意外な動きが見えてくる。『史記』は『戦国策』をほぼそのまま引用するが、その前に荊軻の出身と燕に入る前の行動を追加して記している。そのため燕の国のために刺客となった姿よりもみずからのために外交活動を進めた荊軻の姿がここには浮かび上がってくる。本章では外交家としての側面に注目しながら、荊軻の人物像を見直してみることにしよう。

燕の太子の報仇

報とは善悪にかかわらず相手の行為に対しておこされる行動をいう。報恩といえば相手の恩に報いることであり、報復、報讐《ほうしゅう》、報仇《ほうきゅう》とは相手の行為に仕返しをすることである。

始皇二〇（前二二七）年、秦王は刺客の荊軻に匕首《あいくち》で襲われた。秦王が襲われた事件はこれだけではなく、のちに皇帝となってからも鉛を潜ませた筑《ちく》という楽器を荊軻の友人の高漸離《こうぜんり》に投げられたり、秦に滅ぼされた韓の張良《ちょうりょう》からも一二〇斤の鉄のおもりを投げつけられたりした。いずれも失敗に終わり、命拾いをした。秦王を襲撃した三人の行動は、どれも秦王への報讐であったとされる。荊軻は燕の太子のための復讐であり、高漸離は友人の荊軻のための復讐であり、張良は殺された弟のための復讐であった。

荊軻の秦王暗殺未遂事件は『史記』刺客列伝と『戦国策』燕策に詳しい。両史料はほとんどの部分が共通しているが、『史記』が加筆した異なる部分に注目すると、燕の太子丹に秦王暗殺を依頼された刺客荊軻の行動が、みずからの復讐劇でもあったことに気づかされる。

燕王喜の太子丹は邯鄲《かんたん》で質子《ちし》として過ごしたときに、幼い趙正とよく遊んだ。趙正が帰国して秦王に即位すると、今度は丹が秦の質子となった。ところが秦の丹への待遇が悪く、丹は怨みを懐きながら帰国した。そして秦王への報仇を企てる。燕の太子丹の秦王への報復は、もともとは個人の怨みだったものが、いつしかそれを越えた国どうしの争いとなってしまった。

私讐による個人の報復行動が国家間の報復戦争にまで拡大する。燕と秦の二国に限らず、戦国時代の後期はそのような一触即発の時代であった。始皇一八(前二二九)年から翌年にかけて秦の将軍王翦《おうせん》は趙を猛攻撃した。趙の大将李牧《りぼく》や将軍司馬尚《しばしょう》らが迎え撃ったが、李牧は戦死した。趙忽《ちょうこつ》と斉の将軍の顔聚《がんしゅう》が代わって秦軍を迎え撃ったがやはり敗北した。趙王遷《せん》は降伏し、邯鄲は秦のものになった。三晋と呼ばれた中原の韓・魏・趙三国のうち韓が滅び、趙も首都が陥落したことになる。このとき秦王自身も邯鄲に赴き、生まれた時に母親の家が受けた仕打ちに報復するために、関係者を穴埋めにした。しかしその翌年、秦王自身が燕の太子丹に報復されることになる。

秦王暗殺未遂事件の真相

始皇二〇(前二二七)年、始皇帝三三歳のときに起きたこの暗殺未遂事件は、始皇帝の生涯のなかでも嫪毐の乱にならぶもっとも衝撃的な事件の一つであった。これまで私は『史記』のなかの秦始皇本紀と刺客列伝の記事があまりに違うことに注目してきた。本紀は秦の側の記録であり、暗殺事件の顚末と真相は極秘にされ、失敗したことだけが強調されている。一方の刺客列伝では荊軻が秦王を襲うまでの行動を克明に描いている。私はまたこの事件の場面を描いた漢代の画像石をできるだけ収集し、『史記』刺客列伝とも異なる伝説が各地に存在していたことを見いだした（図4―1）。しかし荊軻という人物が、司馬遷によって英雄的な刺客に描かれすぎていることにはこれまで気づいていなかった。

図4-1　始皇帝暗殺画像石（『武氏祠漢画像石』山東美術出版社，1986年）画面中央にある柱の右が秦王，左が荊軻，右下に秦舞陽が倒れる．中央の柱に匕首が刺さる．柱の右下には樊於期の頭函が見える．

　事件の真相をさらに既存の史料から再検証するために、まず刺客列伝の大部分が『戦国策』の引き写しであることに注目してみよう。刺客列伝は前段（荊軻の人物を紹介し燕に入るまでの行動の記事）、中段（燕の太子が荊軻と出会い秦王暗殺を決行させていく記事）、後段（暗殺未遂事件の顚末の記事）に分けることができる。この中段が『戦国策』の記事「燕太子丹、秦に質《ち》して亡《に》げ帰る」に始まる文章をほぼそのままに転用した部分である。司馬遷は原史料の出典を明示しないが、照合してみるとすぐにわかる。正確にいえば、『史記』が前漢末に編纂された『戦国策』

を引用したとはいえないので、『戦国策』の原本に依拠したといったほうが正しいが、ここでは『戦国策』としておく。

じつは『戦国策』のこの部分の文章は、暗殺者の動きを追ったものではなく、あくまでも燕秦両国の外交の駆け引きを述べた内容にすぎない。司馬遷はこの外交記事をそのままに、前後に荊軻の行動の記事を追加して刺客列伝の体裁にしてしまったのである。今、この『戦国策』の引用部分と、司馬遷の加筆箇所を切り離し、それぞれを独立して読み返すならば、暗殺者としての荊軻ではなく、むしろ外交家の知識人としての荊卿《けいけい》像(卿は尊称)が浮かび上がってくるのである。

いま荊軻と燕の太子丹の二人の行動をあらためて整理して事件の経過をみたい。司馬遷は太子丹の秦王への復讐の実行者として、荊軻の正義の行動を評価したが、荊軻は燕に入って太子丹に会う前に、すでに秦のために故郷の国を追われた衛人《えいひと》として活躍していた。刻々と変化する秦燕趙三国の外交と戦争、そのはざまに位置した小国衛の動揺、そうしたなかで燕の太子丹と衛の荊軻の利害が一致したのである。

謎に満ちた荊軻の行動

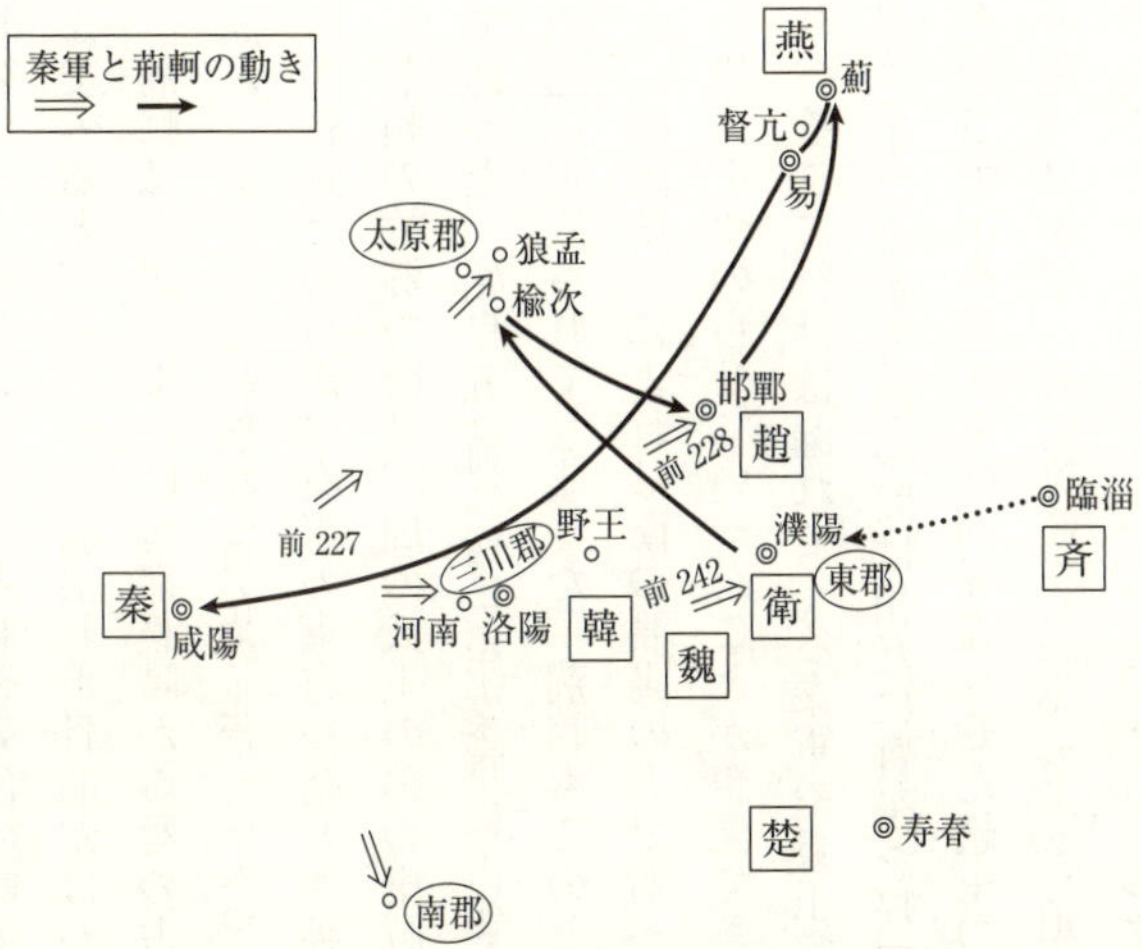

図 4-2　荊軻の活動圏

司馬遷によれば、荊軻は祖先が斉の人で、読書と剣術を好む文武両道の人物であり、国を越えて行動した目的は謎に満ちているとされる。衛の国では剣術を衛の君主の元君に説いたが相手にされず、秦の占領地の太原郡に近い楡次《ゆじ》を訪れたときには、蓋聶《がいじょう》と剣術を議論したが、睨まれるとその場から逃げ出したという。邯鄲では魯句践《ろこうせん》と六博《りくはく》（すごろく）に興じて駒の道をめぐって喧嘩となり、叱責されると黙ってその場を去った。燕でも狗肉の業者や高漸離と毎日のように酒を飲んだ。酔いがまわると、高漸離の筑の伴奏で歌をうたい、涙を見せて抑えていた感情をようやく発露させたという。こうした荊軻の姿を刺客列伝では、自己抑制力の強いものとして描き、刺客にふさわしい人物だと刺客列伝の読者は納得してしまう。しかしかれの足跡の地を線で結んでみると、そこには放浪した目的がはっきりと見えてくる（図4―2）。

荊軻は上記のように衛都濮陽《ぼくよう》から秦の占領地の太原郡に近い楡次に行き、さらに趙都邯鄲を訪れ、最後には燕都薊《けい》（現在の北京）に入っている。これは決して偶然の行動ではなかった。荊軻の行動は明らかに秦軍の東方侵略と連動していたのである。

荊軻の故郷の衛は、周の武王の弟の康叔《こうしゅく》の国であり、黄河のほとりにあって人口が多く豊かであった。始皇五（前二四二）年秦軍に占領されて秦の東郡が置かれ、主君の元君の一族は野王の地に追放されてしまった。荊軻もこのときに故国を失ってしまったことになる。あの呂不韋《りょふい》も『戦国策』によれば衛の濮陽の人であった。荊軻自身も秦軍の脅威にさらされ、次第に秦への怨念をつのらせていったことが想像できる。楡次の位置する太原郡はあの嫪毐《ろうあい》の領地でもあり、そこに行けば漏れてくる秦軍や秦王室の情報をつかむことができる。また、始皇四（前二四三）年には秦と趙の間は相互に質子を帰還させるほど悪化していた。荊軻は邯鄲に入り、わざわざ太子を秦から強制帰還させた趙王の思惑をつかもうとしたのであろう。最後に燕に入り、そこでは始皇一五（前二三二）年、秦から追放されて帰還したばかりの燕太子丹と出会った。秦王のことを知り尽くした人物である。つまり荊軻は、秦に対抗する東方諸国の合従のための情報を極秘に集めていたのではないだろうか。

燕太子丹の帰還

当初、秦と燕の友好関係が保たれたのは蔡沢《さいたく》の尽力による。蔡沢とは燕の人であり、秦に迎えられて丞相となったが、すぐに燕に使者として送られ、三年経過してからかれの策略で太子丹を秦の質子に出した。丹が質子として咸陽に入ったのは始皇四（前二四三）年ころのことであろう。そして、丹が秦に滞在していたときに嫪毐《ろうあい》の乱が起こった。この混乱のなかでは、丹が秦王から冷遇されたのも無理はない。始皇一五（前二三二）年、丹は秦王に怨みを懐きながら燕に逃げ帰った。先述のように秦では呂不韋亡き後、李斯《りし》の時代に入り、始皇一七（前二三〇）年に韓を滅ぼし、始皇一九（前二二八）年には趙王の遷《せん》を捕らえた。燕は秦に危機感を懐くことになり、両国関係は悪化の一途をたどっていく。丹は帰国から五年間、対秦工作活動を続けることになる。

丹はまず身近にいる相談役の太傅《たいふ》である鞠武《きくぶ》に相談した。鞠武はすでに秦の国勢に関する情報を得ており、経済的にも軍事的にも大国である秦の逆鱗にふれる行動を戒めた。その後しばらくして、たまたま秦から逃亡してきた樊於《はんお》期《き》将軍を匿った丹に、鞠武は匈奴《きょうど》に送って即刻処分すべきだと提言する。秦は樊於期に黄金一〇〇〇斤と一万戸の封地を懸賞とした。最近整理された嶽麓秦簡《がくろくしんかん》によれば、当時懸賞金のことを購金《こうきん》といい、集団強盗を生きたまま捕らえれば金一四両という実例があった。一斤一六両で計算すれば一〇〇〇斤は一一四二人分もの莫大な賞金となる。樊於期は嫪毐の乱後の粛清を避けて逃亡してきたのであろう。秦王趙正は樊於期から秦の内情が外に漏れることを恐れたのである。

しかし丹は樊於期の追放を認めない。対秦の策に困った鞠武は太子丹に田光《でんこう》先生を紹介した。丹の意見は「秦燕両《なら》び立たず」のことばに示されるように、みずからが橋渡しとなってきた両国の関係修復はありえないというものであった。そこで老いた田光はそれまで才能を評価していた荊軻を丹に紹介した。ところが田光は、ここで丹から機密を守るように諭されたことを心外に思い、みずからの首を刎ねることになる。

荊軻はこうして鞠武と田光を介して丹とはじめて会見する。荊軻と丹の二人の秦への反感には共通のものがあったが、秦軍が燕の易水《えきすい》に迫るなか、丹の方が焦っていたといえよう。一方の荊軻の方は沈着であった。秦王との会見が実現するために、樊於期将軍の首と燕の督亢《とくこう》の地図を献上することを丹に提案する。督亢とは燕都(上都《じょうと》)の薊と副都(下都《かと》)の易《えき》の間にある肥沃な土地である。秦から遠く離れた飛び地であっても、懐中の土地を献上することは燕の秦への忠誠度を示すだろう。また荊軻はみずから樊於期将軍に会い、秦王への怨みを直接聞いた。秦王を知る者の情報は荊軻にとっても貴重であった。樊於期は秦に残してきた父母や一族を殺されており、秦王への復讐の実現と引き替えに結局みずからの首を差し出す。丹は荊軻のために趙人徐夫人《じょふじん》(男子)という工匠の製造した匕首をわざわざ購入した。丹がその刃に毒を塗るが、しかし後に述べるように、これは秦王を脅すための武器であって秦王を殺すためのものではなかった。かれらの意図は、じつは暗殺とは別のところにあったのである。

荊軻、秦王を逐う

易水は燕の副都である下都を流れていた。平原に位置する国家にとって河川に囲まれた土地は防衛の拠点にもなる。易水を守れなければ燕の国も守れない、そういう土地である。秦王暗殺の準備を整えた荊軻は上都の薊(北京)を出発して易水のほとりまで来た。丹ら関係者はみな白装束を着てここで見送った。高漸離は左手の指で筑の首の弦を押さえ、右手は撥《ばち》で五弦をたたいた。このとき荊軻が歌ったことばは、荊軻の心情だけでなく、ある情報を私たちに残している。「風蕭蕭《しょうしょう》として易水寒《えきすい》し、壮士《そうし》一たび去って復《ま》た還《かえ》らず」、風がものさびしく吹いて易水の地は寒い。荊軻の出発は秦の暦でいえば始皇二〇(前二二七)年の冬一〇月から一二月の間のことであっただろう。

そして荊軻は秦の都咸陽に到着する。このとき、つまり戦国時代の咸陽宮は渭水《いすい》の北の咸陽原にあった。現在でも宮殿の遺跡が版築《はんちく》の基壇として残されている。丘陵の断崖面には瓦片や排水管、陶製の井戸枠がぎっしりと埋まっている。ここにたたずむと秦王趙正の命運を分けた事件がまさにここで繰り広げられたのかと感慨が湧いてくる。

ここで秦王は正装の朝服を着て、燕からの使者を客賓として最高の待遇で迎えた。寵臣蒙嘉《もうか》が仲介して内臣として服属しようとする燕王の意志が伝えられていた。咸陽宮に入り、荊軻が樊於期の頭部の入った函《はこ》を、副使の秦舞陽《しんぶよう》が地図の匣《はこ》を捧げて秦王の玉座の真下の階下まで進んだ。二つの函には燕王自身の封印がされていた。このとき、秦舞陽は顔色を変えて震えた。立ち並ぶ群臣が怪しむと、荊軻は秦舞陽を見ながら弁解した。「北の蛮夷のいなか者は天子には謁見したことがないので震えているのです。どうかお許しいただいてもう少し前に進ませていただきたい」と。秦王が秦舞陽の持っていた地図を受け取り、中を開くと匕首が現れた。地図は帛《きぬ》に描かれており、匕首をくるむように折り込んであったのであろう。荊軻は左手で秦王の袖をつかみ、右手で匕首を取って秦王の胸につきつけようとした。秦王が身を引くと袖がちぎれた。秦王は剣を抜こうとしたが、固すぎて抜けずただ鞘《さや》をつかむだけであった。荊軻は逐い、秦王は柱をめぐって逃げ走った。

秦の法律では、群臣が殿上にひかえているときには一尺一寸の兵器も所持してはならない。兵器を持った郎中はみな殿下に並び、詔がなければ殿上に昇ってはならない。そのため、緊急のときだというのに、このとき王は兵士を呼び寄せることができなかった。秦の厳格な法律が仇《あだ》となり王の危機にすら対応できないという事態である。この『戦国策』の故事の語り手が諸侯に合従連衡《がっしょうれんこう》を説いた縦横家《じゅうおうか》であるとすると、明らかに強国秦の弱点をついているかのようである。

しかしそのときに侍医の夏無且《かむしょ》が薬嚢《やくのう》を荊軻に投げた。ひるんだすきに左右の者が「王、剣を背負いなされ」と伝えた。秦王はついに剣を抜いて荊軻を撃ち、左の股を斬った。荊軻はたおれながら匕首を秦王めがけて投げた。柱に当たった。荊軻は最後に秦王に斬りつけられたとき足を投げ出してみずからを罵り、秦王を活かしながら秦に奪われた土地を返還させる約束を取り付けることができなかったと悔やむのである。

このことが示すように、太子丹と荊軻の目的は秦王の暗殺そのものではなかった。刺客列伝の最初に挙げられた春秋時代の曹沫《そうばつ》も、匕首で大国斉の桓《かん》公を脅して小国魯の土地を奪い返すことに成功している。弱者から強者へのこうした威嚇行為は許されていた。いったんそこで約束を取り付けたならば、強者はそれを守らなければならず、弱者にとってはけっして卑怯なことではなかった。弱肉強食の戦国時代ならではの論理である。斉の丞相の管仲《かんちゅう》は約束を破ろうとした桓公をむしろ戒めている。丹と荊軻はこの故事にならって、秦王を殺すことなく、その軍事行動に一矢を報いようとしたのだった。

暗殺事件の翌年、秦の将軍王翦は燕太子の軍を破って燕の上都の薊に入っている。秦の李信将軍が追走して太子丹の首を取ったともいうが、燕王喜自身が逃亡して遼東《りょうとう》に移り、太子丹を斬って秦に献じたとも伝えられている。燕の国はかろうじて残った。秦軍もこのときにはあえて燕王を追わなかった。

魏都大梁の攻撃

このあとも秦の進撃はとまらず、各国をつぎつぎに征服していく。まず始皇二二(前二二五)年、秦の将軍の王賁《おうほん》は魏を攻撃し、河溝《かこう》を引き入れて都の大梁《たいりょう》城を水攻めにした。韓非《かんぴ》の戦術を実践したことになる。大梁は現在の河南省開封《かいふう》市の西北にあった(後出図4―3)。現在の黄河は開封市のすぐ北を流れているが、秦代にはさらに北に七〇キロメートルを流れていた。黄河は開封よりも西の滎陽《けいよう》付近で北に大きく向きを変えていた。河溝というのは、黄河から引いた灌漑水路である鴻溝《こうこう》のことである。鴻溝は平原を東南に流れて淮水《わいすい》に通じていた。黄河の増水期にあわせてこの水路を決壊して洪水を起こせば、平原の都市は容易に水没してしまう。しかしこの水攻めにもかかわらず、城の陥落には三ヶ月も要し、最後にようやく魏王の仮《か》を捕らえて魏を滅ぼした。秦の側の執念が感じられるし、魏にとっても必死の戦いであった。しかしながら秦は魏に対しては、趙に対するような復讐の思いはなかったものと思われる。

司馬遷が「魏を屠《ほふ》る」とまで表現した、大梁城を殲滅したこのときの戦争は、むしろ報復ではなく、天下を統一しようとする目的が顕著であった。秦は魏を滅ぼすと同時に黄河と鴻溝の分岐点である東方大平原の大扇状地の頂点を押さえた。この地の滎陽は、のちに項羽の楚と劉邦の漢が争うほど軍事的に重要で、鴻溝を境界として東を項羽、西を劉邦の勢力圏とし、楚城と漢城が対峙して作られることになる。

始皇帝は統一後の第三回の巡行のときに、滎陽と大梁の間にある博狼沙《はくろうさ》を通過して盗賊に襲われた。博狼沙は文字通り黄河の氾濫によって砂が堆積した土地である。天下に犯人の捜索を一〇日間も行ったが、結局見つかっていない。じつはこれは、先述の、韓が滅ぼされたときに弟を殺されたことを怨んだ張良の起こした事件であった。巡行の始皇帝の車をめがけて鉄のおもり一二〇斤を力士に投げさせたが、副車に当たって失敗した。始皇帝に怨みをもつ魏の土地だけに、犯人の張良は匿われたのであろう。

楚の最期の謎

楚の最期の記事も『史記』のなかで揺らいでいたが、出土史料の『編年記』が『史記』の記事の真偽に決着をつけてくれた。始皇二三(前二二四)年、楚の項燕《こうえん》が蘄《き》で秦と戦って敗北し、翌始皇二四(前二二三)年、秦の王翦《おうせん》と蒙武の将軍らは楚の都寿春《じゅしゅん》を攻撃して楚王負芻《ふすう》を捕虜にし、楚という国家を滅ぼした。『史記』六国年表、楚世家、王翦列伝、蒙恬《もうてん》列伝の記述はこの内容で一致する。しかし秦始皇本紀だけは、逆の順番になっている。始皇二三(前二二四)年に秦の王翦が楚王を捕虜にした後、楚の将軍の項燕が昌平君を立てて淮南《わいなん》の地で反旗を翻し、翌年その昌平君は死去し、項燕も自殺したという。つまり本紀では楚王が捕らえられた直後に亡命政権を立てた昌平君の死と項燕の自殺を英雄視しているかのようである。しかしこの伝説は史実に反していることがわかった。

　昌平君と昌文君は二人とも楚の公子で名前もわからないが、すでに見たように嫪毐の乱のときには秦王側について危機を救った。秦の相邦にもなった昌平君は秦王室の内情をよく知る人物であったが、同じ楚の下級官吏出身の李斯が優遇されていくにしたがって、かれらと秦王と

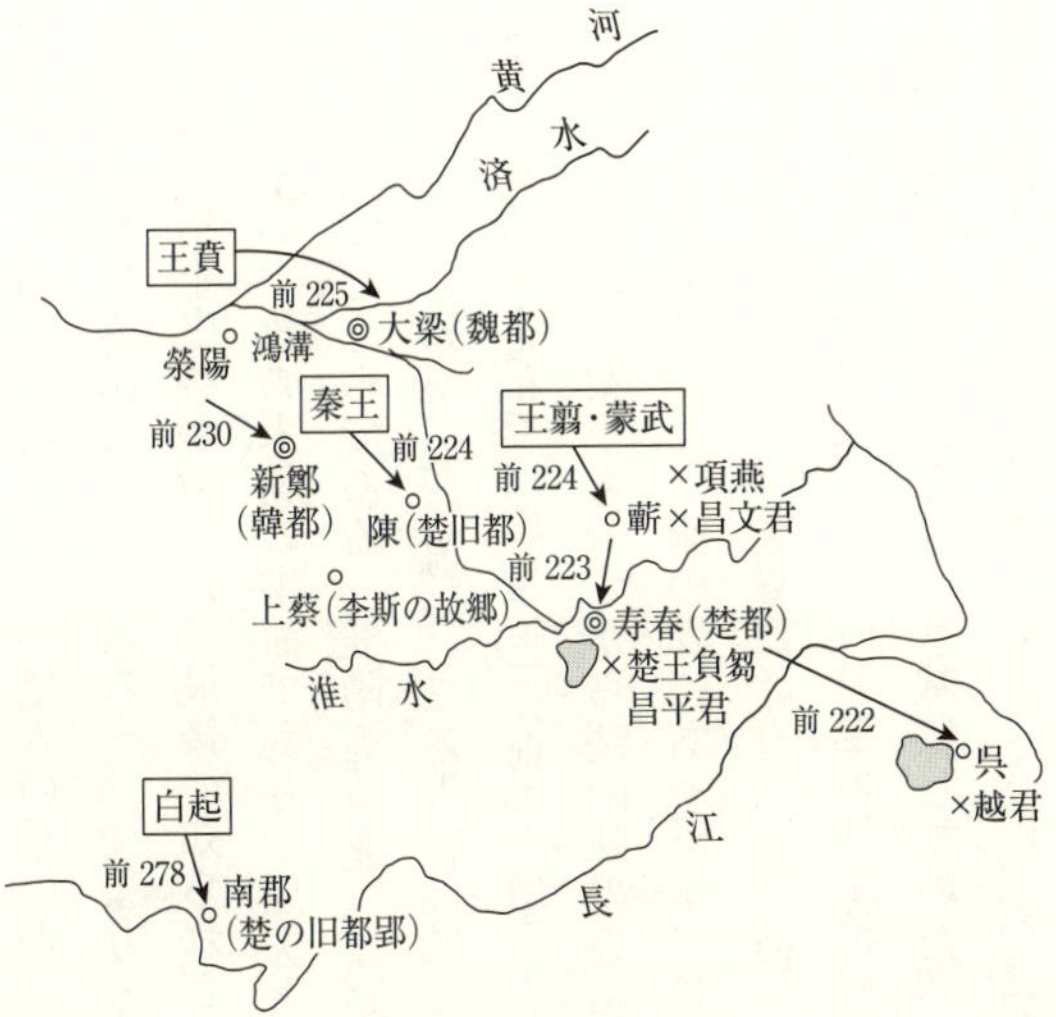

図 4-3　魏・楚の滅亡

は疎遠となっていった。その二人の名前が出土史料の『編年記』に登場する。その記事をたよりに動向をたどってみると、始皇二一（前二二六）年、昌平君は故郷の楚に戻った。このことは『史記』にもある。前年には秦王暗殺未遂事件が起こっている。昌平君は秦国よりも楚王負芻を助けることを優先したのであろう。始皇二三（前二二四）年、秦が楚を総攻撃するなか、四月にまず昌文君が亡くなった。『編年記』の語る新事実である。この年には昌平君も亡くなったのであろう。さらに始皇二四（前二二三）年の『編年記』の記事は、王の文字以外は不鮮明ではあるが、六国年表にあるように楚王が捕虜になったことを記しているようである。ここで楚は滅亡した。のちに始皇帝亡き後、この項燕の子の項梁《こうりょう》と孫の項羽《こうう》が秦に兵を挙げた。項燕と昌平君への楚人の想いが、楚王が捕らえられた後も最後まで秦に抵抗したという伝説を生み出したのであろう。つまり、楚の最期を本紀はあえて曲げて描いている。

さらに出土史料が秦と楚の最後の知られざる決戦の様子を教えてくれる。一つは睡虎地《すいこち》四号秦墓出土の二枚の木牘《もくとく》の書簡であり、黒夫《こくふ》と驚《きょう》の二人が二月辛巳《しんし》(一九日)の日付で故郷の母と家族に宛てたものである。淮陽《わいよう》(淮水北)での戦争に参加し、なかなか敵城が陥落しない様子を伝えている。始皇二四(前二二三)年二月は、楚都寿春の陥落と楚王の虜囚の直前だったことになる。秦始皇本紀では始皇二三(前二二四)年にすでに楚王が捕虜となっており、矛盾する。

このときには秦王もみずから楚の陳の地に入った(図4―3)。よほどの想いがあったのであろう。楚の都は長江中流の郢《えい》にあったが、昭王二九(前二七八)年秦の白起《はくき》将軍に攻撃されて淮水北の陳まで北上し、さらに始皇六(前二四一)年に淮水流域南岸の寿春に遷都していた。楚の地域は広い。南は長江下流の呉越の地を治め、中原では陳、杞《き》、蔡《さい》などの春秋時代の小国の地を囲い込み、伝統ある魯国も滅ぼしていた。彭城《ほうじょう》(現徐州)から東の海沿いを東楚、長江以南を南楚、淮水北西部を西楚というように三つに分けられる。資源も豊富であった。秦にとっては魅力ある土地であり、昭王二九(前二七八)年旧都の郢に南郡を置いて占領支配を行ってきた。

南郡には雲夢沢《うんぼうたく》（現在の洞庭《どうてい》湖周辺）という資源の宝庫がある。西楚は漆を産し、南楚は鉱物資源が豊富で、金鉱や銅山があり、錫《すず》も採掘できた。和氏《かし》の璧《へき》で知られる玉《ぎょく》も産した。秦王はそのような楚を手中にしたのである。

五十歩百歩――竹簡が語る戦場

嶽麓秦簡には、楚が秦に占領されて滅亡していく時期の様子が事件として記されている。先述の『奏讞書《そうげんしょ》』という中央政府や上級官庁に判断を仰いだ裁判文書だが、ここに『史記』には書かれることはなかった事件が見られる。そのひとつに、楚での盗賊事件がある。楚が滅んでも、もとの楚の地域では混乱が続いていた。始皇二五（前二二二）年の文書では秦人《しんひと》の四人と荊《けい》人《ひと》の一〇人とが群盗となって人を殺傷した事件が扱われている。秦の群盗一人を生きたまま捕らえた場合は金一四両もの懸賞金が支払われるが、他国人を捕らえた場合は二両にとどまる。荊人というのは楚人のことであり、秦は荘襄《そうじょう》王子楚《しそ》の名を避けて荊といっていた。秦が楚を滅ぼした直後でも、現地では秦人と楚人が一緒に盗賊として行動するような事態が続いていたことがわかる。

他にも、この嶽麓秦簡中の始皇二六（前二二一）年九月の文書では五十歩百歩の故事を想起させる事件が見える。五十歩百歩のことばは孟子が梁(魏)の恵王に語ったものであり、戦争好きな王の性格を示す戦場でのたとえ話として登場する。進軍太鼓を打って兵士を励ましても、戦争が続くと鎧や武器を棄てて逃げ出す者が出てしまう。そのときに五〇歩逃げて留まった者が一〇〇歩逃げた者を笑ったとしたらどうかという孟子の質問に、恵王はどちらも逃げ走ったことに代わりはないと答えた。よく知られたこの故事はあくまでもたとえ話であり、恵王の時代に実際に歩数にまでこだわっていたとは思えない。

しかし秦の法律においては、戦場では現実に退歩する歩数の違いで処罰されたことが出土史料からわかった。始皇二六(前二二一)年九月は統一の年の最後の月であり、統一の裏で起こっていた具体的事件は、統一事業をきれいにまとめあげて記述した『史記』には見られないもので、当時の戦争の様子をリアルに物語る。進軍すべきところを畏耎《いぜん》(恐れおびえて)して一二歩後退し、反寇《はんこう》(敵兵)の追撃を受けて弓を射た者をどう罰するのかというのがこの文書の主旨である。取り調べてみると、四六歩の者もいたし、一〇〇歩の者もいた。弓で射殺された者もいれば、短剣を持って勇敢に戦って死亡した者もいた。結局、先に逃亡した一二人を完城旦《かんじょうたん》(頭髪を剃らないままの辺境の築城と防衛の労役)と鬼薪《きしん》(鬼神祭祀の薪を集める労役)の労働刑にし、つぎに逃げた一四人を耐刑《たいけい》(ひげを剃り落しての労役)にしたという。一歩《ほ》は六尺、一・三八メートルの長さであり、一二歩は一六・五六メートル、四六歩は六三・四八メートル、一〇〇歩は一三八メートルである。しっかりと計測されていた。秦の法律では戦場での五十歩百歩は同じものではなかったのである。現実に、五〇歩逃げた者が一〇〇歩逃げた者を笑ったかもしれない。過酷な戦場の様子が垣間見える。兵馬俑《へいばよう》一号坑からも進軍用の太鼓の痕跡と後退用の甬鐘《ようしょう》（柄の取っ手のついた鐘）が発見されている。進軍と後退は整然となされなければならないルールがあったのである。

趙は号《な》き秦は笑う

先述のように、燕王は都の薊から遼東に逃げ、みずから太子の丹を斬殺して秦に献上したとも伝えられている。燕は東の遼東半島や朝鮮に連なり、北は遊牧民と接し、西は黄河最北の地に広がり、南は易水を境とし、碣石《けっせき》と呼ばれた岩礁の海にも接している。燕王は秦の追っ手を逃れようと朝鮮の勢力に頼った。朝鮮には周の武王が封じた箕子《きし》の朝鮮があったと伝えられている。箕子は殷の紂《ちゅう》王の一族の賢人とされている。

しかし始皇二五（前二二二）年燕王喜は捕らえられて燕は滅んだ。秦ははじめて海をもつ国を手中にしたことになる。燕は魚介と海塩と棗《なつめ》・栗を産する国であった。北方の遊牧民族の草原と朝鮮半島と海に囲まれた燕を併合したことで、秦の領域は拡大した。

この燕と連係していたのが代王となっていた趙の公子の嘉《か》である。趙は王が捕らえられたが、趙の大夫たちが公子の嘉を北辺の代の地で立て、六年も独立して抵抗していた。代は現在の河北省蔚《うつ》県附近にある。

同じ年、燕王に続いてこの代王も捕らえられた。この直前に遼東の燕王と代王の間で書簡が交わされ、秦に対する対策が相談されていた。代王は太子丹を殺して秦王に献上すれば攻撃がやむと伝えたが、結局は秦に攻撃された。

これより前、始皇一六（前二三一）年に代を烈震が襲っている。『史記』趙世家には「代の地大いに動く」と記録され、家屋や牆壁《しょうへき》の三分の二が崩壊したという。現在の家屋の耐震とは異なるが、震度七程度の烈震であったと思われる。大地の亀裂も東西一三〇歩（約一八〇メートル）にわたって走った。現在の山西省の太行《たいこう》山脈の北端、中国の華北平原には地震帯がある。一九六六年の邢台《けいだい》地震は邯鄲の北部、一九七六年の唐山《とうざん》大地震も太行山につながる燕山山脈の南で起こり、唐山では二四万人を越える死者があった。代の地震の翌年には大飢饉にも見舞われ、この地の民衆はつぎのような歌を詠んでいる。

「趙は号《な》き、秦は笑う。信じないのであれば、地に毛《くさ》が生えるのを視よ」。

そのような地域に趙を滅ぼされた人びとが入った。秦への怨みをもちながら、最後まで抵抗しようとしたのである。

無血入城

実際に最後まで残ったのは東方の大国の斉であった。秦王はこの国に憎しみをもつことはなかったためか、はじめは滅ぼそうとはしなかった。秦と斉、東西の二国で天下を二分してもかまわないと思っていたようである。

秦はまずは斉以外の五国と戦うために後方の大国の斉の動きを抑えておく作戦に出たといえる。斉の丞相に密かに金銭を贈り、斉王が五国を支援せず、秦に朝貢するように働きかけをした。しかしすでに五国が滅びたとなると、斉を活かしておく理由が秦にはなくなる。警戒した斉は、斉王建が丞相の后勝《こうしょう》とともに秦の使節を拒否し、斉の西の国境を閉鎖した。秦の将軍王《おう》賁《ほん》は燕の南から回り込んで斉を攻撃し、斉王建を捕らえ、王を共《きょう》の地(秦の占領地の河内郡)に移した。斉王は戦わずして降伏し、秦は国名そのままに秦の管轄の斉郡を置いた。

斉が大国であったのは、その地勢と資源によるところが大きい。斉の領域は現在の山東省にほぼ匹敵する。斉の国は黄河と山東丘陵と海に囲まれており、この山東丘陵の連峰の北嶺の稜線に長城を築いていた。もとは泰山の北麓は斉、南麓は魯というように分けられていた。斉王建が前二六五年に即位してから秦とは干戈《かんか》を交えず、秦王趙正の治世になってからは秦の咸陽に自ら入朝している。

斉がもし五国を支援する合従策をとっていたら、秦は六国を簡単には滅ぼすことはできなかったであろう。しかし斉王建はそうしなかったことで、結局六国滅亡の結末となる。斉の人びとは斉王の愚策を怨み、「松なるか、柏なるか、建を共に住まわせたのは客のためか」と歌った。秦の征服後、斉王は共という土地の松と柏の木の間に住まわされたというのである。そして、こんな結果になった責任は、賄賂を受けて秦に通じ、斉王に秦と和することを勧めた賓客にあったという。斉王は針葉樹の松柏が茂る寒冷な高地に移された。松は墳丘の上に植える樹木であり、柏は棺材に用いられたので、斉王の最期の地であることを意味していた。

斉に残された銀盤がある。直径三七センチメートル、厚さ五・五センチメートルの円盤状、表面には龍と鳳の文様があり、銀に金メッキが施された精巧なものである。臨淄《りんし》にある前漢の斉王墓から一九七九年に発見された。始皇帝の年号と思われる三三(前二一四)年の年号が刻まれているので、斉で製造されたものが始皇帝の手に渡ったのであろう。秦は斉王を斉の地から離し、同時にこのような製品を作った手工業者も強制的に移住させている。斉の製鉄業者をはるか西方の蜀の地に移した。斉にかぎらず趙を破ったときにも、製鉄業者の卓氏を蜀に移し、魏を滅ぼしたときにも製鉄業者の孔氏を南陽の開拓地に移すなど、東方諸国の各地の製鉄の技術者を辺境に移転する策をとった。のちに孔氏の子孫の南陽の孔僅《こうきん》は前漢武帝のときの大製鉄業者として登場し、武帝の塩鉄専売制の政策を支えた。卓氏の子孫の卓王孫も、武帝のときには奴婢数百人をかかえる富人になっていた。つまり王朝交替を超えて、始皇帝の措置が生きたことになる。鉄は鋳造農具を大量に生産する素材であり、辺境の開拓には欠かせない。秦は東方の物産を手中にするとともに、技術をも獲得していったのである。

六国王の生存

のちに見る始皇帝を顕彰した刻石《こくせき》では「六王を禽滅《きんめつ》した」（東観刻石）といっているが、実際に六国の王たちを禽獣のように殺したわけではなかった。これまで見たように六王とは韓王安、趙王遷、魏王仮、楚王負芻、燕王喜、斉王建の六人であり、そのほか趙王遷の兄弟で嫡子として父の国をあらためて継承した代王嘉がいる。秦王の心は迷っていた。六国を滅ぼした時点では、秦に服属する諸侯の王国として復活させてもよいと思っていたようで、王を殺そうとは思っていなかった。王を捕虜として臣属させる道を選んでいたのである。

たとえば韓王安は始皇一七（前二三〇）年に捕らえられて国は滅ぼされた。しかし同時代史料であるさきの『編年記』によれば、同年には「韓を攻めた」とだけあり滅ぼしたとは記録されていない。韓王はその後四年間生きており、『編年記』では始皇二一（前二二六）年に「韓王死す」とあり、遷された地で死去していることがあらたにわかった。趙王遷も始皇一九（前二二八）年に捕虜になり国を滅ぼされたあと、湖北省武当山《ぶとうざん》の山地の房陵まで遠く流され、故郷を思う歌を作ったという。嘉は臣下とともに代に移って王となった。今見たように斉王建も始皇二六（前二二一）年に捕らえられたあとに遠く河内の共県の地に遷されており、生存していた。始皇二一（前二二六）年燕王喜は子の太子丹を斬って秦に差し出したが、みずからは遼東に逃亡した。始皇二五（前二二二）年にも、捕らえられてはいて殺されていなかった。

のちの秦の滅亡のことを考えてみても、漢元（前二〇六）年、秦三代目の子嬰《しえい》は皇帝の璽符《じふ》（璽《じ》印《いん》と割符）を渡して沛公《はいこう》劉邦に降伏したが殺されたわけではなかった。子嬰を殺したのは項羽である。子嬰が劉邦に降伏して王を退位した時点で秦は滅亡したのであり、王の生死は国家の滅亡とはかかわりがなかった。戦国国家を示すものはあくまで社稷《しゃしょく》であり、王が祀る土地神（社）と穀物神（稷）を亡きものにすることが国家の滅亡を意味した。

第五章　皇帝巡行
――「統一」の実像（三九歳）

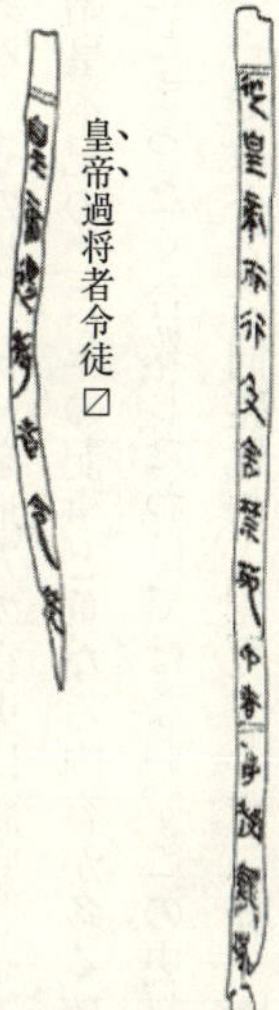

従皇帝而行及舎禁苑中者皆　□□□□⧄

皇帝過将者令徒⧄

龍崗秦簡皇帝簡

二つの皇帝の皇の字は異なる.

104 頁参照.

始皇帝趙正の五〇年の生涯のなかで、始皇二六(前二二一)年という年は最高の大舞台だったようである。この年は何といっても秦がついに中国の統一を果たしたとされる一年であり(後出図5—1)、『史記』ではこの始皇二六年の記事に統一事業の詳細が中央からの宣言として高らかに謳われている。

ところが同時代の地方官吏の年代記である『編年記』には、驚いたことに始皇二六年の箇所に何も書かれておらず、空白なのである。その後、統一を地方の官吏に徹底させる一枚の詔書版《しょうしょばん》が古井戸から偶然発見され、秦始皇本紀の二六年の記事と重なる内容が多く確認された。しかしこの内容も、『史記』の記述とまったく合致したわけではない。この史料の出土によって漢代の司馬遷の眼が見た「統一」ではなく、同時代の人々にとって「統一」とは何であったのかが見えてきたのである。

さらに、統一の翌年から五回にもわたって行われた皇帝の地方巡行《じゅんこう》には、秦の統一の実像を語る重要なメッセージが隠されている。地方官吏は何よりも始皇帝の巡行を受け入れなければならない。『編年記』には統一宣言はなくても巡行のことはしっかりと記されていた。

一般に秦の統一は郡県制や文字・度量衡《どりょうこう》・車軌《しゃき》(車の幅)の規格化によって語られることが多

いが、それをただ「宣言」したことだけで統一が実現することはなかった。始皇帝は統一を宣言した後に、東方六国を征服したことを誇って、各国で武装解除の刀狩りや国都と戦国長城の破壊を行ったが、その後に東方六国への巡行を実施している。最大の目的は皇帝の威信を生で示し、統一を徹底することにあったのだろうが、そのなかで東方の地に生まれた鄒衍《すうえん》の五徳終始説《ごとくしゅうしせつ》、斉の八神《はっしん》の祭祀、方士の三神山《さんしんざん》信仰と出会い、東方の地に一種の聖地を見出していったと思われる。そうした痕跡にも注目してみたい。

まずは始皇二六年以降六年間の秦始皇本紀の記事から見ていきたい。都咸陽に留まることのなかった始皇帝という一人の人間の積極的な動きに注目しながら年表を読んでみよう。これほど積極的に地方に関わり続けた皇帝はいただろうか。私自身も始皇帝のたどった巡行の経路を実際に歩き、その歴史の現場の自然景観を確認する作業を行ってきた。その成果を交えながら、山川や海を祭祀したことに隠された始皇帝の行動の目的をさぐっていきたい。

始皇二六年の『史記』の記事

始皇二六（前二二一）年から三七（前二一〇）年までの一二年間は、始皇帝にとって一年一年が濃密な時間であった。『史記』秦始皇本紀の記事もこれまでと異なって一気に文字数が増加し、

九原
①
⑨
⑤
⑥
内史
咸陽
⑩
⑧
⑫
④
⑪
②
③
⑦
南海
桂林
象
＊設置時期による分類
内史(戦国秦のもとの領土)
戦国時代の秦(恵文王～秦王趙正)が占領地に設置した郡. ①上②蜀③巴④漢中⑤河東⑥上党⑦南⑧三川⑨太原⑩東⑪南陽⑫潁川
統一時に東方六国を滅ぼして設置した郡
統一後に匈奴・百越との戦争時に設置した郡
郡を置かずに占領した地区

図 5-1　統一秦地図

始皇二五（前二二二）年がわずか四三字であったものが、翌二六年は九三〇字にまで跳ね上がる。司馬遷はこの一二年のうちの前半六年を統一事業の時代、後半六年を匈奴《きょうど》と百越《ひゃくえつ》との対外戦争の時代として描いている。統一事業と戦争、そして最後に迎える始皇帝の死という歴史の流れのなかで、まずは最初の六年をふりかえってみよう。

『史記』の本紀の記事は編年形式で年代順に並んでいるものの、月まで明記してあるものは例外的である。統一秦の歴史一二年間のなかでも月日をともに記してあるものはいずれも始皇帝が死去する始皇三七年の二つの記事だけであり、「三十七年十月癸丑《きちゅう》、始皇出游《しゅつゆう》す」「七月丙《へい》寅《いん》、始皇沙丘平台《さきゅうへいだい》に崩《ほう》ず」というものである。月だけを記したものも、同じ三七年の「十一月行きて雲夢《うんぼう》に至る」「九月始皇を酈山《りざん》に葬《ほうむ》る」の二件にすぎない。ところが出土した行政文書では年月日まで明記されているものが多い。こうした出土史料をうまく活用すれば、始皇二六年という統一の年において、月単位で政治情勢がどのように動いていたのかを知ることができる。そこから『史記』にもない新たな事実も見えてくる。

始皇二六年、統一の一年間に何があったのか、『史記』秦始皇本紀の記事はまったく月を挙げず、記事を乱雑に押し詰めた感がある。その内容を書かれた順序の通りに巻末の年表に列挙した（以下、巻末年表の丸数字該当部分参照）。秦の統一といえば、皇帝号の採用（②）、郡県制の施行⑥、度量衡・車軌・文字の統一⑨がかならず挙げられるが、統一の正当性を理論的に主張した水徳政治（終始五徳説にのっとった政治、巻末年表参照）の開始⑤が重要であり、また東方六国を征服し、武器を奪い宮殿を破壊し、美人を略奪して咸陽に住まわせる⑬といったような現実的で即物的な行為にこそ、秦帝国の支配の本質が現れているように思われる。六国の武器を溶かして作った台座には、わざわざ秦の編鐘《へんしょう》（音階の異なる一連の鐘）を架けて秦の音調で音楽を奏でたというが⑧、こうしたことの意味こそ掘り下げていく必要がある。

統一の記事の空白の謎

先述のように、『史記』にこれだけの記事がありながら、出土史料『編年記』の始皇二六年の欄はまったくの空白であった。南郡の地方官吏は、始皇二六年に秦が六国を滅ぼし天下を統一したことを知らなかったのであろうか、それはありえない。であれば、司馬遷が『史記』秦始皇本紀に羅列したほどには、いわゆる統一事業は同時代にきっちりと施行されていなかったことになる。

一方、古井戸に破棄された里耶秦簡《りやしんかん》の行政文書の出土によって、始皇二六年の一三ヶ月（この年は閏年）のほぼすべての月の文書が見られるようになり、嶽麓秦簡《がくろくしんかん》の『奏讞書《そうげんしょ》』にも二六年九月己卯朔《きぼうさく》の文書があった。さらに注目すべきは、統一を語る一枚の詔書版が古井戸から出土したことである。中央での統一の宣言そのものはたしかに地方に到達していた。しかしそれも乱雑なままであった。まずは『史記』始皇二六年の記事を時系列に整理してみよう。

始皇二六年の一年間、年は一〇月に始まり、一二月までの三ヶ月は冬である。秦王は東方の斉人の鄒衍《すうえん》の五徳の思想に惹かれ、五徳（木火土金水の徳）のうち水徳を王朝の徳として選んだ。秦が火徳の周に勝ったことを強調するための理論として採用したものと思われる。水徳の数は六、季節は冬である。秦が六国最後の斉を滅ぼした①のはおそらく一〇月のことであっただろう。冬の始まりともに、事態は大きく動いた。それを受けてすぐに中央では重要な御前会議が開かれた。皇帝号を決定し②、郡県制の施行を宣言した会議⑥である。同時に民衆を黔《けん》首《しゅ》と呼び、統一を祝賀させるために酒と肉を賜与して酒宴を開くことを認めた⑦。そして水徳にかなう一連の諸政策を下したのである⑤。

一方秦の度量衡器にはめ込まれた多くの詔書版にはつぎのようにある。「二六年の歳、皇帝は天下の諸侯をことごとく并《あわ》兼せたので、黔首は大いに安泰となった。あらたに皇帝という号を立てた。そこで丞相（戦国時代の相邦）の隗状《かいじょう》と王綰《おうわん》に詔を下し、度量衡が規格に合わずに疑わしいものがあれば、皆これを一つにさせる」。ここからこの宣言の詔書は中央の丞相に下されたことがわかる。丞相を通して中央と地方のすべての官吏に「秦が初めて天下をあわせた」ことが伝えられ、度量衡、車軌、文字の統一⑨を宣言した。

また里耶秦簡によれば、始皇二六年三月には、洞庭《どうてい》郡の遷陵《せんりょう》県で司空卒算簿《しくうそつ》というものが作成され、刑徒の労働力が調査された。秦は統一直後に、秦王陵を皇帝陵と改め、その土木工事要員に大量の刑徒を必要としたのである。五月には遷陵県の啓陵郷《けいりょうきょう》の一七戸の所属替えを行っている。当時は郡県の下に郷《きょう》と里《り》があり、民衆の共同体を管轄した。八月には刑徒を管理する司空が、官有の船が返却されない事案を報告している。いずれも天下統一直後の地方官吏の中央に忠実な動きである。

しかし六月には越人《えつひと》が城にこもって謀反を起したり、九月になっても秦に抵抗する反寇《はんこう》（反乱集団）と戦う事件が起こっているのは、統一の現実であり、中央からの統一の宣言だけで地方がすぐに治まることはなかったことを示している。そのためにも始皇帝みずからが地方に赴く巡行という行動をとることになったのである。

古井戸に投棄された統一詔書版

里耶秦簡とは、二〇〇二年湖南省龍山県の里耶《りや》古城《こじょう》にある古井戸から秦代の簡牘《かんとく》が三万八〇〇〇枚も発見されたものである。井戸の深さは一四・三メートル、そのなかにわずか横一七・四、縦一二・五センチメートルの一枚の木版があった（図５―２）。統一の始皇二六（前二二一）年の『史記』の記述と合致するきわめて貴重な史料であり、始皇帝の統一時に中央で出された詔書の内容を簡約して箇条書きにし、地方官吏の便宜に供した木版であった。井戸は地下水位が保たれていれば貴重な水源であるが、地下水位が下降して水環境が変化すれば涸れ井戸となる。地方官庁にあったこの古井戸は行政文書の廃棄場所となった。それが私たちからみれば格好の文書保存庫となったのである。

その後二〇一三年にも同じ湖南省の益陽市で古井戸が発見され、戦国から秦漢、三国までの五〇〇〇枚あまりの簡牘が発見された。湖南省長沙市走馬楼《そうばろう》の古井戸からはすでに一四万枚にものぼる三国呉簡《ごかん》が発見されて注目されており、また長沙市の別の古井戸では一万枚あまりの前漢武帝期の簡牘も発見されている。いまや湖南省は古井戸考古学の中心になりつつある。長江中流域の洞庭湖に近い適度な湿度と泥土が、地下深い墓室と同じように簡牘を保存することになった。

里耶秦簡の年代簡（年号を記したもの）は統一の前年の始皇二五（前二二二）年から二世皇帝二（前二〇八）年までである。二世皇帝二年といえば陳勝の反乱軍が咸陽近くの酈山陵の建設場所ま

1 ⧄假□
2 ⧄□□□
3 □如故更□□
4 □如故更□□
5 □如故更事
6 □如故更□
7 □□如故更□□
8 □如故更□
9 □如故更□
10 □如故更廢官
11 □如故更予□
12 更詑曰讂
13 以此爲壄

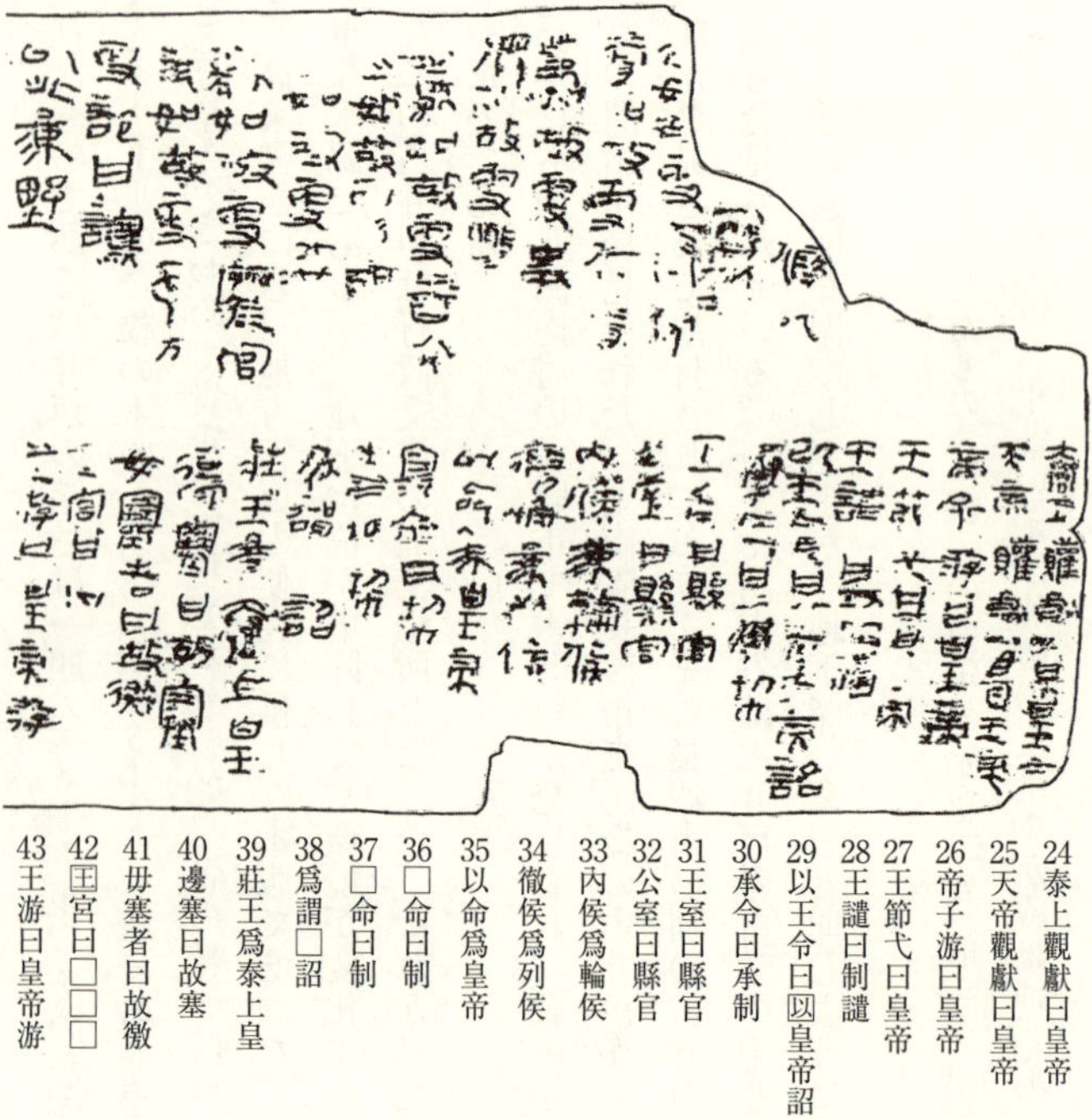

24 泰上觀獻曰皇帝
25 天帝觀獻曰皇帝
26 帝子游曰皇帝
27 王節弋曰皇帝
28 王讂曰制讂
29 以王令曰[以]皇帝詔
30 承令曰承制
31 王室曰縣官
32 公室曰縣官
33 内侯爲輪侯
34 徹侯爲列侯
35 以命爲皇帝
36 □命曰制
37 □命曰制
38 爲謂□詔
39 莊王爲泰上皇
40 邊塞曰故塞
41 毋塞者曰故徼
42 [王]宮曰□□□
43 王游曰皇帝游

図 5-2　里耶秦簡統一詔書版

中央からの文字の使用の指示は具体的でおもしろい.「(埜・壄ではなく)これを壄(野)とする」(13),「(豚は)豬《ちょ》ではなく彘《てい》の字とする」(22),「(出生は)産,(病は)疾の字とする」(18),「(呉は)迕《ご》(牾《さから》う意味),(楚は荘襄王子楚の字を避けて)荊の字とする」(19). 爵位の名称については,「内侯(関内侯)を輪(倫)侯」(33),「徹侯《てっこう》を列侯とする」(34)とあり,皇帝にもっとも近い 19 級, 20 級の爵名に倫(ともがら),列(つらねる)の字を使った意図が伝わってくる.

14 歸戸更曰乙戸
15 諸官爲秦盡更
16 故皇今更如此皇
17 故旦今更如此旦
18 曰産曰疾
19 曰[illegible]曰荊
20 毋敢曰王父曰泰父
21 毋敢謂巫帝曰巫
22 毋敢曰豬曰彘
23 王馬曰乘輿馬

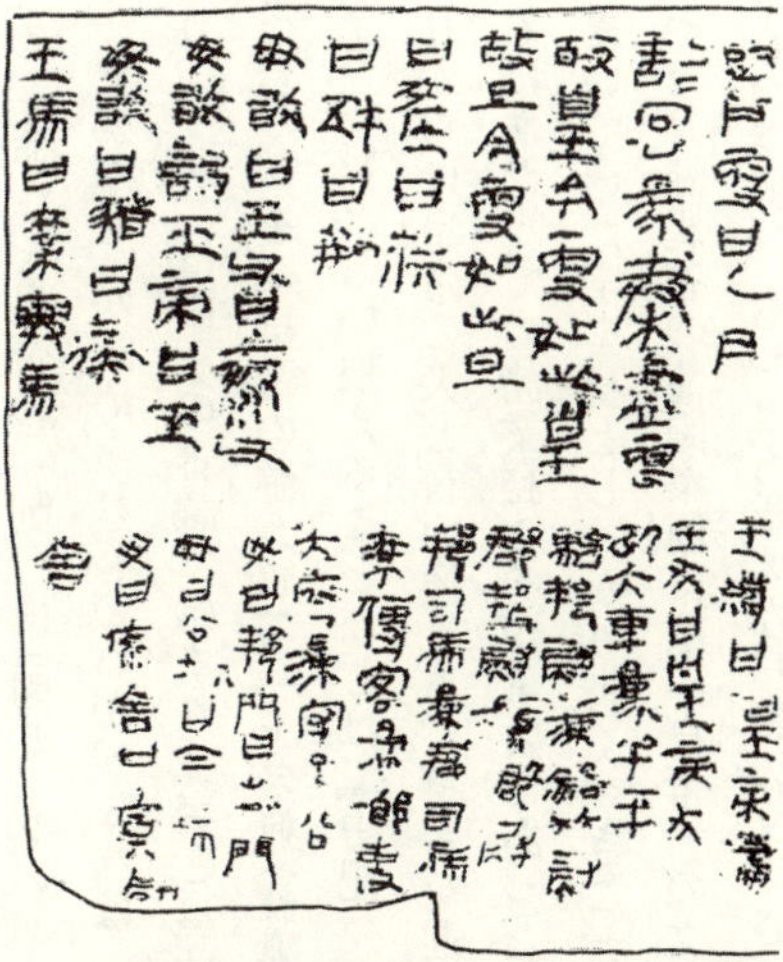

44 王獵曰皇帝獵
45 王犬曰皇帝犬
46 以大車爲牛車
47 騎邦尉爲騎□尉
48 郡邦尉爲郡尉
49 邦司馬爲郡司馬
50 乘傳客爲都吏
51 大府爲守□公
52 毋曰邦門曰都門
53 毋曰公□曰□□
54 毋曰客舍曰賓飤
舍

で迫った年である。翌三(前二〇七)年には二世皇帝も趙高に殺され、漢元(前二〇六)年には三代目の子嬰《しえい》が項羽に殺されて秦は滅んだ。里耶の井戸に木片を投棄した季節は土壌中の植物からみて夏から秋の二ヶ月だという。秦帝国が崩壊する動きのなかで行政文書は古井戸に投棄されたことになる。

話を戻すと、この詔書版には二段にわたって五四もの事柄が隷書《れいしょ》ではなく小篆《しょうてん》の字体で記されていた。竹簡に毛筆で書いた文字を隷書、金属や石に刻んだ統一後の文字を小篆というが、前者は記録、後者は見せるためのものなので、詔書版も扁書《へんしょ》(扁は掲示板)ともいわれている。統一前の制度を統一後にどのように変えるべきかが箇条書きで記してあった。基本は王が皇帝に変わったことであり、それに附随して細かに換えるべき事項が並んでいる。

たとえば、王の「命」を皇帝の「制」に(図5−2の35~37、以下同)、王の「令」を皇帝の「詔」に言い換える(29)ことが求められているが、これは『史記』にも見られる。「制」は皇帝の命令一般であり、「詔」は臣下の審議に始まり上奏と皇帝の裁可をへて下される文書である。しかし「王の游《ゆう》(巡行)」を「皇帝の游」(43)、「王の猟(狩猟)」を「皇帝の猟」(44)、「王の犬(猟犬)」を「皇帝の犬」(45)と言い換えることなどは『史記』にはない。秦王が狩猟のために連れていた犬を、これからは皇帝の犬と言い換える、皇帝を迎える地方の官吏には統一の宣言よりも、巡行を迎えるにあたっての諸業務こそが重要であったことがうかがえる。

これまで皇と書いていた字を皇としっかり書くべきことも(16)、皇帝という新たな称号を意識した命令であった。湖北省の龍崗秦簡《りゅうこうしんかん》には「皇帝」の文字が二ヶ所出てくるが、両者の皇の字形が異なる(本章扉参照)。もっとも重要な皇帝の文字さえ二通りあったのはおもしろい。皇帝という称号の発案が中央でなされていたが、地方官吏にとってはその過程の議論はともかく、皇帝の字を小篆や隷書の字体でしっかりと書けなければならなかったし、皇帝の巡行や狩猟の接待を怠りなく実行しなければならなかった。

実はそのなかにさらに注意を引く重要な記述があった。「天帝《てんてい》」を観献《かんけん》する（仰ぎ見てものを献げる）ことをこれからは「皇帝」を観献することにする(25)、「帝子《ていし》」が游することをこれからは「皇帝」が游する(26)という二つである。天帝とは万物を主宰する宇宙神、地方の役所もこれまでこの天帝を祀ってきたが、これからは皇帝を天帝であるかのように祀るという。帝子とは天帝の子、天子のことであろう。これまで王が地方を回ることを「帝子の游」といっていたのを「皇帝の游」と言い換えることを指示している。秦王は戦国期には帝子（天子）と呼ばれて帝（天帝）と区別されてきたが、これからは天帝に近づいた皇帝と改めるということである（後述）。皇帝は天帝の子ではなくなり、むしろ天帝そのものに近づいたことを意味する。この新たな内容はつぎに中央で行われた重大な議論の理解に関わってくる。

皇帝号を発案した御前会議

すでにふれたように、中央では秦王と丞相の王綰《おうわん》、御史《ぎょし》大夫《たいふ》の馮劫《ふうきょう》、廷尉《ていい》の李斯らの間で王号に変わる新しい称号を審議する重要な御前会議が開かれていた。この顚末は『史記』秦始皇本紀に詳しい。当時、丞相は行政を統括し、御史大夫はその丞相を補佐し、廷尉は裁判をつかさどっていた。天下統一の政治体制をいちはやく築かなければならない状況で、秦王はみずから積極的に発言する。まず丞相と御史大夫に命じて、六王の上に立つ帝号を考案する発議をした。すでに昭王の時代に斉王が東帝と称したことに対抗して西帝と称したことがあるので、秦王は東帝に代わる帝号で五帝を超える称号を求めていた。天下という広大無辺の地を治めるのに王ではものたりず、帝でなければならなかった。さらに説明を加えるならば、中国古代では王国(国に王たり)と帝天下(天下に帝たり)とは別概念であり、帝国(国に帝たり)とか王天下(天下に王たり)という考え方は成り立たなかった。私たちが歴史概念として頻繁に使用する「帝国」は、中国ではまれにしか用いなかったこのことばを翻訳語に当てたために広がったものである。国とは国境に囲まれた領域をいい、天下は無限の海に囲まれるものであった。秦王は敵対する六王を捕虜としたことで、天下を治める帝になろうとしたのである。出土史料に見るように、「帝子」では不満だったのだろう。

この発議を受け、大臣たちは博士たちの智恵を借りて、五帝よりも古い天皇《てんこう》、地皇《ちこう》、泰皇《たいこう》に権威を求め、そのなかから泰皇を選択した。秦王の帝号の要求と大臣の泰皇の提案にはずれが感じられる。「皇」も「帝」と同様に天を意味しており、大臣たちは「帝」よりも「皇」を選んだのである。しかし臣下の意見に対して秦王はやはり帝号にこだわり、泰皇の泰を棄てて皇を残し、皇と帝を組み合わせた皇帝という称号をみずから選択し、最後に裁可した。そのほか制、詔と自称の朕ということばを使うことなどは臣下の意見に従った。

このように臣下の提案と秦王の強い意志がなければ皇帝という称号は生まれなかった。よく言われるように、皇帝号の由来が地上世界の上古にさかのぼった「三皇五帝」からきているとすると、皇帝は三皇五帝を超えることにはならない。皇は「煌煌《こうこう》たる」という意味で帝にかかる形容詞ととると、皇帝とは煌煌たる上帝の意味になり、三皇五帝をも超えた存在となる。「帝」にはそもそも天上世界の帝星（北極星）と地上世界の帝の意味があった。秦王ははじめて二つの帝をつなげたように思われる。天帝の子で地上にいる人間皇帝よりも、人間を超えた天の皇天上帝《こうてんじょうてい》に近づこうとしたのであろう。天帝を祀り、帝子を皇帝といい改めたことを示す詔書版からは、天子を超えて天に近づこうとした秦王の強い意志を読み取れる。こうして地上の七王の広大な領域を抱え込んでしまった秦王は、次第に天帝の権威に頼っていくことになる。

天下一統

ここで改めて「統一」の語について考えてみたい。「統一」ということばは、じつは秦の時代には使われていなかった。当時は「天下一統」といった。秦の政治を支えた李斯は、法制を掌る廷尉から行政の長たる丞相となり、「一統」(以下統一と区別する場合は「一統」とする)ということばにこだわった。もともと楚の地方の郡の官吏から外国である秦に入って丞相にまで上り詰めた李斯は、荀卿《じゅんきょう》(荀子《じゅんし》)から学んだ帝王の術を秦王のもとで実現させようとした。帝業とは「天下一統」のことであり、「一統」とは秦の帝王一人に政治が統べられることを意味した。秦王以外の六人の王は臣虜におとされ、一人の帝王だけが勝者として残った。かつての周王といえども、諸侯を封建した時代は周王の政治は諸侯の領地には及ばず、「一統」とはいえなかった。

「天下一統」は、空間的には「幷天下」(天下を幷《あわ》せる)であった。漢の時代には「漢幷天下《かんへいてんか》」という瓦当《がとう》(屋根瓦の軒に面した部分)の文字があり、都長安の宮殿を飾っていた。劉氏の漢という国家が天下を幷《あわ》せたことを讃えたことばである。同様に「秦幷天下《しんへいてんか》」ということばが『史記』に見える。瓦当にもあっておかしくないことばであるが、まだ発見されていない。秦という国家が天下を幷せたのである。『易経』によれば幷の字は人がならんでつながる形を表すという。さきの秦の度量衡器には始皇帝の詔書の文章がはめ込まれ、「（始皇）二六年皇帝尽《ことごと》く天下の諸侯を幷兼《へいけん》し、黔首《けんしゅ》大いに安んず」と記されている。始皇帝は戦国六王の諸侯の国々を幷せ、その結果黔首は安泰となったという。秦の博士の叔孫通《しゅくそんとう》は秦の二世皇帝に「天下は合して一家と為った」といったことがある。これは天下のすべての民衆が一家になったという意味ではない。中国では民が皇帝の家族とか子になることはありえない。天下の諸侯の家を認めずに、秦王の家だけが残ったという意味である。私たちのいう秦の天下の統一とは、始皇帝による権力一統の政治と同時に、秦による天下の諸侯の統合を意味した。

李斯はさらに天下を「海内《かいだい》」とも言い換えた。始皇帝は海に面した燕・斉・楚三国を滅ぼすことではじめて海の国境に行き着いた。李斯は、「海内は陛下の神霊のおかげで一統され、みな郡県となった」といっている。外に漠然と無限に広がる天下よりも、無限に広がる海に囲まれた領土といったほうがわかりやすかった。天下は統一時には旧戦国諸王の領域であったが、秦が海と出会い、匈奴や百越という民族と出会ったときに、大きく広がったことになる。

丞相李斯が作ったとされる『蒼頡篇《そうけつへん》』という字書は幻の書であったが、漢代に受け継がれたものの断片がいくつか出土している。蒼頡とは鳥獣の足跡から文字を作ったという伝説上の人物である。北大漢簡にも約一三三五字もの『蒼頡篇』があった。「漢兼天下、海内幷厠（漢天下を兼《か》ね、海内厠《のり》を幷《あわ》す)」の文章は、秦の原本では「秦兼天下、海内幷厠」であったはずである。この字書で文字の読み書きを学んだ官吏は、文字を書きながら、「秦が天下を幷せた」ことと、「海の内の世界がひとつの原理でまとまった」意識を植えつけられたものと思われる。

巡行の意図

次に、この「一統」と密接に関わる重要な事績として「巡行」をとりあげてみよう。始皇帝は天下を統一した翌年の始皇二七(前二二〇)年から三七(前二一〇)年までの間に五回にわたって全国を巡行した(図5―3)。二世皇帝も元(前二〇九)年に先帝にならって巡行を一回だけ実施した。始皇三二(前二一五)年の第四回の巡行までは、『史記』秦始皇本紀の記事はほぼ巡行を中心に記述されている。『史記』封禅《ほうぜん》書は歴代帝王の封禅の祭祀を論述したものであるが、始皇帝の記事の箇所はやはり巡行を中心に書かれている。

都咸陽で政務を行う皇帝が都を出て、地方を巡り行くことを、巡狩《じゅんしゅ》・巡幸・巡行といった。そのことをまた「出游」「游」とも表現している。游は遊と同じであり、遊びではなく、遊学、遊牧の遊とおなじように、一定の場所にとどまらずに旅をすることをいう。游士は遊説の士のことである。皇帝に限らずに旅一般を「游」といったが、「幸」といえば皇帝だけに限る。

「游」は日常の居住地を離れる行為であり、中国古代、旅は様々な不安のつきまとうものであった。旅立ちの日は慎重に選ばれ、旅先の方向によって道路の左右ではらい清めの祭りを行った。始皇帝の第五回巡行ではわざわざ年始の一〇月の癸丑《きちゅう》の日が出立に選ばれている。

先に挙げた里耶秦簡では皇帝の「游」と皇帝の「猟」を区別していた(図5－2の43・44)。上古の帝王の場合は巡行のことを巡狩といい、狩猟をすることを強調している。始皇帝は狩猟をすることとは別に地方の郡県や海を巡り、山岳に登り、そこに祭祀のための石を立てた。

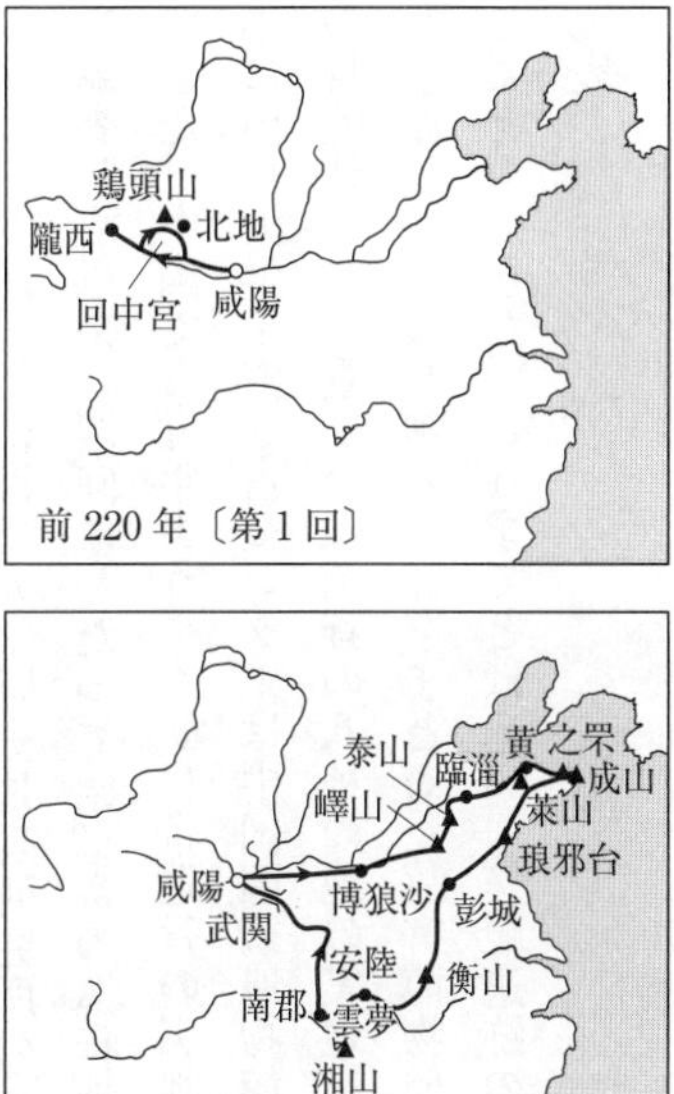

図5-3　始皇帝巡行図(第1-3回)

私は一九九一年に復旦《フータン》大学歴史地理研究所の周振鶴《チョウチェンハ》教授とともに始皇帝の東方巡行の経路を調査して以来、四回にわたって始皇帝の巡行地をできるだけ歩き、『史記』にない情報を得てきた。中国でも近年ようやく始皇帝巡行の実地調査を重視するようになってきた。二〇一〇年に山東大学東方考古センターは中国国家博物館、山東省文物考古センターとともに東方巡行の目的地として重要な戦国斉の八神の地の実地調査を行っている。二〇一五年にはその調査にも参加し、斉の八神の研究をまとめた故宮博物館考古研究所の王睿《ワンルイ》女史と成山《せいざん》の日主《にっしゅ》遺跡を回ることができた。これまでとは違い、祭祀遺跡の考古調査が少しずつ始まっていることを実感した。

泰山封禅に挑む

始皇二八(前二一九)年、統一の翌々年に始皇帝ははじめて東方への巡行を断行した。まずは鄒《すう》の嶧山《えきざん》に登り、続いて北に一〇〇キロ離れた泰山《たいざん》に登ったという。嶧山はわずか五四五メートルにすぎないが、土壌が流出した表層を大きな奇岩が覆うという神秘的な景観をもつ。始皇帝はその山頂に石を立てて祀り、その後にいよいよ泰山に登った。六国最後の斉の国を滅ぼし、「天下一統」を宣言したものの、「一統」の実感はまだなかったことだろう。「一統」を正当化するためにも、天命を受けた帝王だけが行える封禅《ほうぜん》の儀式を行う必要があった。封禅の儀式とは天を祀る封と地を祀る禅のことで、封も禅も祭壇を意味する。泰山で天を祀り、その東南の徂徠《そらい》山の南麓にあるわずか二八八メートルの梁父山《りょうほさん》で地を祀る。戦国の斉王にとっても泰山だけは別格であり、あえてそこで封禅を行うことはしなかったため、斉の八神の第一に挙げられる天主を祀った場所は泰山ではなかった。覇者となった斉の桓公が管仲に泰山の封禅を行おうとしてたしなめられたことがある。結局斉は都臨淄《りんし》の東南、わずか一二〇メートルほどの小高い蛟山《こうざん》で天を祀っていた。五つの泉が湧き出して淄水《しすい》に注ぐ場所が天斉《てんせい》(天の臍《へそ》)であり、斉の国名の由来にもなっている。

秦もまた、それまで天地の祭祀は秦の領土内で行っていた。しかしいま「天帝」たることをめざした始皇帝は、黄帝《こうてい》や禹《う》、殷《いん》の湯《とう》王、周の成《せい》王など七二人の君主が封禅を行ってきた東方の泰山に登って祭祀を行うことにした。始皇帝は周の成王以来途絶えていた封禅を行うことができれば、周秦革命を天下に認めさせることができると考えたのであろう。

東方大平原の中央にある山東丘陵は平均五〇〇メートルほどの高さしかない。西高東低という中国の地形では、西方には数千メートル級の山々はいくらでもある。天により近づこうと思えば、そうした山に登ればよい。しかしあえてそうしなかったのは、東低の黄河下流の大平原の中央に鎮座する山東丘陵に、当時の人が畏怖を感じたからであった。大河の黄河でさえも山東丘陵を南北に避けるようにして東の海に注ぐ。こうした泰山の立地によって一五二四メートルという高さ以上の威容を感ずる。泰山は黄河とあいならぶことによってその威容を増す。李斯は「泰山は土壌を譲らず、故にその大を成す」と述べた。どのような小さな土でも受け入れてきたことで大きな山岳となったという。黄河がどのような細い流れをも受け入れて大河になったように。

泰山は南に大きく開けた山岳で、東西にならぶ渓谷の間を水が南流する。その渓流に沿って中央の斜面を泰山山頂まで登る。南斜面には奥行きがあり、現在では七四一二もの石段を一段一段踏みしめながら登頂することができる。ちなみに「泰」の小篆の字形「〓」は、大の字の下で両手と水を組み合わせたものである。里耶秦簡の泰の独特な字形「〓」は泰山の地勢そのままのようである。もちろん始皇帝の時代に石段があったわけではない。乗輿のまま山道を南側から頂上をめざし、山頂に石を立てた。

当時の儒者は、昔は蒲《がま》の穂で車輪を包み、山の石や草木を傷めないようにしていると語ったという。それほど泰山を崇めていた東方の儒者から見れば、西方の征服者始皇帝の封禅は受け入れがたかったであろう。『史記』封禅書では「始皇帝は泰山に登る途中で暴風雨に遭って封禅できなかった」と儒生がいったという。これは漢代の儒者の語りであり、司馬遷もこれは偽りであったとしている。儒者の側に立てば泰山の風雨が征服者始皇帝の封禅を拒んだことになるが、封禅は実行されたのだろう。秦始皇本紀では、下山途中に風雨が吹いたが、樹木の陰で休息し、その樹木に第九級の爵位である五大夫《ごたいふ》を賜ったという。封禅のあとの下山時のことである。現在でも泰山には雲歩橋《うんほきょう》に五松亭《ごしょうてい》が残されている。本紀の故事にしたがっていつしか植えられた松であろう。

同じ封禅書には、「始皇帝は泰山の南から登頂し、頂上で石を立て、陰道（北斜面）から下山し、梁父山で禅の祭祀をした」という記述もある。秦始皇本紀のいうように下山ルートを南斜面の往復ルートとすると、五大夫の樹木は現在のように南斜面の登山道にあったということで正しい。事実はどうだったのだろうか。

ひとつの手がかりとして泰山上空の航空写真を入手した。あまり知られていないが、北斜面にも山道が確認できる。泰山の南斜面はもとの魯の領土であったが、泰山を北に下れば、戦国の斉の領土に入ることになる。泰山北麓にこそ戦国時代の斉の長城が東西に連なっている。この旅は何よりも、始皇帝が集めた斉と魯の儒生・博士たち七〇人にみずからの行動を誇示することに意味があったことを考えれば、北側ルートをとったことは大いにありうる。その泰山北麓の途中には雨宿りをした樹木が人知れず残されているかもしれない。

東方の海との遭遇

始皇帝は統一後も引き続いて都を関中《かんちゅう》に置いた。函谷関《かんこくかん》の西の関中は東方の山東に対比される地域である。関中の咸陽に都を置いたということは、内陸の帝国を樹立したということになる。たしかに始皇帝は内陸の関中地域を経済的な基盤とし、東方六国を滅ぼして統一帝国を樹立した。しかし巡行の経路を見ると、南北よりも東西の地域差をより強く意識しており、東方の海にみずから行き着いた。このことを考えると、秦は内陸帝国であるといいきることはできない。

戦国時代までの秦はたしかに河山に四方を塞がれた内陸国家であった。四塞《しそく》の領域は戦国の時代では軍事的に優位に立つことができる。始皇帝は中原国家の韓・魏・趙を抑え、さらに東方の海域国家であった燕・斉・楚を滅ぼした。天下の諸侯を一つにした始皇帝は、おそらくここで東方に広がる海を意識した。

渤海《ぼっかい》沿岸の碣石《けっせき》や東海(現在の黄海)沿岸の琅邪台《ろうやだい》には壮大な離宮を作って、始皇帝は海と向かい合った。現在の連雲港《れんうんこう》の海には秦帝国の東門を築いた。都咸陽から東門までまっすぐ東にほぼ同緯度の直線で結ばれる。文字通りの帝国の東西軸である。始皇帝は、都咸陽と同じ星座を眺めたことだろう。海沿いに立てられた刻石（碣石・之罘《しふ》・東観・琅邪台）には、始皇帝が海に臨んで「天下一統」への道を回顧したことが記されている。始皇帝は海と出会うことによって天下が海に囲まれた四海であり海内であることを実感した。現実には東方の諸侯を合わせたことが「天下一統」であったが、眼前の東の海をも帝国に組み込もうとした。帝国の国境の北は長城で囲まれ、東は海に囲まれていた。秦は内陸帝国と海域帝国の両方の側面をもっていたといってもよい。

東方の海域はたんに天下を意識するだけの海岸線ではなかった。そもそも戦国の海域国家の斉は、山海を擁する国家であった。東は琅邪（東海）、北は渤海と海に面し、西は済水《せいすい》、南は泰山に囲まれた四塞の地であったが、秦と同じ四塞の国といっても、内陸の四塞とは違っていた。都の臨淄《りんし》の人口は七万戸として三五万人、大都市であった。その経済は「魚塩の海」すなわち海産資源に寄るところが大きかった。燕も北は胡と接していたが、東に朝鮮、遼東、南に碣石の海に面していた。渤海と碣石の間に位置し、やはり「魚塩棗《なつめ》栗の豊かさ」があったという。秦はこうした海域国家の資源も入手した。

始皇帝は斉の臨淄から渤海《ぼっかい》沿岸を通り、山東半島の突端に行った。その経路の途中に寿光《じゅこう》県がある。ここには北魏の『水経注《すいけいちゅう》』に見える始皇帝の望海台があったと伝えられる。近年、祭祀用の青銅製楽器や祭祀器が出土し、祭祀の建築物の敷煉瓦《しきれんが》も別に発見されている。付近では殷周時代の製塩工場の遺跡も発見された。地下一〇メートルの深さの井戸が見られ、製塩は海水を運搬するのではなく、海水が数倍に濃縮された地下水をくみ上げ、陶器に入れかまどで煮沸し、塩を作り出したことがわかった。現在では塩田に地下八〇メートルから汲み上げた地下水を流し込み、天日でゆっくりと水分を蒸発させながら結晶化させていく手法をとっている。測定すると地下水の塩分濃度は一三・七パーセントもあり、海水の四倍にも濃縮されている。前漢の時代、寿光県をはじめ渤海沿岸の山東半島には一一もの国営の塩官（製塩を管轄する役所）が設置されていた。全土の海岸の塩官の総計は一六であるから、きわめて集中している。始皇帝も当然この地の海塩を入手していたはずである。

一九九六年以降西安で発見された秦の封泥《ふうでい》は、始皇帝の巡行とこうした資源の関係を物語ってくれる。封泥とは物資や文書を紐で縛り、その結び目に粘土を付着させ、発信元の官吏がその上に押印して固めたものである（図5―4）。五〇〇〇件を超える封泥が集中して出土した場所は、それだけ多くの物資が集中した場所で、たんなる咸陽の一宮殿、一官庁であるとは思われない。私はこの場所が秦の極廟《きょくびょう》、つまり始皇帝の死後は始皇帝廟とした地に近いと推測し、

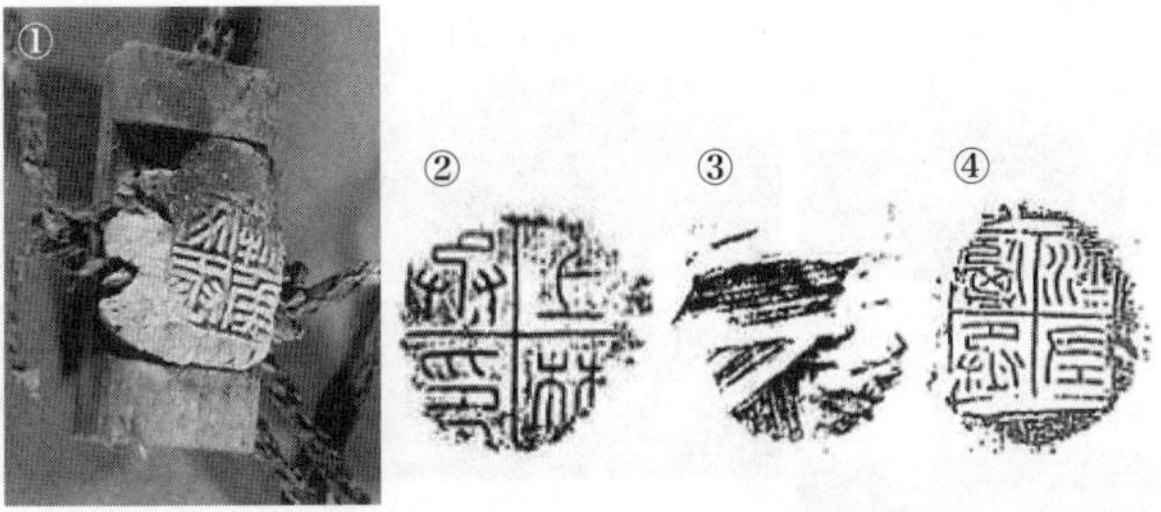

図 5-4　封泥の実例(『馬王堆漢墓文物』湖南出版社，1992 年)
①封泥の使用例(馬王堆前漢墓)．梱包の紐の結び目に粘土をつけ，押印して封をする．
②「上林丞印」封泥．上林苑は阿房宮附近にあった御苑．
③「上林丞印」封泥背面．物を梱包した竹かごなどの痕跡がわかる．
④「江左塩丞」封泥．長江下流の製塩工場から都咸陽に塩を輸送したことがわかる．

中国で論文を発表した。全国から祭祀のために特産の物資が集められたようで、禁苑《きんえん》(国有地)や、金や塩や柑橘類を管理する役所の封泥が見られる。長江の河口には江左塩丞《こうさえんじょう》、江右塩丞《こうゆうえんじょう》という製塩工場の役所があったことがわかった。始皇帝は山川や海の祭祀をする一方で、山川や海の経済的資源としての重要性を十分認識していた。地方の祭祀にはその地方の特産物を供えさせ、中央の祭祀のためにも中央まで運ばせ献上させたことがわかる。

斉の八神を祀る

始皇帝は斉を滅ぼしたが、斉の五徳思想と八神《はっしん》の祭祀を受け継いだ。八神とは『史記』封禅書によれば、天主《てんしゅ》(斉都臨淄の泉の湧く天の臍《へそ》の地で天を祀る)・地主《ちしゅ》(泰山近くの梁父山で地を祀る)・兵主《へいしゅ》(斉の西境の

図 5-5　斉八神の祭祀の場(写真②は王睿提供)

地で兵神の蚩尤《しゆう》を祀る)・陰主《いんしゅ》(三神山をかたどった渤海沿岸の三山の地で陰気を祀る)・陽主《ようしゅ》(渤海に突出した芝《し》罘《ふ》島〈現地名は之罘を芝罘と書く〉の南面で陽気を祀る)・月主《げっしゅ》(渤海を望む萊山で月を祀る)・日主《にっしゅ》(山東半島東端の成山で日の出を迎えて祀る)・四時主《しじしゅ》(斉の東方の琅邪台で四季を祀る)であった。斉の国では祭祀の場所は丘陵と海辺の自然景観のなかに分散していた(図5—5)。

始皇帝は第二回の巡行で斉都臨淄に入り、斉の社《しゃ》稷《しょく》と宗廟を壊しながらも八神は残し、巡行で八神の地をことごとく訪れた。第三回、第五回でもその一部を訪れているから、始皇帝が八神にこだわったことがわかる。始皇帝は鄒衍の『終始五徳の運』という論著を奏上されその思想に傾倒しており、八神の地で自然の循環が滞りなく行われることを祈願した

（図5―6）。

山東丘陵は黄河下流域の東方大平原に浮かぶ孤島のようである。その大平原が東の海に面している。黄河と山東丘陵と海に囲まれた斉の独特の景観が八神を生み出した。山東丘陵の北では済水《せいすい》と河水《かすい》の二つの大河が東に流れて渤海に注ぐ。済水は現在の黄河であり、当時の黄河である河水はその北を並行して流れていた。古代には下流では二つの黄河があったといってもよい。当時の河水は現在では水がなく、痕跡だけが砂地になって残っている。秦が河水を徳水と改名したのも、木火土金水の五徳が永遠に循環するように、黄河の水が涸れたり溢れたりすることのないように願ったからである。

五徳思想の舞台は中国全土に拡大したが、八神の信仰はあくまでも斉地に限られていた。始皇帝は勝者である帝王黄帝や舜や禹の史跡を全国で訪れたが、八神の方は始皇帝に敗れた敗者の祭祀といえるものであった。

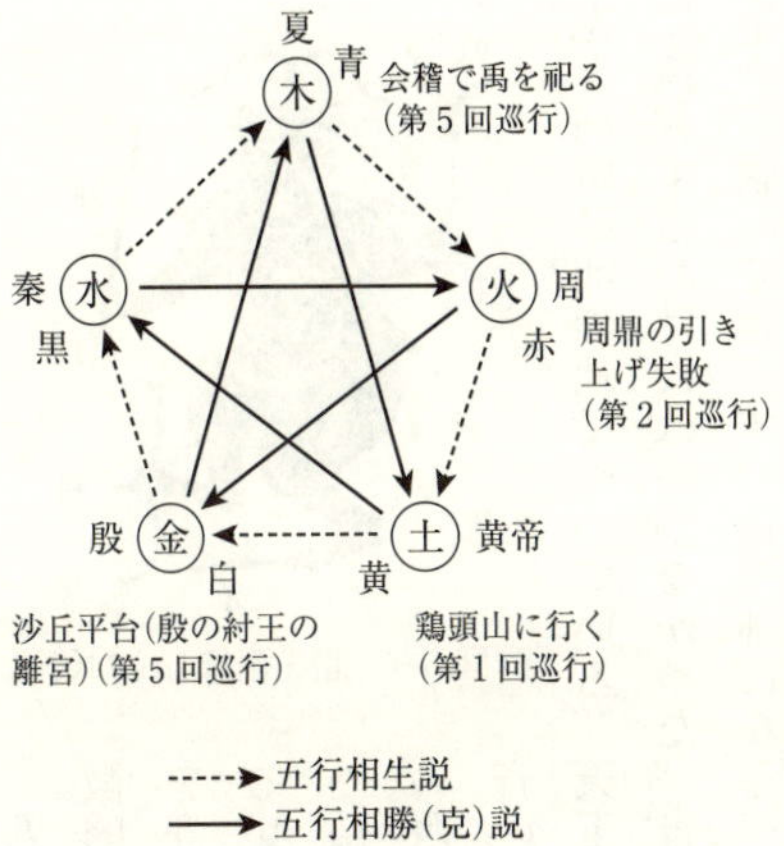

図5-6　五徳と始皇帝の巡行の関係図

図 5-7　蚩尤画像石（武氏祠）

八神のなかに黄帝に敗北した蚩尤《しゆう》神が入っていることは象徴的である。蚩尤は斉と同じ姜姓《きょうせい》であり、斉にとっては国境を守る神であった。後漢の山東の人々は、剣や戟《げき》など五種類の兵器を製造した軍神の姿を画像石に奇怪な形相として描いた（図5―7）。両手両足と頭上に武器を持つ。始皇帝は泰山の西南の東平陸《とうへいりく》の地で蚩尤神と出会った。斉の西境に位置し、斉の守り神となっていた。劉邦も兵を挙げたときに黄帝と蚩尤を同時に沛《はい》の地で祀っている。天下一統を象徴する黄帝と東方人の軍神蚩尤、始皇帝はともに抹殺するわけにはいかなかった。自然の循環が停滞すれば、旱魃や飢饉が起こり、人びとは争って戦乱を起こす。自然神にならべて軍神を入れた理由である。

私は地主を除く八神の地を調査した。兵主は黄河の氾濫原にあり、戦争よりも黄河の水害から守る意味があったようである。海に面した月主、陰主、陽主、日主、四時主は、内陸の秦の人間にとって紺碧の海の広がる別世界であった。陽主の之罘《しふ》、日主の成山では祭祀に用いた玉璧、玉圭《ぎょくけい》などの玉器が出土し（図5―8）、祭祀の建築遺構や始皇帝が滞在した離宮の存在が少しずつ見えてきた。山東半島の突端の成山は、三方を海に囲まれ、最東端に位置することもあり、日の出を祭祀するのに適した場所である。私も、春分のころには真東に昇ってくる赤い太陽が紺碧の海面に赤い道筋を作り出し、それが少しずつ水平線に伸びていく光景を実見した。始皇帝もこうした稀有な景観を目の当たりにしたことで、太陽が昇る東方の海に蓬萊《ほうらい》・方丈《ほうじょう》・瀛洲《えいしゅう》三神山があるという斉の人びとの強い信仰に引かれていったのであろう。

図5-8　成山日主祭祀遺跡出土の玉器（玉璧と玉圭．栄成博物館所蔵）

七刻石の意味

『史記』によれば始皇帝は巡行の際に東方の山と海に七つの刻石《こくせき》を立てたという（図5―9）。嶧山《えきざん》、泰山、琅邪台、之罘山（之罘と東観の二ヶ所）、会稽山では山上に立て、碣石では海岸の岩礁に文字を刻み込んだ。琅邪台、之罘山、会稽山は海を望む山であった。正確には祭祀のときに自然石を立て、その後に文字を刻んだというべきであろう。現存するのはそのうちのわずか二つの刻石の残片にすぎないので、立てたときの状況を知ることはできない。泰山の麓の岱廟《たいびょう》に残される泰山刻石はわずか

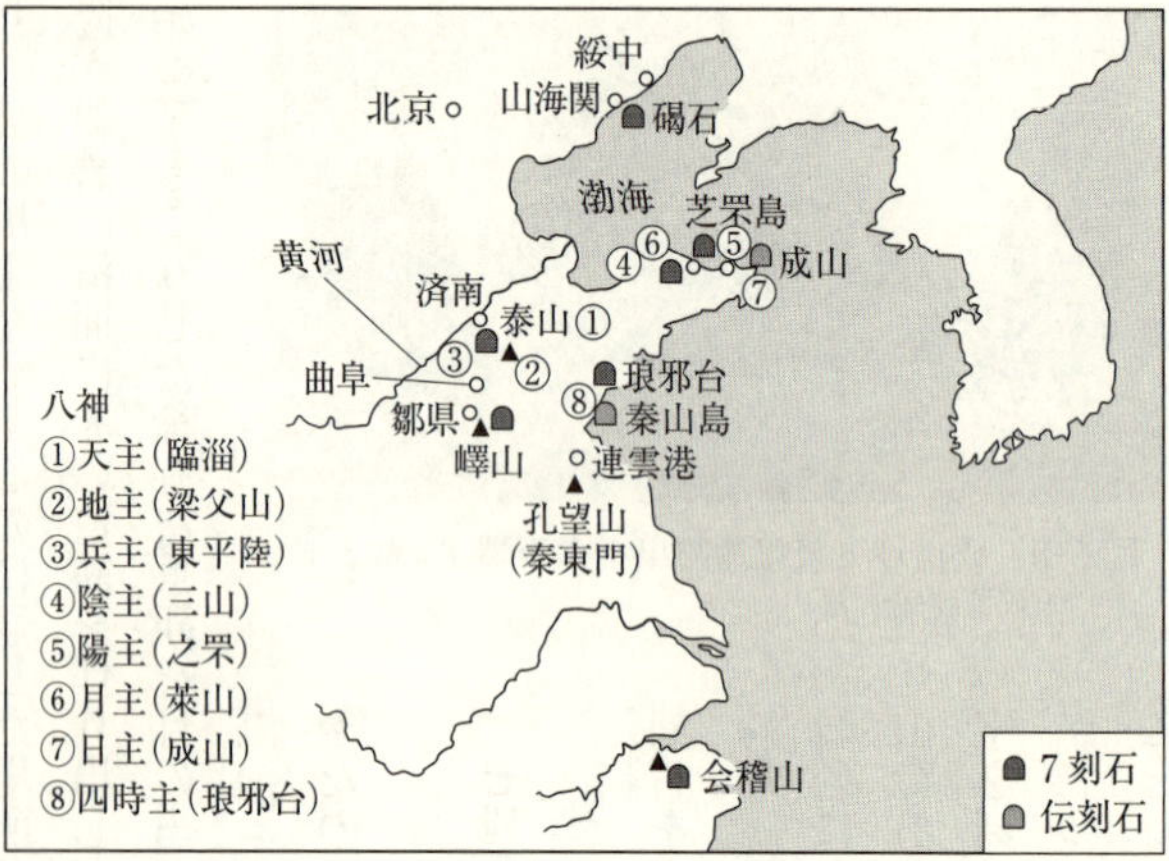

図5-9　七刻石の分布

一〇字にすぎず、しかも二世皇帝が父始皇帝のために刻んだ文字の一部である。北京の中国国家博物館の琅邪台刻石も字数こそ八三文字あるが、やはりほとんどが二世皇帝の文章である。始皇帝のときに刻した文章は、『史記』秦始皇本紀に引用されたものを見るほかない。

嶧山刻石は書道の世界では小篆の手本として珍重されてきたが、現存しない。西安碑《ひ》林《りん》博物館と山東省鄒《すう》県の孟子廟に立つ二つの嶧山刻石も、前者は北宋、後者は元《げん》の時代に李斯の小篆書体の手本として復刻したもので、本来の姿とはかけ離れている。現在の私たちが見る『史記』には七刻石のうち嶧山刻石だけは収録されていない。嶧山の原刻石は始皇帝から一世紀後の司馬遷の時代にはすでに破壊されていたのであろう。また司馬遷は前半部分が欠落した碣石刻石を引用しているが、司馬遷自身欠落していることには気づいていなかった。秦に刻石を立てられた東方の人びとにとっては、刻石の文章の内容には屈辱的な箇所が見られるので、破壊されたのであろう。そこには、六国の王は無道を極めて民衆を虐殺したので、正義の戦争を行ったのであり、始皇帝は徳を備えた大聖となったという。

そこで私は刻石の本来の形状を復元する作業を試みた。文章自体は臣下が始皇帝の事業を過剰に顕彰したものであるが、復元によって司馬遷が伝えなかった新たな情報を引き出すことができた。刻石復元のキーポイントは刻石の全文字数にあった。始皇帝の事業を顕彰した刻石の文字は、基本形は一二字一二行の一四四字であり、一二字ごとの文字は押韻（音節の頭の子音を除いた部分を韻母といい、これを共有すること）しており、そこで改行する。嶧山、泰山、之罘、東観刻石がこれらの形式に相当し、碣石刻石はちょうど冒頭の三行二七字が欠けていることになる。琅邪台刻石（図5―10）と会稽刻石は基本形の倍の二四行二八八字あり、琅邪台刻石だけはさらに二〇六字が加わる。そしてすべての刻石には、のちに始皇帝亡き後、二世皇帝が巡行したときに余白に追刻した七七字が加わる

図5-10　琅邪台刻石
（中国国家博物館所蔵）
現存する二つの刻石の一つ.

第一面

1 皇帝臨位　作制明法　臣下脩飭○
2 廿有六年　初并天下　罔不賓服○
3 親巡遠黎　登茲泰山　周覧東極○
4 従臣思迹　本原事業　祗誦功徳○
5 治道運行　諸産得宜　皆有法式○

第二面

6 大義著明　垂于後嗣　順承勿革○
7 皇帝躬聴　既平天下　不懈於治△
8 夙興夜寐　建設長利　専隆教誨△

第三面

9 訓経宣達　遠近畢理　咸承聖志△
10 貴賤分明　男女体順　慎遵職事△
11 昭隔内外　靡不清浄　施于昆嗣△
12 化及無窮　遵奉遺詔　永承重戒△
13 皇帝曰　金石刻尽
14 始皇帝所為也　今襲号而金石

第四面

15 刻辞不称
16 始皇帝　其於久遠也如後嗣為
17 之者　不称成功盛徳
18 丞相臣斯　臣去疾　御史夫臣徳
19 昧死言
20 臣請具刻詔書金石刻、因明白
21 矣　臣昧死請
22 制曰可

図 5-11　泰山刻石復元図

始皇帝の顕彰文(1〜12)と二世皇帝の追刻(13〜22).
○と△は上古音の押韻(それぞれ[－ək][－əg])

(図5—11)。

始皇帝は東方の山川祭祀の重要な場所に巧みに刻石を立てた。刻石の文章は始皇帝の存在を正当化する政治的な内容が表に出ているが、祭祀に関する情報も隠されている。之罘刻石、東観刻石から、仲春二月(新暦三月の春分前)に陽気が起こり始めたときに訪れたことがわかるし、琅邪台刻石には、「節事以時、諸産繁殖」と記され、季節ごとの行事を明らかにして生産が盛んになるという。こうした文言からは何とか東方の地に入り込み、軍事ではなく祭祀を通して統一事業を浸透させていこうという秦の立場がうかがえる。一般的にイメージされるように、中央で統一を宣言するだけでは、とうてい治まりきれないほど秦帝国の領域は広大であった。始皇帝みずからが何度も地方を巡行した意味が理解できる。

第六章　中華の夢
——長城と焚書坑儒（四七歳）

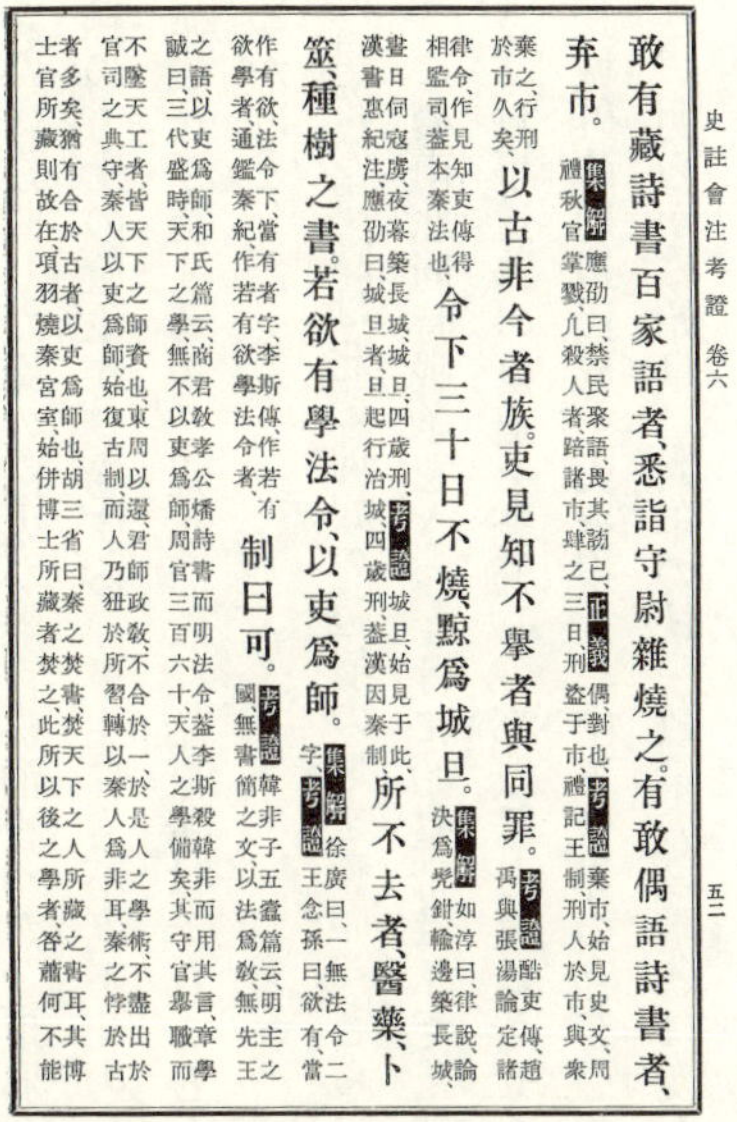

敢有藏詩書百家語者、悉詣守尉雜燒之。有敢偶語詩書者、弃市。[集解]應劭曰、禁民聚語、畏其謗己、[正義]偶、對也、[考證]棄市、始見史文、周禮秋官掌戮、凡殺人者、踣諸市、肆之三日、刑盜于市、禮記王制、刑人於市、與衆棄之、行刑於市久矣、以古非今者族。吏見知不舉者與同罪。[考證]酷吏傳、趙禹與張湯論定諸律令、作見知吏傳得相監司、蓋本秦法也、令下三十日不燒、黥爲城旦。[集解]如淳曰、律說、論決爲髡鉗、輸邊築長城、晝日伺寇虜、夜暮築長城、城旦、四歲刑、[考證]城旦、始見于此、漢書惠紀注、應劭曰、城旦者、旦起行治城、四歲刑、蓋漢因秦制、所不去者、醫藥、卜筮、種樹之書。若欲有學法令、以吏爲師。[集解]徐廣曰、一無法令二字、[考證]王念孫曰、欲有當作有欲、法令下、當有者字、李斯傳、作若有欲學者、通鑑秦紀、作若有欲學法令者、制曰可。[考證]韓非子五蠹篇云、明主之國、無書簡之文、以法爲教、無先王之語、以吏爲師、和氏篇云、商君教孝公燔詩書而明法令、蓋李斯殺韓非而用其言、章學誠曰、三代盛時、天下之學、無不以吏爲師、周官三百六十、天人之學備矣、其守官舉職而不墜天工者、皆天下之師資也、東周以還、君師政教、不合於一、於是人之學術、不盡出於官司之典守、秦人以吏爲師、始復古制、而人乃狃於所習、轉以秦人爲非耳、秦之悖於古者多矣、猶有合於古者、以吏爲師也、胡三省曰、秦之焚書、焚天下之人所藏之書耳、其博士官所藏則故在、項羽燒秦宮室、始併博士所藏者焚之、此所以後之學者、咎蕭何不能博

瀧川亀太郎『史記會注考證』（全 10 冊，東方文化学院，1932-34 年，再版 1956-60 年）秦始皇本紀始皇 34 年

日本に伝わる抄本も参照しながら，日中の『史記』の注釈を網羅している．中国でも高く評価され，2015 年上海古籍出版社から活字を組み直した整理本が出版され，読みやすくなった．

始皇二六(前二二一)年の統一後、六年続いた「平和」は終わった。第四回目にはじめて選んだ北方への巡行が転機になった。始皇帝は旧戦国六国最北の燕の地に統一後はじめて入った。秦王のときに暗殺未遂事件を起こした国である。旧都には入らずに、伝説の禹《う》が訪れた碣石《けっせき》の美しい海岸を訪れ、新たに建設した秦の巨大な離宮に泊まった。琅邪台《ろうやだい》で方士の徐市《じょふつ》に会ったように、ここでは燕の方士の盧生《ろせい》が登場する。盧生にも不老不死の仙人を求めさせたが、盧生は意外にも秦の滅亡を予言する書を提示した。始皇帝はそれをむしろ利用して大規模な軍事行動を始めるきっかけとした。

始皇三二(前二一五)年、始皇帝の軍隊は北の匈奴の辺境の地を奪い、さらに南の百越《ひゃくえつ》の辺境の地にも戦線を拡大した。この南北同時戦争をきっかけに始皇帝はふたたび軍事体制を固めていく。万里の長城を築き、軍事道路の直道《ちょくどう》を整備し、都咸陽と直結させた。都では阿房《あぼう》宮《きゅう》の壮大な宮殿を築いた。長城外の周辺民族を夷狄《いてき》視し、中華世界の存在を強調していく。東方の海には帝国の門を置き、明らかに始皇二六年の統一政策の段階とは変わってきていた。

そのような中華と夷狄の差異を強調した戦時体制の時代に焚書坑儒《ふんしょこうじゅ》の政策が行われたのである。焚書坑儒の政策だけを切り離すと、よく言われるように暴君・始皇帝の全面的な儒家弾圧という図式が作られてしまうが、法治を重んじた始皇帝がはたしてそういう暴挙に出ただろうか。むしろ新たな戦時体制をその背景に考えるべきではないか。始皇三二（前二一五）年から始皇三五（前二一二）年までの三年間の歴史の流れを再検証していく。

丞相李斯の新たな戦争

始皇帝は全国を統一してから六年してふたたび戦争を始めた。「天下一統」のときの戦争と、この新たな戦争とは目的が異なっていた。統一戦争では秦軍はみずから正義の兵と称し、暴虐な王の支配から解放するとして六国を滅ぼし、天下を郡県化するという意図があった。今度の戦争では郡県化した帝国を外の蛮夷《ばんい》から守ることが目的であった。古代の戦争においても正当化する理念は必要とされる。始皇帝は東の海に行き着いて六国という敵を失ったいま、南北に向かって蛮夷という新たな敵を掲げたのである。始皇帝の戦争はいっときの休息をはさんで、ふたたび活発に始まることになった。

しかし、この戦争は蛮夷を滅ぼして服属させようとするものではなかった。始皇帝は秦帝国の周縁に蛮夷を置き、中華と蛮夷の世界を対置させた帝国を築き上げたかったのである。つまりは「天下一統」の「秦帝国」から「中華帝国」へ、帝国の第二段階への夢を追ったのが始皇三三(前二一四)年からの秦の動きであった。始皇二六(前二二一)年に六国を滅ぼしてもそれは中華帝国とはいえなかった。東方の海を望んだことで、天下の無限なる世界を知り、さらに蛮夷の世界に威信を示してこそ中華であると始皇帝は考えたのである。

新たな対外戦争を積極的に推進したのは丞相《じょうしょう》の李斯《りし》である。ふりかえってみれば、「天下一統」の帝王の術を実現する第一段階において、実際に大きな役割を果たしたのは廷尉《ていい》李斯であった。廷尉とは中央の丞相(行政)・御史《ぎょし》大夫《たいふ》(監察)・太尉(軍事)の下の九卿《きゅうけい》の一つであり、裁判をつかさどった。このときは李斯にとって秦の法治を旧六国の地に徹底させることが「一統」であった。行政文書、度量衡、車軌の規格の一元化など、違反した官吏は法で厳しく罰せられた。

いま李斯はようやく皇帝にもっとも近い、行政統轄の最高責任者である丞相に昇りつめた。彼はたんに法制で天下を「一統」するだけでなく、空間的な帝国のシステムを作ろうとした。統一時の秦は西の流沙(沙漠)、東は東海という自然を帝国の境界にしていた。始皇帝自身、これまでの四回の巡行で、西は戦国秦の長城内の隴西《ろうせい》の高原を回り、東は渤海《ぼっかい》や東海の海を実見していた。これに対して帝国の北は大夏《たいか》、南は北戸《ほくこ》といい、その国境はあいまいなものであった。大夏とは、夏王朝の子孫と称する匈奴など北方の遊牧民たちが雑居していた北方の地である。北戸とは酷暑のために日陰の北向きに窓を設ける南方の地を漠然と指すものである。そのあいまいな南北の土地において、李斯は蛮夷との境界を明らかにする戦争を始めたのである。

先にふれた『蒼頡篇《そうけつへん》』は丞相李斯の編纂した官吏教育のための字書であり、そのなかのことばはこのときの政治を反映している。北大漢簡にはこれまで知られていなかったことばがあった。「胡《こ》に噍類《しょうるい》無し」には北方の胡は生物も生息しない土地という侮蔑した感情を読み取れるし、「戎翟給賓《じゅうてききゅうひん》す」からはかつて秦自身も西の戎翟と呼ばれていたにもかかわらず、いまや中華の主として戎翟の朝貢を受けているという自負が感じられる。

秦を亡ぼす者は胡なり

殷周から春秋戦国時代の中国にはいろいろな民族が雑居していた。戎狄《じゅうてき》、戎夷《じゅうい》、戎翟《じゅうてき》と総称される民族には犬戎《けんじゅう》、山戎《さんじゅう》、義渠《ぎきょ》などがいた。犬戎は周の幽王を驪山《りざん》の麓で殺し、山戎は燕の国を越えて山東まで南下して斉と戦った。戎狄は周の襄《じょう》王を追放し、洛邑《らくゆう》近くの陸渾《りくこん》に留まった。晋の文公は戎翟を追い払い、秦の穆公《ぼくこう》は西戎八国を服属させて西戎の覇者となった。昭王の母の宣太后は義渠の戎王と関係をもち二子を設けたが、宣太后は戎王を殺して義渠を滅ぼした。一方北方の遊牧民は総称して胡と呼ばれ、林胡《りんこ》、楼煩《ろうはん》、東胡、匈奴などがいた。匈奴は古くは葷粥《くんいく》、獫狁《けんいん》と呼ばれてきた民族である。戦国の七国は冠帯の国、すなわち冠を戴き帯を着用した中華の風俗の国といい、遊牧民の筒袖でズボンスタイルの胡服の習俗と区別されるが、現実には戦国諸国も統一秦も文の冠帯と武の胡服は混在していた。

始皇帝と同時代の匈奴では頭曼単于《とうまんぜんう》(?—前二〇九)という強いリーダーが登場していた。頭曼(チュメン)とは匈奴のことばで万人の長の意味であり、単于とは広大な天を表す。無辺に拡がる緑の草原と青い天との対比、そのような自然環境のなかで草原を支配する匈奴の王は天によって立てられたと考えられた。ちょうど同じころに秦王趙正も天の上帝に匹敵する「皇帝」と称するようになったのは興味深い。『史記』匈奴列伝には二人のリーダーを結びつける視点はないが、その動きは連動していたかもしれない。その天を意識した二人の君主の軍は、河南(オルドス)の草原の争奪戦で衝突することになり、争奪戦においては秦側の勝利に終わった。

始皇帝がすでに匹敵する六国の王がいないなかで蛮夷の力を意識したのは、頭曼単于の存在によるところが大きかった。始皇三二(前二一五)年の、長城にまで行った北巡は、実現はしなかったが二人がもっとも接近する機会でもあった。

秦は北が匈奴、西は月氏《げっし》と接していた。実は中原から見れば戦国時代までの秦もまた中国(中原)の諸侯の会盟に加わらず、夷狄の国であった。周王から秦に伯《はく》の爵位が与えられて中華の仲間入りをしたのは穆公や孝公のときである。その後始皇帝の曽祖父の昭王のときには一時西帝となり、東帝の斉王と天下を二分する勢いをもつまでになった。

中原から見れば僻遠《へきえん》の秦の領域も、秦の旧領土に立って見れば、東方の中原にも西方の流沙にも開かれていた土地といえる。匈奴の頭曼単于が月氏の国に太子の冒頓《ぼくとつ》をわざわざ質子《ちし》として送ったのも、始皇帝の秦に対抗するためであっただろう。このころの月氏は玉の交易で栄え、祁連《きれん》山脈沿いの河西回廊《かせいかいろう》の交通の要所を押さえており、秦帝国の西の領域はせいぜい隴西《ろうせい》の地までであった。

始皇三二（前二一五）年第四回の巡行で、始皇帝ははじめて北辺を回り、上郡から咸陽に戻った（図6―1）。匈奴の動きをみずから察知して、匈奴を攻撃するきっかけを得ようとしたと思われる。もちろん丞相李斯を置いてこのようなことを仕掛ける人間はいなかった。その意を受けたかのように、燕人盧生が『録図書《ろくとしょ》』を奏上した。そこには「秦を亡ぼす者は胡なり」とあった。図書とは河図洛書《かとらくしょ》のことで、河水と洛水から現れた予言書を意味する。のちの後漢の儒者の鄭玄《じょうげん》は、胡は二世皇帝胡亥《こがい》のことであり、秦は人名であることを知らずに北方の胡に備えたと深読みをした。しかし胡とは単純に匈奴のことであり、李斯は匈奴を攻撃する正当な理由を予言書に求めたのである。すぐさま始皇帝は蒙恬《もうてん》将軍に三〇万の兵を発動させて胡（匈奴）を

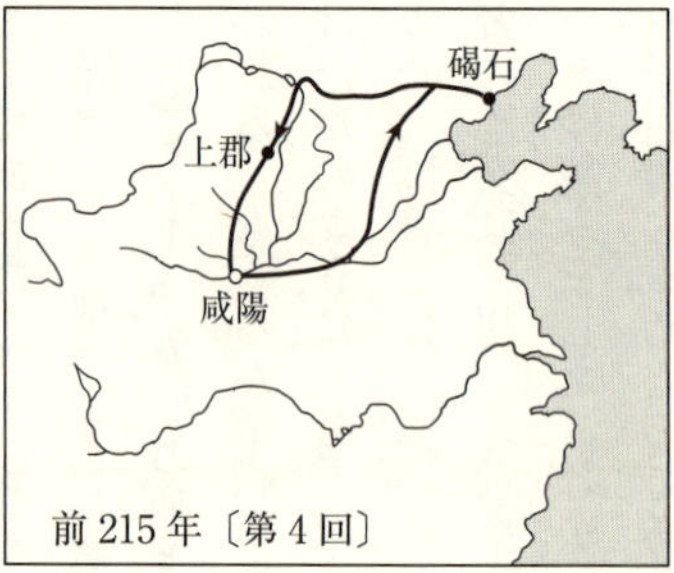

図 6-1　巡行図（第 4 回）

攻撃し、河南の地を奪うことになる。

始皇帝と頭曼単于の二人は奇しくも同じころに前後して亡くなることになる。始皇帝が死去すると末子《まっし》の胡亥が長子の扶蘇《ふそ》を抑えて太子になって二世皇帝となるが（第七章後述）、同じ年に頭曼単于は末子を立てようとして太子に殺され、その父殺しの太子が冒頓《ぼくとつ》単于（在位前二〇九－前一七四）となった。二つの王位継承は対照的である。二世皇帝は秦帝国を滅亡に導き、冒頓単于はさらに強力な匈奴帝国を築いていった。

西・北・東の三方が河水（黄河）に囲まれた豊かな草原地帯は、明代以降にそこに居住していたモンゴルの部族名からオルドスという。当時は河南といった。頭曼単于の匈奴はこの豊かな草原地帯を占拠していた。国家の軍馬を養い強力な軍事力を維持するためにも、始皇帝にはこの広大な草原が必要であった。

沙漠と海をつなぐ長城

北辺を遊牧民と接する戦国時代の秦・趙・燕の三国は、胡の南下を恐れて長城を築いた。長城のことを塞《さい》ともいう。長城を越えることを越塞《えつさい》といい、そのような行為は内からも外からも厳しく禁ぜられた。城壁を直線で連結させることによって数十万規模の騎兵の侵入を防御する。高さは二メートル、幅も二メートル程度の壁でも十分阻止できた。戦国時代に生まれた機動性ある騎兵軍団に対抗する新たな着想である。騎兵戦法が戦国諸国に採用されてから、戦国諸国の国境には長城が競って建造された。北辺だけでなく内地にも長城が築かれている。

秦は土壌が豊かな地域では版築を用いた土の長城を築き、土壌の少ない乾燥した草原地帯では石積の長城を築いた。寧夏《ねいか》回族自治区固原《こげん》の平原には戦国時代の秦の土の長城がよく残されている。一方内モンゴル自治区固陽《こよう》県には陰山《いんざん》山脈の丘陵の稜線に沿って統一秦の石の長城が残されている（図6―2）。陰山は岩石が多く、一枚一枚平たい石片を丁寧に積み重ねていくと、接着剤がなくても積み重ねた石の上からの荷重で固定される。高さ四メートル、幅四メートル、山の稜線に目を引くように築かれているので、北方への威嚇の役割も果たしていた。

始皇三四（前二一三）年、始皇帝は、臨洮《りんとう》から遼東までの万余里の長さの長城を築いた。万里の長城と呼ばれるものである。秦はすべての長城をこのときに新たに作ったわけではない。もっとも力を入れた部分は頭曼単于の軍をオルドスから駆逐し、河水と陰山山脈の間に築いた統一秦の石の長城であった。その東は趙と燕の長城を踏襲している。この万里の長城によって蛮夷と中華の別は明確になった。

統一秦の石の長城のすぐ南には平行して河水《かすい》が流れている。河水は秦にとっては母なる河であり、戦国秦の領土を東西に囲むように流れる。先述のように秦は統一時に河水をわざわざ徳水《とくすい》と改名した。河の文字はもともと大きく激しく屈折して流れる形を表し、徳の字は始皇帝の刻石にもあるように悳とも書き、まっすぐ緩やかな流れを象徴するかのようである。しかし秦は河水の上流の流域をすべて押さえたわけではなかった。匈奴の方が賀蘭《がらん》山脈から陰山山脈の河水を押さえていた。頭曼単于は陰山山脈から緩やかな河水を自由に渡り、オルドスの草原に入って行くことができた。一方、始皇帝の軍はオルドスの草原を避けて斜めに走る戦国の長城を越えられず、遊牧騎馬軍団との力の差を感じていた。東方六国と戦っていたときには、周辺民族を敵にまわすゆとりはなかった。しかしいま河水に沿って、賀蘭山脈部分には三四の県城を置き、陰山山脈部分には長城を築いた。ようやく河水を自らの河としたものといえる。

図 6-2　秦長城（内モンゴル自治区固陽県）

秦の万里の長城はたしかに北方の遊牧民の南下をくい止めるうえで、効果的なものであった。しかし同時に秦の万里の長城が東の海に行き着いていることにはあまり注目されてこなかった。秦が燕の長城をそのまま受け継いでいるのであれば、燕の長城は西は造陽（内モンゴル自治区）にはじまり東は襄平（遼東郡）で終わっているから、秦の長城の東端も襄平ということになる。襄平県は遼東郡の郡治であり、遼水の東、現在の遼寧《りょうねい》省遼陽市にある。秦の統一の長城は臨洮から遼東まですべてが確認されているわけではないので、秦の万里の長城にはいくつかの地図があり、東端を襄平県に置くもの、鴨緑江《おうりょくこう》の河口の現在の丹東《たんとう》市に置くもの、鴨緑江を越えて北朝鮮の平壌《ピョンヤン》に迫るものなど各種ある。譚其驤《タンチーシアン》氏の『中国歴史地図集』では平壌の西の海岸で終わっているが、これが実態に近いのではないか。秦が遼東半島にこだわったのは、燕と匈奴と朝鮮の交錯する重要な地域であったからであり、三者の連係を断ち切るためであった。そのためにも長城の東端は海に終わり、渤海の制海権を掌握する必要があった。

草原と沙漠への道

始皇三五（前二一二）年、始皇帝は、石の長城の新たな国境に直道《ちょくどう》という古代の軍事高速道路を設け、首都咸陽に配置されていた兵士をいち早く移動させようとした（図６—３）。最北の長城の九原郡の地（内モンゴル自治区包頭市）から雲陽（陝西省淳化県）まで一八〇〇里、約七〇〇キロメートル、起点は咸陽を避けて郊外の雲陽に設け、五万家の移住者に守らせた。雲陽にある甘《かん》泉山《せんざん》はかつて匈奴が天を祀っていたというから、もともと戎狄《じゅうてき》の地であった。涇水《けいすい》をさかのぼ

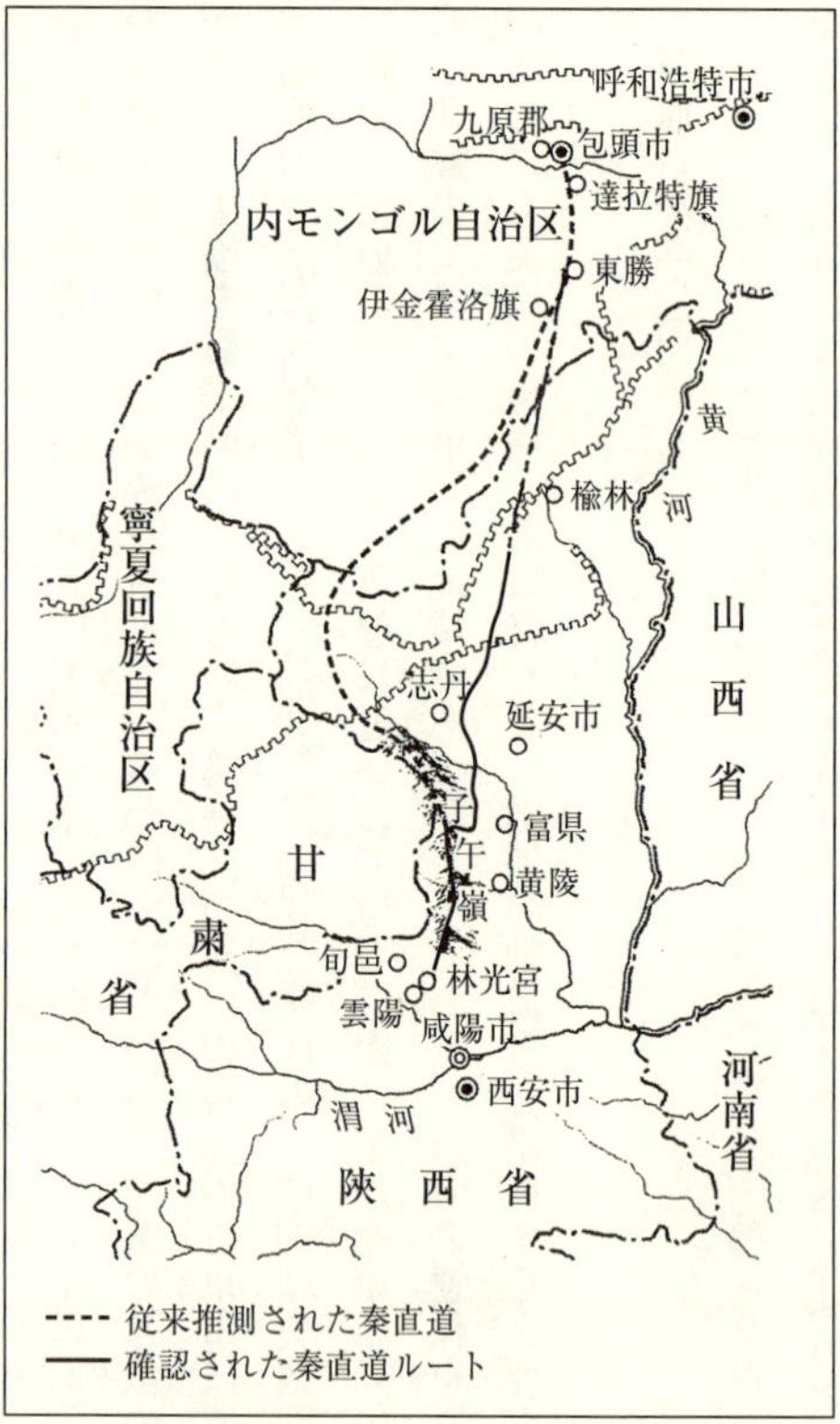

図 6-3　秦直道遺跡図（黄暁芬〈東亜大学〉提供）

った高原に位置し、咸陽の暑さを避けた離宮の林光宮もあった。南は標高一六〇〇メートルほどの子午嶺《しごれい》の高原上に版築で固めた道路を通した。

直道の調査は近年では陝西省考古研究院・秦直道考古隊の張在明《チャンザイミン》氏や黄暁芬《ホアンシアオフェン》氏(東亜大学)らによって進められている。「山を削り谷を埋めた」という『史記』の記述は、実際に「山側の斜面の土を削り、その土で谷側を埋めた」ということであるのが確認された。道幅は平均約三〇メートル、最大五〇メートルもあった。

黄土高原の道路の難敵は黄土そのものであった。黄土高原特有の葉脈のように広がる浸食谷を迂回する道を避け、まっすぐ伸びた稜線を選ぶことで時間を大幅に短縮しようとした。稜線をとれば河川の水による遮断を避けることにもなる。調査によれば路盤の版築の厚さは二〇―五〇センチメートル、路面には粒子の細かな土を敷き詰め、路肩には排水の側溝も設けられている。河や谷を渡る橋の基礎も発見されている。

北のオルドスに入るとさえぎるものもない草原が続き、簡単に長城と直結できた。一八〇〇里の距離は、駅伝の馬を走らせれば一日八五里として二〇日かかるが、軍馬であれば数日で走破することができた。秦の戦車・騎兵・歩兵部隊をいつでも北辺に出動できる態勢は整った。始皇帝が蒙恬に命じた事業であった。

長城と直道は、始皇帝にとって中華帝国の夢を実現する大土木事業であった。首都咸陽からは東方の海に向けて馳道《ちどう》という国有道路が放射状に延びる一方、内地の長城は廃棄され、中華帝国の支配のネットワークが北の直道と南の運河(霊渠、後述)によって完成されつつあった。しかし一方では帝国のネットワークを守ることが、帝国自身にとっても秦の民にとっても過重な負担となっていたのである。

オルドスの草原を一時的に失っても上り調子の匈奴帝国の勢いは停まらなかった。匈奴はモンゴル高原の草原の遊牧民を東西に組織していった。単于の居所は庭といい、穹廬《きゅうろ》(弓なりに張った天幕)に住み、秦のような城郭の都はない。始皇帝といえども単于の庭までをも攻撃する力はなかった。匈奴の二四人の長は一万から数千の騎馬を有して分散し、年三回、祭祀のために集まった。正月には単于庭、五月には蘢城《ろうじょう》、秋には蹛林《たいりん》に集合した。かれらのそうした集合場所がどこかは漠然としかわからない。頭曼単于のときには、モンゴル高原東部はまだ東胡の勢力が強く、河西回廊は月氏が割拠していた。そのような勢力関係のなかで秦はオルドスを一時的に占拠できたにすぎなかった。

百越の世界

一方、北方の河水（黄河）が秦と蛮夷の境界域であれば、南方では江水《こうすい》（長江の古称）が境界域であった（図6—4）。江水を越えれば越人の世界である。始皇帝はこれまでの四回の巡行でも江水を越えたことはなかった。第二回巡行のときには江水中流の雲夢沢《うんぼうたく》（現在の洞庭湖周辺）に臨み、湘山祠《しょうざんし》を祀ろうとしたが、大風に遭って船を進めることができなかった。ここには古の五帝の堯《ぎょう》の女《むすめ》で舜《しゅん》の妻が祀られていた。始皇帝は憤って刑徒三〇〇〇人を使って湘山の樹木を伐採して禿げ山にしたという。

不思議なことに舜はさらに南、湘水《しょうすい》をさかのぼった九疑山《きゅうぎさん》に祀られていた。現在は九嶷山と書き、湖南省の最南端、広東省、広西チュアン族自治区との境界にある。文字通り九つの連峰であり、馬《ま》王堆《おうたい》前漢三号墓出土の地形図にもその九連峰が描かれている。漢代の祭祀の遺跡も発見されている。秦にとってはまったくの領域外の山岳であった。

五帝最後の禹《う》も会稽山に墓があり、禹穴《うけつ》と呼ばれていたが、これまでの四回の巡行では領域外で訪れることができなかった。始皇帝も李斯も五帝と比較されるのを嫌い、五帝をしのぐ権力を誇ろうとしたが、内心は五帝の存在にこだわり続けた。黄帝の墓は秦の領域内の陝西省黄陵県の橋山《きょうざん》にある。顓頊《せんぎょく》と帝嚳《ていこく》の墓は河水下流の濮陽《ぼくよう》にある。しかし禹や舜の墓は祀りたくても、領域外にあった。始皇帝は五帝の権威を超えるためにも、五帝の地に足を踏み入れようと

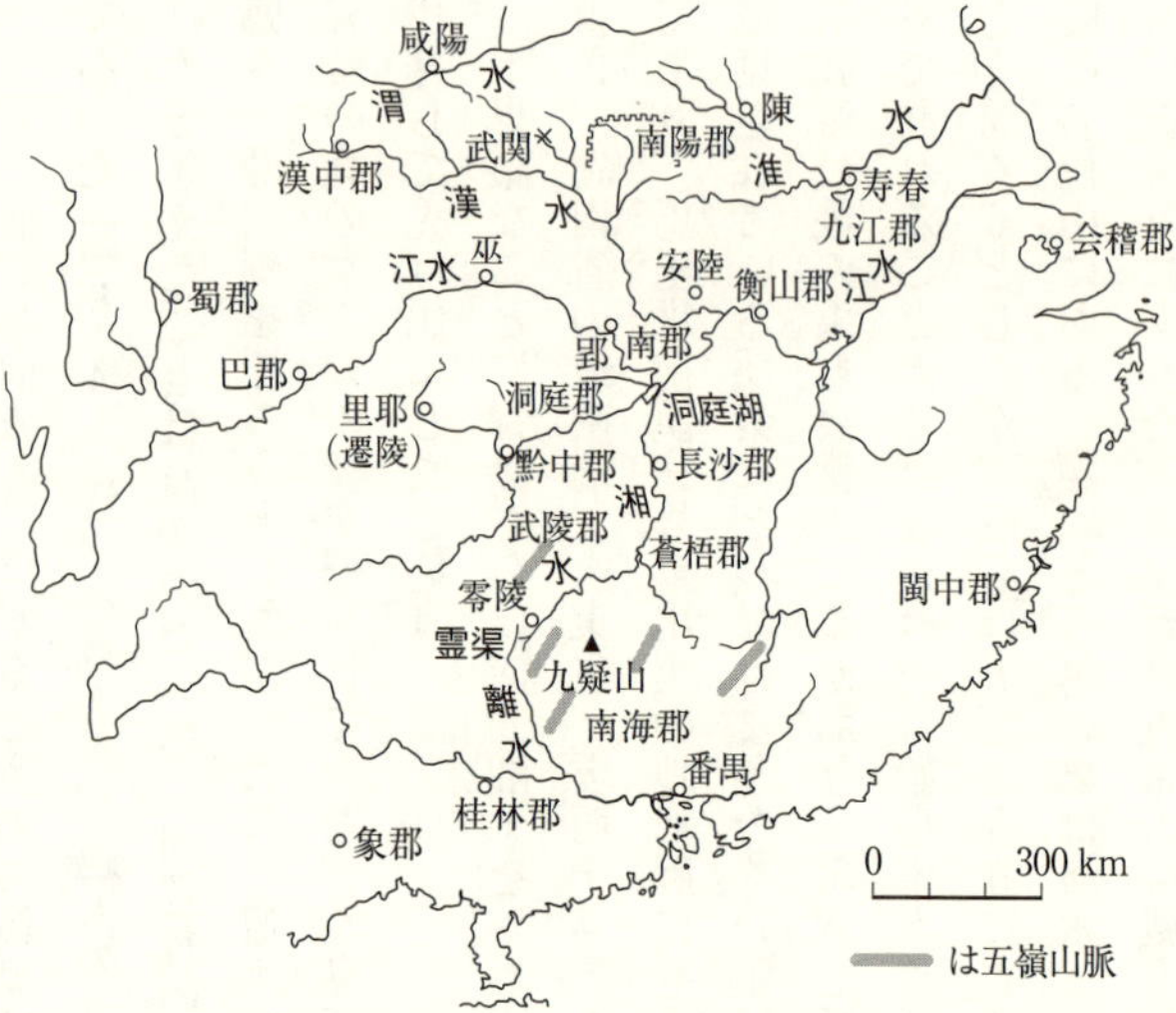

図6-4　楚と百越の地方図

したのである。五帝にゆかりのある土地において始皇帝が五帝を祀ることも、秦の側の戦争の大義であり、まったくの未開の地を侵略するわけではないと考えた。

蒙恬がオルドスを奪取した直後、始皇三三（前二一四）年、秦は陸梁《りくりょう》の地を奪った。陸梁とは連続した梁のような山脈をいう。湖南省・江西省と広西チュアン族自治区・広東省を分断する五嶺山脈は、南北方向五本の嶺が横に並んだ独特な地形をしている。始皇帝の軍隊はここをも越えてついには南海に向かった。古代の南海は現在の台湾海峡以南の南中国海（南シナ海）ではなく、長江以南の東中国海（東シナ海）から南の海を指す。始皇帝は東海にかわって新たな海を目指したのである。南海には対匈奴の三〇万をしのぐ五〇万もの兵士を送った。対匈奴戦争と対百越戦争は、南北同時の無謀な戦争であった。しかし始皇帝は、中華の外との戦争によって秦と旧六国の地域に一体感をもたせようとしたのである。

南海の物資を求めて

実際に百越の地に向かったのは正規の軍隊というよりは駆り出された移住武装集団というものであった。高温多湿の風土に北方の秦の人びとはとまどった。だれもが進んで参加したわけではなく、本籍を離れ行き所のない逃亡者、極貧のために婿入りして身売り同然の男子、そして細々と店舗を出すような小商いたちが嶺南の酷暑の地に入り、桂林・象・南海の三郡が設置されて、しだいにそこの住民となっていった。じつは、越はひとつにまとまった国家ではない。山間部と河川沿岸の平地に点在して居住する人びとを百越と総称した。この場合も、国家間の戦争というより、五〇万もの人間を嶺南の地に開拓移住させたといった方がよい。

始皇帝はこの戦争によって南海産の犀角《さいかく》・象牙・瑇瑁《たいまい》・翡翠《ひすい》・真珠・珊瑚《さんご》などの物産を入手した。いずれも高価な装飾品であり北方では入手できないものであった。真珠は貝類の体内に入り込んだ微粒子を核に炭酸カルシウムが結晶したものであり、珊瑚はサンゴ虫の石灰質の骨格が集まって形成された珊瑚礁で産出される。象牙はアフリカ象、繊維質で漢方にも用いられる犀角はインドサイなど遠方から入手したものである。始皇帝も南海が産み出し、また南海沿岸に集まってくる不思議な物産に魅せられた。これら南海の財宝は、秦帝国崩壊時に建国された南越国の第二代文王（国内では文帝と自称）の墓にも見ることができる。ここには象牙そのものも収められていたが、象牙は巧みに印、酒杯、六博《りくはく》（すごろく）の駒、算木に加工されていた。

移住した人びとは先住民の越人と共存していかなくてはならなかった。しかし移住者と越人との間では、各地で衝突が起こった。里耶《りや》秦簡が出土した湖南省龍山県の里耶古城も、北方からの移住者が開拓した都市であった。洞庭湖から沅水《げんすい》と酉水《ゆうすい》をさかのぼったところに遷陵《せんりょう》という県が置かれたが、これが現在の里耶で、湘西《しょうせい》土家《トゥチャ》族苗《ミャオ》族自治州に位置し、古代にも五渓《ごけい》蛮《ばん》・武陵蛮《ぶりょうばん》という民族がいた。県の役人は始皇帝の政治を地方で行っていたが、周辺の山岳地帯には秦の政治に与しない人びとがいても無理はない。河川沿いの秦人の居住する県城を離れれば、山岳地帯には越人の世界が広がっていた。秦の支配はこの地では点の支配にすぎず、点と点は河川に沿った交通路でかろうじてつながっていた。

運河の建設

秦は軍隊や食糧を南方に輸送するために、郡監《ぐんかん》の禄《ろく》という人物に渠（運河）を築かせ、郡尉の屠《と》睢《すい》は楼船（軍船）の兵士を率いて百越を攻撃したが、秦軍は大敗した。その後、秦の県令であり、のちに南越国を建てる趙佗《ちょうた》が優位に兵を進めたという。南海へ到達したいという渇望が南北を船で航行することを実現させた。始皇帝の時代の嶺南にいたる運河は、霊渠と呼ばれて現存し、自然の河川を含めて全長三四キロメートルに延びている。霊渠は北の匈奴との戦争における直道に相当する。

長江中流の南郡が南の支配の拠点であり、そこからまっすぐ南下すれば、番禺《ばんぐ》の港に出ることができる。そのルートは、まず湘水を南に源流にまでさかのぼっていくと、すぐ近くには離《り》水《すい》の支流が湘水とは逆に南に向かって流れている。両河川の分水嶺はわずか二キロメートルしか離れていないが、湘水支流との高度差は数メートルあるので直接つながらない。だが湘水の水位を上昇させながら離水と結べば船を航行させることができる。船が航行できるためには、季節による水量の増減にかかわらず水位を確保しなければならない。そのために湘水の流れを三分して、中央には堰《せき》を置き、南北に北渠と南渠を開いた。南渠を離水と直結させ、北渠は湘水にもどした。堰と北渠によって南渠の水量を確保し、増水すれば堰から湘水の古道に排出された。後世の京杭《けいこう》大運河やパナマ運河では水門の開閉によって水位を上下させたが、霊渠では堰と二つの渠によって自然に水位の差を調節したのである(図6—5)。

広東省広州は、古代には番禺といった。珠江《しゅこう》デルタの西江・北江・東江が合流する地に位置し、南海の拠点の港湾都市である。番は蕃、禺は地の隅を意味する。番禺城は現在よりも珠江に隣接して南海(南シナ海)にも近い。霊渠の開通によってここまで内陸を航行できるようになった。

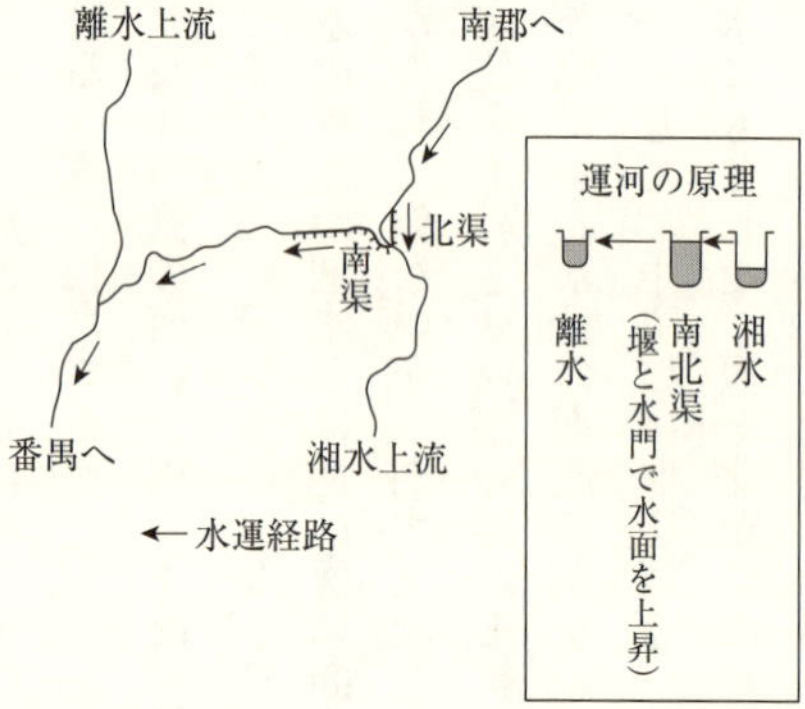

図6-5　霊渠模式図(参考，藤田勝久 1987)

秦はここに造船工場を築いたと言われる。一九七五年と九四年に発掘が行われ、長い材木がレールのように二本ずつ南北に三基並び、そのレール上には垂直に短い材木が立ちならび、レールの下には枕木が敷かれていたことがわかった。船を支え、建造後は海に滑らせるドックのようなものであり、その形からすると三〇—六〇トンの沿海航行用の平底船が造られたといわれる。しかしその後同じ場所で、一九九四年には「蕃池《ばんち》」という池、九五年には井戸、九七年には池と暗渠で結ばれた一五〇メートルもの曲水溝、二〇〇三年には宮殿遺跡、二〇〇四―〇五年には井戸から百余枚の木簡と、のちに独立した南越国の王宮と御苑の遺跡が続々出土した。これらの遺跡はあまりにも秦の造船工場と隣接しすぎており、一方を秦、一方を南越国の遺跡とすることに反論が出されることもうなずける。二〇〇〇年には木製の水門遺跡が番禺城南端で発見されており、海港都市番禺城の防潮施設と見られている。海に面した南越の海港都市の全貌が明らかになりつつあり、秦の造船工場の遺跡も見直しが求められる。

そもそも秦の百越支配とその後の南越の独立は、秦から南下した同じ人間によって行われた。趙佗は黄河下流の北、真定《しんてい》の出身であり、越に入り秦の南海郡の龍川《りゅうせん》(県)令となった。始皇帝の死後、二世皇帝のときに遠く中原で反乱が起きて秦が滅亡したので、南越を建国して武王(国内では武帝と自称)となったのである。趙佗をとりまく支配者はもとは秦に征服された旧六国の人間であり、越人の上にかれらが征服王朝を築いた。その国家モデルは秦帝国であり、さまざまな技術もこの地に持ち込まれたのであろう。

孔子と始皇帝

本章の最後に、この時期の大きなトピックである儒家との関わりをみておくことにしよう。文化大革命(一九六六―七六年)のときに、孔子が批判される一方で始皇帝が評価されたことはよく知られる。当時の儒法闘争史観では春秋時代末の孔子（前五五一―前四七九）と、二六〇年を経て登場した始皇帝は厳しく対立させられた。孔子は奴隷主貴族の代表であり、始皇帝は新興地主階級の代表とされた。始皇帝のもとで李斯が実施した焚書坑儒は、始皇帝の儒家弾圧策と一般に見られている。始皇帝の時代はすでに孔子の九代の子孫の時代であり、孔鮒《こうふ》などは、秦末の農民反乱を指導した陳勝の博士となるために魯を出て陳の地に赴いていた。孔子を信奉する弟子たちも斉や魯を中心に全国に広がっていた。孔子を継承した孟子（前三七二頃―前二八九頃）は始皇帝の時代（前二五九―二一〇）に近い。荀子（前二九八頃―前二三五頃）の弟子の韓非《かんぴ》（―前二三三）や李斯は法家《ほうか》として始皇帝の政治を支えていた。

この頃、都咸陽では無謀ともいえる二つの戦争への批判が博士の間から噴出していた。博士とは、太史《たいし》という史官と同様に国家の祭祀や礼儀を管轄する太常《たいじょう》に所属していた知識人である。秦の博士は儒家にかぎらず法家・道家・墨家《ぼっか》など諸子百家の学問を伝えていた。秦の今の政策に古の思想を役立たせるのがかれらの役割であり、『論語』為政篇にある孔子の「温故《おんこ》知《ち》新《しん》」のことばがその役割を象徴する。このことばは「故《ふる》きを温《たず》ねて新しきを知る、以て師と為《な》るべし」というのが、もとの『論語』の文章である。古き時代のことを学んで今に活かす、そのような人こそ師になるにふさわしいという意味である。かれらは蛮夷を放逐する中華の戦争に不安をもっていた。批判の矛先は始皇帝ではなく、戦争遂行の政策を推進した大臣へのものであった。

始皇三四(前二一三)年始皇帝は咸陽宮で酒宴を開き、七〇人もの博士を全員出席させた。僕《ぼく》射《や》(弓を射させて官吏の能力を評価する官)の周青臣《しゅうせいしん》はその席で蛮夷を放逐する戦争を賛美したが、博士らは黙認できなかった。とくに儒家を伝えていた斉の出身である博士の淳于越《じゅんうえつ》は強く反論し、周青臣の発言は陛下の過失を繰り返すものだとした。かれは今の郡県制よりも古の封建制に学ぶべきであると主張した。封建制を否定し郡県制だけで統治した秦の体制は、帝国内に皇帝のほかに一人の王も置かないことが鉄則であった。始皇帝を支えるためには王を置くことが必要だというのである。

始皇帝は大臣たちに議論させた。丞相の李斯は博士らが「古を以て今を非《そし》る」のは、人民を惑わすことであると強く非難して焚書令《ふんしょれい》を提案した。李斯は「故きを温ねて新しきを知る」ことを「古を以て今を非《そし》る」と判断したのであろう。かれは徹底して博士の動きを封じ込めようとした。今の法令さえ学べば古の学問は必要ないとして、「若し欲して法令を学ばんとする有らば、吏を以て師と為《せ》よ」、博士に師事するよりも官吏に師事せよという命令まで出している。博士たちは朝廷では面と向かって始皇帝を非難していないが、外に出れば群衆を前にして皇帝を誹謗する。李斯の目にはそのように見えたのである。

君臣父子の秩序

始皇帝が巡行したときに立てた刻石の文章には、始皇帝の統一事業を顕彰したあとに、官吏と黔首《けんしゅ》(民衆)が努めるべき内容を示すことばが続いている。「貴賤《きせん》の差を明らかにし、男女はそれぞれ礼にしたがって、つつしんで行動せよ」(泰山刻石)とか、「尊卑と貴賤の境を越えず、邪悪な行動を許さず、みな良心と貞淑につとめよ」(琅邪台刻石)、あるいは「男は農業を楽しみ、女はそのなりわいを修め、男女にはそれぞれ行うべきことが決められている」(碣石刻石)といったことばは、法治主義というよりも身分の貴賤と男女の分業を守るべきという礼治主義といってもよい。始皇帝は法治だけでは統治は難しいことをよく知っていた。

こうした『史記』に引用されていた刻石の文章と新出土の竹簡文書とが一致した。地方官吏の墓から出土した「吏為《りた》るの道」(睡虎地秦簡)や、「吏為《た》りて官及び黔首を治む」(嶽麓秦簡)と題した文書は、刻石の発したことばにちょうど符合する。そのなかの一つである「君は恵、臣は忠、父は慈、子は孝たるは、政の本なり」(図6―6)は、孔子のことばと何ら変わらないように思われる。孔子は政事について尋ねた斉の景公に向かって、「君は君たり、臣は臣たり、父は父たり、子は子たり」(『論語』顔淵第十二)と答えている。また北大秦簡にも『善女子之方』という書物があり、夫と妻の道が説かれている。春秋時代末に生きた孔子は、周王を中心とする秩序が崩壊するなかであらたな政治を諸侯に求めたが、その理想の実現はかなわなかった。だが孔子の思想は、弟子たちによって伝えられ広まり続けており、孔子亡き後、二二〇年経過し、戦国時代の末に生まれた始皇帝が、国家の君臣と家の父子の秩序を政治の基本に置いてもおかしくはない。その思想の実際を見ずに、時代を超えた孔子と始皇帝をあえて対極に置くことは、避けなければならない。対極に置いたのは司馬遷ではなく、むしろ後漢の儒者たちである。

始皇帝が政治の支えに求めたのは、私情をはさまず、権力に驕らず、冷静に民の能力と力量をはかり、そして君主に忠実で清廉潔白な官吏であった。それが失われて官吏が腐敗したときに、帝国は揺らぎ、民衆は果敢に権力に立ち向かっていく。始皇帝はその怖さを権力者として十分知っていたのである。

為人君則恵　為人臣(則)忠　為人父則茲(慈)　為人子則孝

図 6-6
嶽麓秦簡

焚書坑儒

始皇三四(前二一三)年の焚書令はつぎのように下された。実際に

図 6–7 『帝鑑図説』(明, 16 世紀)の「阬儒焚書」(1606 年, 豊臣秀頼木活字版) 右上に秦始皇と李斯, 左下に焚書, 右下に阬儒が描かれる. 始皇帝が椅子に座っていること, また左下で紙の書物を燃やしていることは後代の誤り. 当時椅子に座る文化はなく, 書籍は竹簡であった.

内容を提案したのは李斯である。秦の歴史の記録を除いて史官にある文書をすべて焼却せよ。今の秦の記録は必要でも、過去の戦国六国の史記や、古の夏殷周三代の王の記録などは現実の政策には必要がないと判断された。さらに博士らの官が所蔵することは認めるが、民間に所蔵してある詩(『詩経』)・書(『尚書』)・百家の書は、すべて郡守の下に差しだし、郡尉にまとめて焼却せよとした(図 6–7)。李斯が恐れたのは、博士がそれぞれ諸子百家を学んでいるのはよいが、外に向かって政治的な発言をしていくことであった。

これをよく読めばわかるように、儒家の書物全般が焼かれたわけではなかった。各国の歌謡を集めた詩には、微妙な政治風刺が込められており、秦への攻撃になるかもしれないと李斯はおそらく考えた。書（『尚書』）は、始皇帝よりも古の帝王を賛美したものである。五帝から夏殷周三代の帝王の歴史をまとめたものであり、古の政治を賛美すれば今の批判になる。その詩・書を二人以上集まって議論した者は棄市《きし》（市場で首をさらす死罪）とした。市場の人びとの前でさらし首にするのは厳しい処罰であった。古を以て今を非る者は一族皆殺しとする。官吏が知っていて見逃したら同罪とする。この法令が下ってから三〇日たって焼却しない場合は、入れ墨の刑を施して国境の築城の労働刑にあてる。医薬や卜筮《ぼくぜい》や種樹《しゅじゅ》の書（農業書）は対象としない（北大秦簡に『医方』八十余枚、『禹九策《うきゅうさく》』五〇枚が見られる。前者には薬物治療の方法、後者には一から九までの数字による占いが記されている）。もし法令を学びたい者は官吏を師とする。

始皇帝はこうした李斯の焚書令の提案に同意した。八〇万もの人員を駆り出して進めている戦争、みかけは蛮夷を放逐するといいながら、実際にその負担は大きい。李斯は戦争批判の言論を抑えにかかったのである。

こうした秦の焚書令に対抗して、『尚書』などの竹簡の書籍を壁の中に隠す者がいた。秦の博士であった伏生《ふくせい》もその一人であった。孔子の旧宅に『尚書』を隠したという。のちに孔子の子孫の孔安国《こうあんこく》も孔家に伝わる『尚書』を発見して、前漢武帝に献上することになる。武帝の異母兄弟の河《か》間献王《かんけんおう》劉徳も焚書に遭わなかった『尚書』など、先秦の古文で書かれた儒家の書物を伝えている。

焚書令の翌年の始皇三五(前二一二)年、始皇帝は今度は咸陽の諸生で人民を惑わした者を「四百六十数人穴埋めにした」という。これを「阬儒《こうじゅ》」といったのは、すでに儒家が王朝国家の学問の中心に置かれた後漢の人びとである。『史記』では「術士を阬《あなうめ》にする」という(阬が本字で坑とも書く)。実際は儒者だけではなく儒者も含めた諸生全般が対象であった。諸生のなかには孔子の学問を受け継ぐ者もいたが、それだけではなかったのである。つまり孔子の学問そのものを弾圧したのではなく、戦時体制下の人民を不安にしたことが法に触れたのであった。もちろん残忍な行為があったことは否定できないが、一般に流布された「焚書坑儒」のイメージとはずいぶん違うはずである。

唐代には驪山《りざん》の西北の麓に愍儒郷《びんじゅきょう》という村があり、秦の坑儒の場所だと伝えられてきた。四六〇人もの穴埋めの犠牲の真偽は確かめようもない。できることは、後世の儒者たちの作り出した孔子と始皇帝の対立の図式を少しずつ崩していくことである。始皇帝の時代の出土史料は、そのはざまを少しずつ埋めてくれる。

第七章　帝王の死

——遺言の真相（五〇歳）

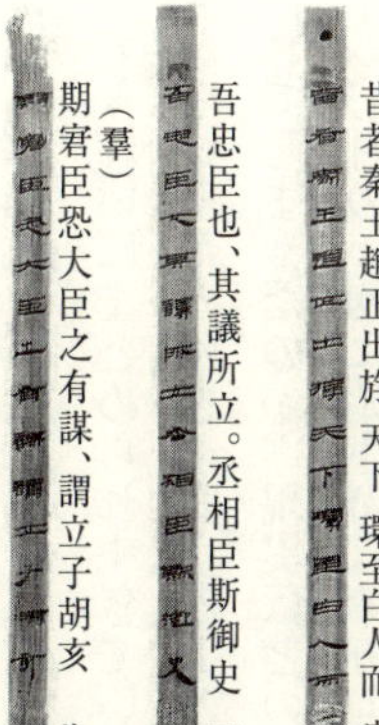

昔者秦王趙正出斿（游）天下、環（還）至白（柏）人而病=篤、惪（喟）然流涕長大（太）息謂左右曰、

吾忠臣也、其議所立。丞相臣斯御史　臣去疾昧死頓首言曰、今道遠而詔

期宭（羣）臣恐大臣之有謀、謂立子胡亥　為代後、王曰、可。王死而胡亥立即殺其

2376簡　2372簡　2172簡

北京大学所蔵前漢竹簡『趙正書』

全50簡のうちの3枚．2376簡には秦王趙正が巡行の途中重篤になったこと，2372簡には後継を丞相李斯と御史大夫馮去疾に議論させたこと，2172簡には胡亥を立てることが秦王に裁可されたことが記されている．

始皇三七(前二一〇)年、最後の巡行の途中で始皇帝は亡くなった。『史記』はそれを「七月丙寅《へいいん》」とする。『史記』によればその予兆は、前年の始皇三六(前二一一)年からあいついで現れたという。惑星の異変、隕石《いんせき》の落下にはじまり、数々の不吉な予言は、いずれも始皇帝の死に関わるものであった。ところが後で詳しく見るように、死の前年の予兆であるとされた惑星の異変は、実は始皇帝の死の年の現象であることがわかってきたのである。そしてその目で見てみると、たしかに司馬遷のまとめた始皇三六年の記事は、翌年の始皇帝の死を誘導する一年としてきれいにまとめられすぎている。実際には大病をわずらったわけでもないのに、一年も前から始皇帝の死を予測することなどできるはずはない。ではなぜそのような記事にまとめられてしまったのか、現実はどのような一年であったのか考えてみたい。

始皇三七年一〇月の年初に始皇帝は第五回目の巡行に出発した。経路は第二回目の巡行を逆にたどるものであり、途中で不意に亡くなるが、その行程は結果として最大の距離、一年近い期間をかけた最長の壮大なものとなった。司馬遷はこの巡行を死の予兆を打ち破る行動としてとらえたが、実際はどのような目的をもった巡行であったのか。

またよく知られるように、死の直前に下した長子扶蘇《ふそ》への遺詔《いしょう》が趙高《ちょうこう》によって破棄され、死後に作られた二つの偽詔《ぎしょう》をもとに始皇帝亡きあとの政治が密かに動いていく。『史記』に見られるこうした史観を揺るがす史料が近年出土した。始皇帝は扶蘇ではなく末子《まっし》胡亥《こがい》に後継を託したという。いまいちど始皇帝の死から葬儀にいたる経緯を時系列に整理し、事実をさぐってみたい。

最後の巡行

始皇三七（前二一〇）年一〇月癸丑《きちゅう》の日、始皇帝は最後の巡行に出発した。周家山《しゅうかざん》三〇号秦墓からこの始皇三七年の暦譜（カレンダー）が出土しているが、癸丑は一〇月三日のことである。第四回の巡行から五年が経過していた。この間に匈奴や百越との戦争があり、戦時体制を固めるための長城や軍事道路直道の建設があり、焚書坑儒の事件があった。統一直後とは違う慌ただしさが続くなかに都咸陽を空けるわけにはいかなかったのだが、いまようやく一段落して巡行を再開できたのである。

しかし『史記』によれば出発する直前の始皇三六（前二一一）年には不吉な出来事が続いた。まず熒惑《けいわく》（火星）が東方の心宿《しんしゅく》（サソリ座）の位置に留まったという。赤く輝く熒惑は災害や兵乱を招く星であった。サソリ座の心臓にあたるアンタレスは赤色巨星の一等星であり、中国では青龍の心臓にあたる、不吉な星とされていた。そこに赤い熒惑が近づいて留まった。このときの火星は東に向かって順行し、しばらく停止してから西に逆行し、またしばらくして東に順行する。

中国古代では一年間の太陽の軌道である黄道《こうどう》に二八宿《しゅく》の星座を配置した。太陽、月、五星（惑星）の動きを測る座標軸のようなものである。東方の空の七宿のうち六つを結ぶと青龍が夜空に浮かび上がる。龍の角が角宿《かくしゅく》、首は亢宿《こうしゅく》、胸は氐宿《ていしゅく》、腹は房宿《ぼうしゅく》、心臓は心宿、尾は尾宿《びしゅく》となる。一九八七年に西安交通大学構内で発見された前漢時代の壁画墓は官吏の小さな墓であるが、そこには二〇〇〇年前の極彩色の天文図が描かれており、大変参考になる（図7―1）。朱色の太陽と銀白色の月が対置され、太陽の中には黒い烏、月の中にはヒキガエルがはっている。太陽と月の間の空間には緑と薄紫を重ねた祥雲《しょううん》が波打ち、十数羽の仙鶴《せんかく》が飛び交う。黄道上の二重の円に沿って二八宿が図案化されている。四神の青龍（東）・白虎（西）・玄武（北）・朱雀（南）はそれぞれの方向の星宿に隠されていた。ほかの星座が銀白色であるのに対して龍の心宿だけが赤く塗られている。大火とも呼ばれていた。

ほかにも不吉な予兆として隕石が東郡の地方に落ち、その石には「始皇帝死して地分かる」と不吉な予言が刻まれていたという。皇帝には本来死という文字は使わずに崩（自然の山岳が崩

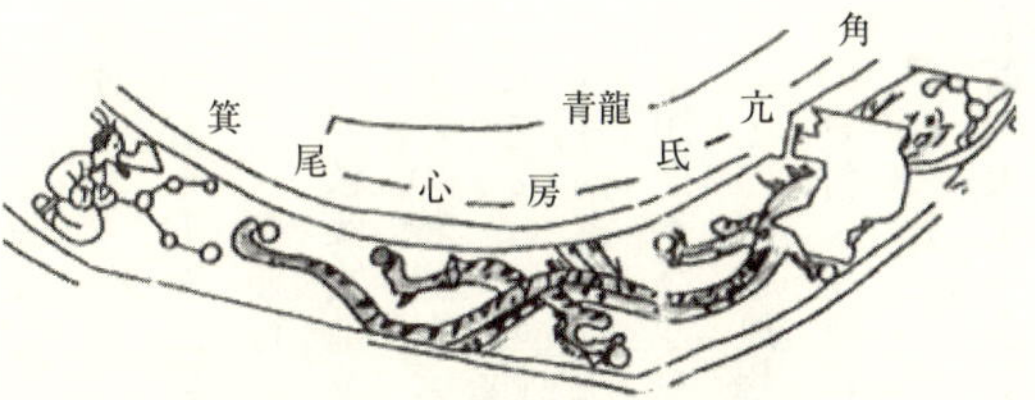

図 7-1　二十八宿東方七宿の青龍心宿
（『西安交通大学西漢壁画墓』西安交通大学出版社，1991 年より）

れる意味、死を直接表現することを忌み避けた）という。「地分かる」とは隕石が大地に衝突して大地が裂けることに懸けて、領土が分裂する意味であろう。東郡といえば、黄帝と戦って敗れたという軍神蚩《し》尤《ゆう》が祀られている場所である。始皇帝は御史《ぎょし》を派遣して捜査したが、犯人は見つからなかったので、附近の住民を皆殺しにして隕石も焼き溶かした。この東方の現場に派遣された使者が戻ってくると、第二回巡行のときに江水《こうすい》に沈めた玉璧を持った者が道に現れ、「今年祖龍《そりゅう》死す」という不吉な予言を語った。祖龍の祖は始祖、龍は君主を表すので、つまりは始皇帝のことである。始皇帝は不安な気持ちを紛らわせるために、博士に仙真人《せんしんじん》の詩を作らせ、楽人に唱わせたという。占いに頼ると、游《ゆう》（巡行）と徙《し》（移民）を行えば吉と出たため、年初の一〇月に巡行に出発した。年が明けて、予言がはずれたことに安堵しただろう。

予言の年代修正

以上が『史記』描く予言の顚末である。ところが中国古代の天文暦法の研究者によれば、火星がアンタレスに近づいて留まるのは前二一一年ではなく、翌年の前二一〇年であるという。しかも小沢賢二氏が近年明らかにしたことは、前二一〇年の始皇帝の死去の八月丙寅《へいいん》(二一日)の日に、再順行した火星がアンタレスに最接近しているというのである。実は、後で述べるように、私は始皇帝の死は七月ではなく、八月丙寅であると考えている。そうであれば四六年周期のこの特異な天文現象は、始皇三七年の始皇帝の亡くなった年の亡くなった日に起こったことになる。この偶然の事実をどのように考えたらよいのだろうか。

八月丙寅の夜空で起こった不吉な天文現象を見た人びとは大勢いただろう。その日まさに始皇帝が亡くなったことは極秘にされていたとはいえ、当時始皇帝が病中にあることを知るならば、その死を連想したかもしれない。少なくとも『秦記』という秦の本来の史書には、皇帝の死の日付は正確に記されていたはずである。しかし『史記』の記述はそうはなっていない。

皇帝の死を一ヶ月さかのぼらせて七月丙寅の日に死去したと書き改め、また熒惑守心《けいわくしゅしん》を一年も前の天文現象としたのは一体だれか。おそらく同時代の人びとの改竄ではなく、始皇帝の死を前年の予兆からはじまるストーリーとして構築した者の作為であろう。それが司馬遷であるのか、司馬遷が依拠した何らかの書籍であるのか、断定することはまだできない。もし司馬遷であれば、秦始皇本紀全体を通じて、始皇帝による統一事業から始皇帝の死による統一の崩壊へというストーリーを時間の流れのなかでより際だたせて描こうとしたのではないか。

予言だけに実際に当たるとはかぎらないが、『史記』によれば「祖龍死す」のことばに始皇帝はかなり動揺したことになる。現実はどうであったのだろうか。少なくとも始皇三七（前二一〇）年の第五回巡行は（図7―2）、結果的に死の直前の最後の巡行となったが、始皇帝にとっては築き上げた中華帝国を周遊する積極的な行動であった。

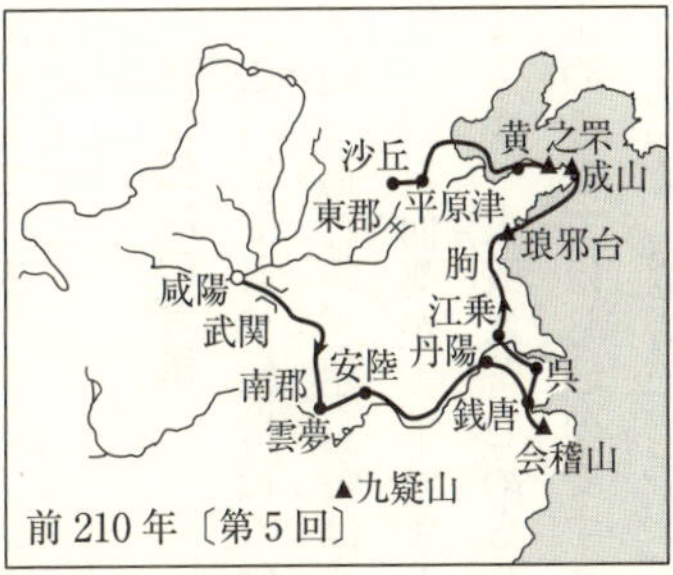

図7-2　巡行図（第5回）

ただひとつ言えるのは、始皇帝は天文の動きをかなり重視していたことである。この巡行では、ルートは第二回のときの逆回りの左循環をとった。これは天球上の北斗七星などの星座の動きと同じである。始皇帝は宇宙の動きに逆らうことはせず、中華帝国の周縁の政治状況を確認することにしたものだろう。皇帝も庶民も変わらず古代の人びとにとって、天文は日常の生活と結びついていた。たとえば、湖北省江陵《こうりょう》王家台一五号秦墓からは、二八宿の星座による占いに用いる道具である式盤《しきばん》が出土している。

徐福伝説の背景

この他にも、始皇帝の死をめぐってはいくつもの伝説がある。一つ一つ検証してみよう。第五回の巡行中、始皇帝は北上して琅邪台で方士の徐市《じょふつ》に再会した。徐市は始皇帝から援助を受けながら仙薬が入手できなかったので、虚偽の話をするほかなかった。「蓬莱《ほうらい》の薬は入手できますが、大鮫《おおざめ》に苦しめられて行き着けません。どうか弓の名手と一緒に出かけ、連発の弩《いしゆみ》で射止めさせてほしいのです」と。

『史記』秦始皇本紀の三ヶ所の記述を合わせれば、方士徐市が童男童女数千人を連れて海に入って三神山で神薬を入手することは失敗に終わったという。しかし同じ『史記』の前漢淮南《わいなん》王《おう》劉安の列伝のなかにもう一つの伝説が残されている。淮南王劉安とは前漢高祖劉邦の孫であり、武帝劉徹《りゅうてつ》は謀反を起こしたとしてかれを誅殺した。武帝はこのあと始皇帝と同じように、匈奴と南越と大戦争を行い、さらに東では始皇帝もなしえなかった海戦を始め、平壌に都を置いていた衛氏《えいし》朝鮮を亡ぼしていったという。

この中で、伍被《ごひ》という人物が淮南王劉安に、民心が離れたときには国家が崩壊するものであり、いまはその時期ではないとして行動を諫めたという。始皇帝が亡くなってすでに一〇〇年、楚人の伍被は秦が滅んだのは民心が離れたからこそだとして、具体的な理由を三つ挙げている。その一つは長城の過酷な建設によって数え切れないほどの犠牲者を出したこと、二つに徐福《じょふく》（ここでは徐市ではなく）が若者の男女三〇〇〇人を連れて海を渡り、平原広沢《こうたく》に行って王となって帰還しなかったために若者たちの家族が秦に恨みを抱いたこと、三つに百越との戦争時に現地にとどまり、南越を建国した始皇帝の兵士たちのために、秦が寡婦一万五〇〇〇人を南越に送ったことでその家族の恨みをかったことである。民衆の恨みは秦の政治にぶつけられたという。（ちなみに始皇帝のときは百越と戦争をしたが、まだ南越は建国されていないので、ここで南越とするのは間違いである）。南越王尉佗《いた》（趙佗）のことは、南越王の三代目趙眜《ちょうばつ》の墓や都番禺《ばんぐ》の遺跡が発見されているので史実である。しかし考えてみれば、三つの事件はたんなる伝説ではなく、始皇帝の推進した沙漠と海における活動が背景にあった。

　伍被によれば、徐福は海から帰還して海神と会ったと偽り、ふたたび男女三〇〇〇人と百工（技術者）を連れ、五穀を持って出発し、平原広沢の地で王となり帰還しなかったという。平原広沢は中国でいえば、黄河、淮水《わいすい》、長江下流域の平原とそこに点在する湖沼（ため池）のことである。そこでは水路網を広げて治水灌漑に努め、そこに点在する湖沼も農業用水の供給地とした。徐福らが新たに渡った地でも、平原と湖沼を求め、五穀の栽培に専念したという。

方士徐福が数千人の童男童女を連れて到達したのは「亶洲《たん》」の地であるという伝説は、三国時代にはすでにあった。知られているように徐福の一行には日本列島に漂着したという伝説もあるが、これは一〇世紀まで下る。五代の後周の僧侶義楚《ぎそ》の著した仏教関係の類書である『義楚六帖《ろくじょう》』では日本国をとりあげ、「倭国ともいい東海中にあり、秦の時に徐福が五百人の童男と五百人の童女を連れてこの国に止まった」、「今に至るまで子孫は秦氏《はた》という」と記されている。同じ一〇世紀には正史の『旧唐書《くとうじょ》』も編纂され、東夷伝のなかには「倭国」とともにはじめて「日本国」の記載が見える。七世紀以来の遣唐使の往来によって、唐は倭ではなく日本という国の存在を認識し、そのなかで日本の徐福伝説も中国に伝わった。日本各地には徐福一行の上陸地や徐福の墓という史跡も多い。現在のところは、始皇帝の時代に徐福一行が日本列島に渡ったという確証はない。しかし始皇帝の存在が後世の東アジア世界全体にも大きな影響を与えていたことは否定できない。朝鮮半島から日本列島に渡った秦氏は、始皇帝の子孫であるとすることで権威づけをし、あるいは徐福がみずから始皇帝を偽って渡来したために、その子孫が秦氏であるという伝説が生まれたのかもしれない。

海神の夢

始皇帝の死にまつわるもう一つの不思議な伝説に「海神の夢」がある。巡行中、始皇帝は海神と戦う夢を見た。同行していた博士は夢を分析し、大魚が現れたら、近くに水神がいる兆候であると伝えた。始皇帝は大魚を捕獲する道具として連発の弩《いしゆみ》を持たせて成山《せいざん》から之罘《しふ》まで行かせたところ、大魚を射殺することができたという。大魚とはクジラであるかもしれない。クジラのなかのコククジラは冬になると繁殖のために朝鮮半島付近に南下して回遊し、海岸近くに生息して暗礁の近くに出没するという。現在でも煙台《えんだい》博物館ではクジラの骨格が展示されている。始皇帝は咸陽の郊外に渭《い》水《すい》の水を引いて蘭池《らんち》という池を作り、蓬萊・瀛洲《えいしゅう》などの仙人の島と鯨の石像を置いたという。

始皇帝が見た夢を博士が占ったといったが、出土史料によれば、当時夢占いは皇帝にとっても官吏にとっても、また庶民にとっても日常的で現実的な行為であったことがわかってきた。睡虎地秦簡の『日書』のなかにも「夢占い」があり、嶽麓《がくろく》秦簡にも『占夢書《せんぼうしょ》』という

夢見飲酒不出三日必有雨

（酒を飲む夢を見たら、三日もたたないうちに必ず雨が降る。）

図 7-3
嶽麓秦簡『占夢書』

書物としてまとまったものが現れた(図7―3)。古代の人びとがどのような夢を見たのか、どのような夢を吉凶と判断したのか、夢にも時代と文化が反映している。現代の夢の心理分析と比べてみると興味深い。

夢は睡眠時、脳波が動いている浅い睡眠のときに繰り返して見る。『占夢書』でも、晦《かい》(日没後)の夢、夜半(午前零時)の夢、鶏鳴《けいめい》(午前二時)の夢と三つに分けているのがおもしろい。睡眠直後に深い眠りに入り、浅い眠りと深い眠りを繰り返しながら、次第に浅くなっていく。最後の鶏鳴の浅い眠りの夢が記憶によく残るのである。春夏秋冬の四季によって夢も異なるという。白昼夢や酔夢は占わないというのも、夢見の安定した精神状態を重視したからであろうか。

『占夢書』を見ると、当時の人びとは、日常の生活を離れた世界を夢の中で訪れていたようである。高い山に登り、船に乗り、江河(長江と黄河)を渡る。一般の人びとにはまさに夢の話であるが、始皇帝にとっては巡行によってすでに現実のものとなっていた。そして夢の中では鬼神とも出会う。鬼神という死者の霊魂には、自らの先祖のものもあれば、戦死者のものもある。始皇帝は全国の山や河川や海の神々と夢のなかで遭遇した。夢には悪い夢もあれば良い夢もある。悪夢を見たら、目覚めてから西北に向かって髪を解き、宛奇《えんき》という夢を食べる神に願いのことばを発する。夢の判断では夢を見た日の干支と内容によって吉凶を判断する。「戊己《ぼき》の日に黒い夢を見たら吉、良いことがある」というのは、黒を大切にした秦らしい。動物の夢占いもある。「虎豹に出会ったら貴人になる」というのも、いかにも秦らしい。

始皇帝はこの海神の夢の直後に病にかかる。海神は沿海の人びとにとって畏れながらも祭祀を行う対象であり、戦う相手ではなかった。始皇帝には海神の夢は正夢であったのだろうか。

遺詔の行方

始皇帝は平原津《へいげんしん》で病にかかった。病名はわからないが、悪化するばかりであったので、始皇帝は遺言を用意した。皇帝の遺言を遺詔《いしょう》という。長子の扶蘇に宛てたわずか一二文字「以兵属蒙恬、與喪会咸陽而葬」が『史記』李斯《りし》列伝に記録されている。「兵を以て蒙恬《もうてん》に属《ゆだ》ね、喪《そう》と咸陽に会《かい》して葬《ほうむ》れ」という簡単なものであったが、皇帝の最期のことばであり、その意味は深い。

扶蘇は焚書坑儒の際に始皇帝を諫めたことで北辺の上郡に追われ、直道建設を指導していた蒙恬を監視する役目を果たしていた。その扶蘇に対しての遺詔は、「軍事は蒙恬に任せ、自分の喪（遺体）と咸陽で会ってから、自分を埋葬せよ」という意味である。始皇帝は咸陽に戻るまでに自分の病態が快復しないことをおそらく理解していた。巡行の途上で死を迎えれば、生身の肉体ではなく喪が咸陽に戻ることになる。喪とはもともと人が滅びること、死せる肉体を意味する。巡行の経路は北辺の長城から直道を通って咸陽に戻ることになっていた。その経路にある上郡に蒙恬、扶蘇が追いやられていたので、かれらが喪つまり亡き始皇帝に追いつき咸陽で会うことは難しいことではなかった。始皇帝はみずからの喪と葬の儀式についても扶蘇に託し、将軍蒙恬の軍事力を後ろ盾にさせようとしたのである。

喪礼《そうれい》は棺の前で行う一連の行事であり、葬礼は棺を墓穴《ぼけつ》に収めるものであった。古代中国では喪は同時に太子の皇帝即位の場でもあった。葬では棺を地下に埋め、版築で墓穴を埋め、地上には墳丘を築く。これまでの建設工事は刑徒を動員したが、葬では兵士を動員する。蒙恬の軍事力に期待する意味はここにもあった。

ともかく、この遺詔は長子の扶蘇を始皇帝の後継として認めたものである。王や皇帝は不意の事態に備えて太子を立てておくが、始皇帝はまだ立てていなかった。文書は皇帝の璽印《じいん》を用いて厳重に封印され、中車府令の趙高の手に握られた。

沙丘平台に崩ず

巡行の隊列は平原津から沙丘平台《さきゅうへいだい》を目指して急いだ(図7―4)。平原津から真西に向かえば、

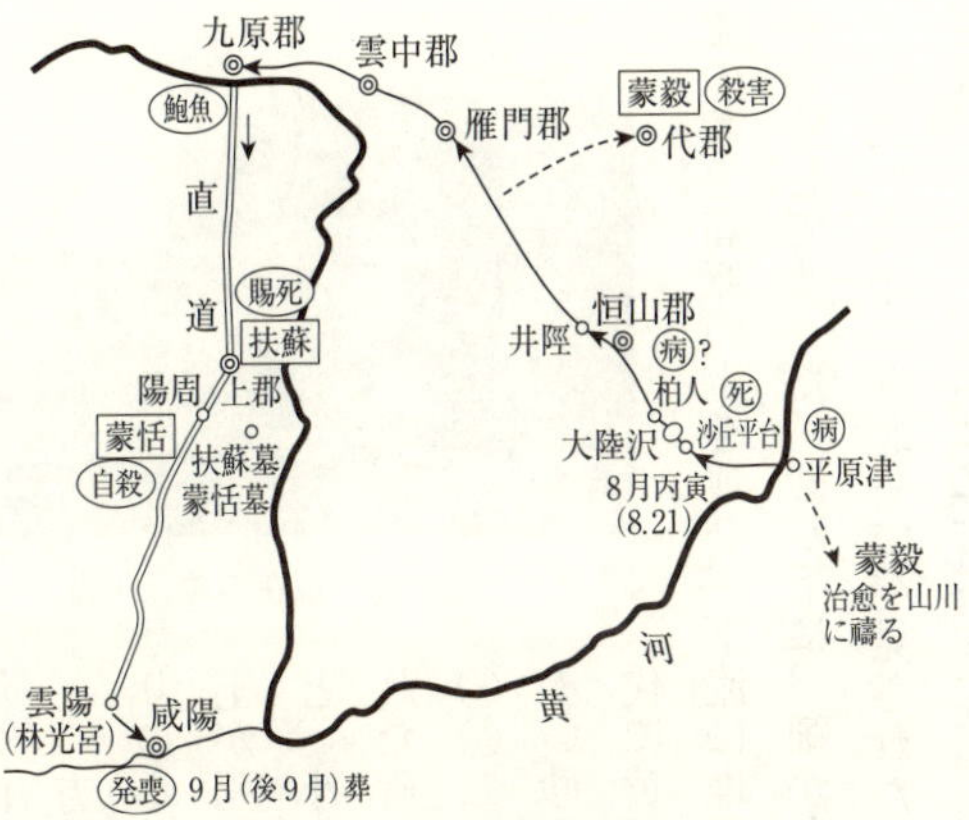

図7-4　始皇帝の死の関連地図

かつての趙の離宮、趙の武霊王が亡くなった場所に行き着く。武霊王といえば胡服騎射（乗馬用の筒袖とズボンのスタイルで馬上で弓を射る）を中原にはじめて取り入れた王である。始皇帝はこうした場所に身を寄せて最期を迎えた。

平原津の津とは河川の渡し場をいう。この当時は平原津には河水（黄河）が流れていた。今の黄河は南に移動し、山東省の省都済南《さいなん》附近を流れる。津は関と同様に交通の要所に置かれ、国家の交通ネットワークとして重要であった。たとえば函谷関《かんこくかん》や洛陽北の孟津《もうしん》はよく知られている。平原津も戦国時代の斉と趙の国境を流れる河水の重要な渡し場であった。平原津は現在の山東省平原県の南、津期店《しんきてん》という村であるが、私が訪れた折もまだ二二〇〇年前の面影が残っていた。小さな河川が近くを流れ、周囲の田

図 7-5　現在の沙丘平台

畑には、かつて黄河が流れた爪痕として赤味を帯びた黄土の砂や泥の山があちこちに見えた。

　一方沙丘平台は現在の河北省広宗《こうそう》県太平台《たいへいだい》にあり、漳河《しょうが》のほとりに小さな史跡が残っていた（図7―5）。いまの村人も古代の帝王が死去した場所のことをよく知っているのである。尋ねてみると、小麦畑に囲まれた道ばたの土の塊にある「沙丘平台」と記された碑を指さしてくれた。広宗県人民政府と河北省人民政府が二〇〇二年に立てたばかりのものであった。このあたりにも一面に赤い砂土が広がっている。この沙丘は、さらに古い伝説の禹の時代に黄河を九つに分流させた九河があった場所にある。黄河は上流の黄土高原の土を運び、下流に堆積させた。流れが変わったことで河床の水が干上がり、砂が堆積して残った。砂が下に、細かな粘土質の泥が上に層をなす。

　一九八九年に湖北省で発見された秦の時代の竹簡（龍崗秦簡）には「沙丘苑《さきゅうえん》」という文字が記されていた。『史記』には見えない言い方であり、沙丘には御苑（皇帝の庭園）があったことがわかった。二〇〇〇年以上前の始皇帝終焉の沙丘は緑豊かな御苑であった。近くには今はまったく消滅した大陸沢という湖沼もあり、現在とははるかに異なり、緑豊かな自然がそこにはあったと思われる。思い起こせば「酒池肉林《しゅちにくりん》」で知られる殷最後の紂王《ちゅう》の宮殿もここ沙丘にあった。「酒で池をつくり、肉を懸《か》けて林をなし、裸の男女を駆けめぐらせ夜長の宴を張った」というのは暴君紂王の脚色された伝説であったが、多くの鳥獣が生息できる湖沼と森林の豊かな自然があった事実をこのことばから読み取ることができる。

「七月丙寅《へいいん》、始皇帝、沙丘平台に崩《ほう》ず」。『史記』秦始皇本紀は始皇帝の最期をこう簡単に記した。先述のように、崩とは山陵（自然の山岳）が崩れることで、周以来天子の死を意味した。ところが実は、周家台秦墓で出土した暦譜《れきふ》にも、始皇三七年七月には丙寅の日はない。六月には丙寅があるが、八月丙寅（二一日）の間違いとみるほうがよい。この年は閏年にあたり、九月のあとにもう一度、後（閏）九月があるため、八月二一日は例年の七月下旬、つまり現在の八月初旬くらいの気候だったと考えられる。後で見るように、『史記』が、暑さによって車中の遺体が異臭を放ったというのは事実であろう。

始皇帝は最後に太子を立てたことを公表できずに死を迎えた。長子扶蘇への最後の璽書《じしょ》が立太子の文書となるはずだった。璽書とは皇帝の璽印によって封をした最重要の竹簡文書である。東京国立博物館東洋館には「皇帝信璽《こうていしんじ》」の封泥《ふうでい》が所蔵されている。印面部分は二・六センチメートル四方、文字部分は田の字の形の四つの枠のなかに一字ずつ囲まれるように収まっている。田字格というのは秦から前漢初めの印の特徴である。伝世のこの封泥は始皇帝の璽印を押したものである可能性がある。

始皇帝はいくつかの璽印を所持していた。張家山漢簡によれば漢の高祖のときには少なくとも「皇帝信璽」と「皇帝行璽《こうじ》」があった。「信璽」は地方の軍隊や武器を動員するときに用い、「行璽」は使者の派遣や王侯の任命に用いた。遺詔は「皇帝行璽」で封印されていたはずである。立太子の遺言であるから、最高機密に属する。しかしその封書は趙高らに破棄された。

偽造された遺詔

亡き始皇帝の遺体の前で動いたのは趙高と胡亥と李斯の三人であった。彼らは始皇帝の沙丘での遺詔を破棄して新たに詔を偽造した。偽詔は二つあり、胡亥を太子に立てるものと扶蘇と蒙恬へそれぞれ死罪を賜うものであった。始皇帝はすでに亡き身であったので、始皇帝の璽印を新たに記された文書の封印に用いるのは難しいことではなかった。

轀輬車《おんりょうしゃ》(密閉した箱形で小窓を開閉して温度を調整する車)に載せた始皇帝の遺体のことを知る者は、趙高ら三人と近臣の者五、六人しかいなかった。もっとも皇帝に近い宦者《かんじゃ》が同乗し、始皇帝が生きているがごとく食事を捧げ、上奏文も決裁した。巡行は亡き始皇帝の遺体を載せて、周囲には生きた始皇帝を装い、本来のルートを走った。巡行の列は井陘《せいけい》から太行山脈を越えて、わざわざ北辺の長城のある九原郡にまで北上したころ、暑さによって遺体の腐臭がただよいはじめた。車には一石《せき》（三〇キログラム）の鮑魚《ほうぎょ》を積み、遺体の臭いを紛らわせたという。

『史記』のこの記述の部分、遺体の腐乱を避けた内容にばかり気をとられるが、貴重な情報も隠されている。鮑魚とは後世の鮑《あわび》ではなく塩漬けにして発酵させて保存した魚介類のことで、それが異臭を放ったのである。馬王堆前漢墓の竹簡には鹿肉と鮑魚と生筍《たけのこ》の羹《こう》（スープ）の料理が記されている。しかしこうした塩漬けの魚介類が、内陸部で突然大量に手に入るとは思われない。鮑魚を大量に車に載せたのは、海辺の地を回ったときに、実際に献上されていたからであろう。海産物は膾《なます》として刺身も食したが、塩漬けや干物、魚醤《ぎょしょう》などの保存方法があった。先述のように、西安で発見された封泥のなかに長江下流の塩官の封泥があり、都咸陽に海塩が運ばれた証拠である。発酵させた鮑魚や海塩などは、海産物を入手できない内陸の人びとには、ヨウ素を摂取するための重要な食品であった。ヨウ素は甲状腺にとりこまれ、人間の発育に必要なホルモンとなる。始皇帝は亡くなる直前に山東半島の渤海沿岸を通過している。第五章でふれたように、ここは古来有数の塩田地帯が続く。

さて遺体を極秘に運んだ一行は、蒙恬《もうてん》によって完成したばかりの軍事道路の直道を急いで咸陽に戻った。始皇帝にとって初めての走行であったが、すでに死を迎えていた。先述のように、最後の第五回巡行のルートは、結局もっとも長い距離を移動するものとなる。巴蜀を除く秦帝国全土を回り、北は匈奴との国境、南ははじめて長江を越えて呉越の地に入った。始皇帝はみずからの死の不安をかかえながら、まわりには巡行を通して中華帝国の帝王としての威信を示し続けようとしたのだろう。この行程のあいだずっと、胡亥、趙高、李斯らは死せる始皇帝を生きるがごとく扱った。つまり始皇帝の死を知らない人びとには、まだ始皇帝は生きていた。同行する臣下を欺けば、地方の人びとに知れることはない。長城では始皇帝が匈奴を威嚇することになっていたはずである。始皇帝の死を匈奴に知られれば、匈奴がいつ長城を越えて来るかわからない。匈奴をもだましながら、一行は直道に入って、一気に咸陽に向かった。

扶蘇と蒙恬のいる上郡を通過したころであろうか、趙高らは二つの偽詔を明らかにした。胡亥を太子とし、扶蘇と蒙恬には使者を送って死罪を賜った。扶蘇はこのとき父がすでに亡き身であることなど思いもよらず、父をかつて諫めた不孝を理由に剣を賜ると、素直に自害した。蒙恬は事態を怪しみ、陽周の地に監禁された。

咸陽に戻ってから喪《も》を発表した。大行《たいこう》の喪礼が行われた。皇帝が亡くなってまだ諡《おくりな》がないときには大行という。太子となった胡亥が即位し、新たな皇帝となった。二世皇帝といういいかたは諡号《しごう》に代わる死後の称号であるので、あくまでも胡亥が皇帝であり、目の前の棺に収められた亡き始皇帝は大行であった。公式には埋葬されてはじめて始皇帝と呼ばれるようになる。

『趙正書』の語る新たな故事

以上の始皇帝の死にまつわる顚末は『史記』によっている。ところが、よく知られたこのストーリーをまったく否定する史料が登場したのである。

先述のように、新たに発見された『趙正書』には、『史記』の内容をくつがえすような秦王趙正の故事が五〇枚の竹簡に約一五〇〇字記載されていた。『趙正書』では始皇帝は統一後も秦王であり続けたとし、皇帝として認めていない。この書が描く始皇帝の死は以下のようである。秦王（始皇帝）は平原津ではなく柏人《はくじん》の地で重篤となった（図7―4参照）。このとき秦王は涙を流しながら左右の者に忠臣とよびかけ、後継者について議論させている。丞相李斯と御史大夫の馮去疾《ふうきょしつ》は、遠路の巡行のなかで臣下たちに詔を下すと、大臣たちの陰謀を引き起こしてしまうこともあると恐れ、胡亥を内々に後継者として選ぶようにと提案した。秦王自身の裁可《さいか》のあと、秦王は亡くなり、胡亥が即位した。始皇帝の死去の場所は明らかではないが、柏人は沙丘の西であるので、少なくとも沙丘ではない。つまり、この故事には長子の扶蘇は登場せず、始皇帝自身が胡亥を正式に後継として認めたことになる。

『趙正書』が武帝の晩年に編纂された『史記』よりも早い武帝前期の書であれば、司馬遷もこの書の存在は知っていた可能性はある。だが司馬遷は胡亥後継の故事をとらず、扶蘇後継の故事を選んだことになる。始皇帝に関わる故事は数多く伝わっており、司馬遷も選択に迫られた。『史記』に異説を併存させることもあれば、異説を排除する場合もあった。始皇帝の後継をめぐっては長子扶蘇と末子胡亥をそれぞれ支える勢力の対立もあったと思う。前者が蒙恬・蒙毅《もうき》の一族、後者は李斯と趙高らであった。『史記』のストーリーは前者の敗者の立場で書かれている。『趙正書』は後者の立場で書かれている。司馬遷は前者を選び、勝者項羽、劉邦につなげていった。

ともかく、『趙正書』竹簡の発見によって、始皇帝の死をめぐっては、『史記』の記述を全面的に信頼することはできなくなったので、遺詔の問題も、先述の丙寅の死の謎も、すぐに決着させることは難しい。『史記』が始皇三六年に記述している「今年祖龍死す」の予言も一年前ではなく死の年の始皇三七年に起こっている可能性もでてきたが、これについては今のところ手がかりはない。いずれにせよ、私たちは新たに発見されていく史料から目が離せなくなった。

第八章　帝国の終焉
――永遠の始皇帝

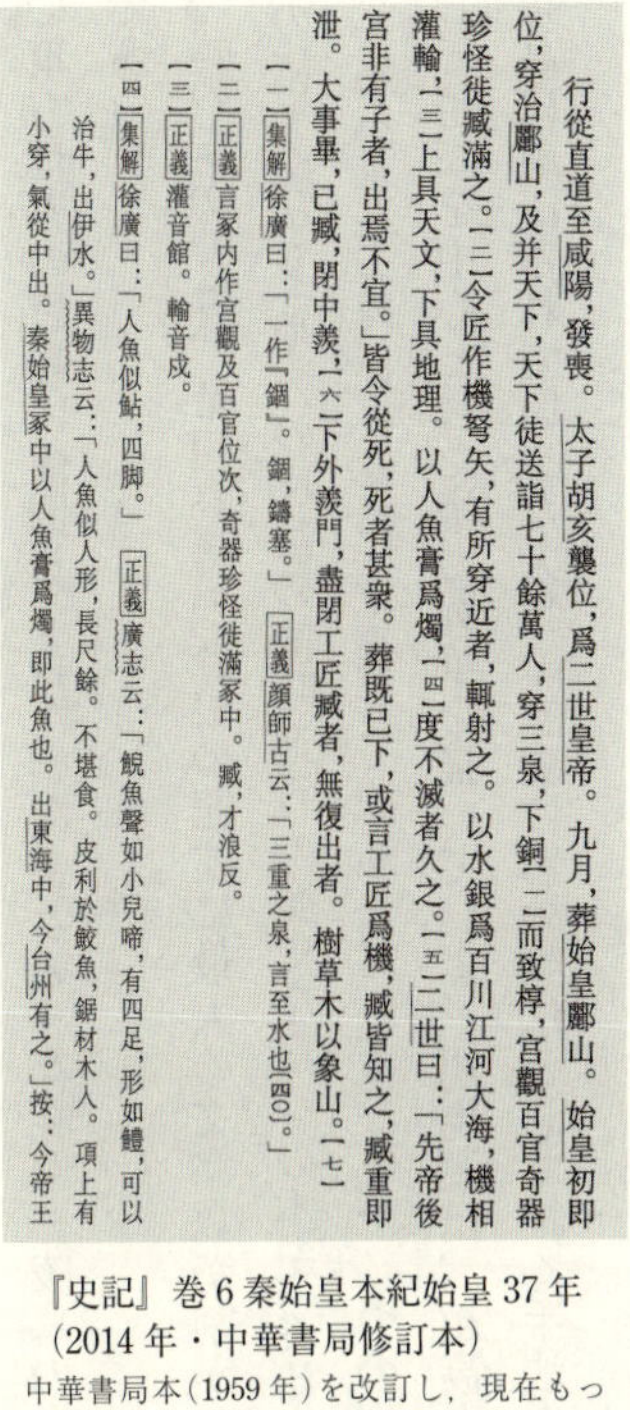
行從直道至咸陽，發喪。太子胡亥襲位，爲二世皇帝。九月，葬始皇酈山。始皇初即位，穿治酈山，及并天下，天下徒送詣七十餘萬人，穿三泉，下銅〔一〕而致椁，宮觀百官奇器珍怪徙臧滿之。〔二〕令匠作機弩矢，有所穿近者，輒射之。以水銀爲百川江河大海，機相灌輸，〔三〕上具天文，下具地理。以人魚膏爲燭，〔四〕度不滅者久之。〔五〕二世曰：「先帝後宮非有子者，出焉不宜。」皆令從死，死者甚衆。葬既已下，或言工匠爲機，臧皆知之，臧重即泄。大事畢，已臧，閉中羨，〔六〕下外羨門，盡閉工匠臧者，無復出者。樹草木以象山。〔七〕

〔一〕集解 徐廣曰：「一作『錮』。錮，鑄塞。」正義 顏師古云：「三重之泉，言至水也〔四〇〕。」

〔二〕正義 言冢內作宮觀及百官位次，奇器珍怪徙滿冢中。臧，才浪反。

〔三〕正義 灌音館。輸音戍。

〔四〕集解 徐廣曰：「人魚似鮎，四脚。」正義 廣志云：「鯢魚聲如小兒啼，有四足，形如鱧，可以治牛，出伊水。」異物志云：「人魚似人形，長尺餘。不堪食。皮利於鮫魚，鋸材木入。項上有小穿，氣從中出。秦始皇冢中以人魚膏爲燭，即此魚也。出東海中，今台州有之。」按：今帝王

『史記』巻6秦始皇本紀始皇37年
(2014年・中華書局修訂本)

中華書局本(1959年)を改訂し，現在もっとも利用すべきテキスト.

即位した二世皇帝は父始皇帝を埋葬し、始皇帝の陵園の完成を急いだ。『史記』秦始皇本紀には地下宮殿の様子が語られている。陵墓自体は発掘されていないが、『史記』の文章とリモートセンシングの方法により地下の様子を再現することができる。それによると始皇帝の遺体が眠る地下世界には始皇帝が生前巡行した世界が再現されている。宇宙の中心に身を置こうとしながらも、一方で東方世界の思想に傾倒してきた始皇帝という存在が、陵墓のありようからもうかがえるのである。

じつは、『史記』秦始皇本紀のなかでは、帝国終焉の歴史の記述に最大の文字数が割かれている。さらに秦王朝内部の権力闘争と地方の反乱の同時進行の歴史を三つの本紀（秦始皇本紀・項羽本紀・高祖本紀）と一つの世家（陳渉《ちんしょう》世家）に重複して記述している。また二つの列伝（李斯《りし》列伝・蒙恬《もうてん》列伝）を通じて趙高《ちょうこう》を中心とした権力闘争を描いている。司馬遷は、趙高を正面から列伝に立てずに、趙高に粛清されていった人物の歴史に影の列伝として描く手法をとった。

最終章となる本章では、亡き始皇帝をめぐって動いていった帝国の終焉となる三年の歴史をふりかえる。陵墓に埋葬された始皇帝は、人びとの心の内には先帝としてまだ生きていた。

『史記』に見る始皇帝陵

まず、『史記』の語るところを確認していこう。『史記』秦始皇本紀始皇三七（前二一〇）年条に始皇帝陵に関する記述がある。以下の一〇点である。①始皇三七年九月に始皇帝を酈《り》山《ざん》に埋葬した。②始皇帝が秦王に即位したときから酈山を造営しはじめ、天下を統一してからは労働力として七十余万人もの刑徒を送り込んだ。③三層の地下水脈を掘り下げ、地下水が浸透しないように銅で塞《ふさ》いで槨室《かくしつ》を作り、そこに宮中や百官の珍重された器物を満たした。④工匠に命じて器械仕掛けの弩《いしゆみ》を具え、近づく者に発射させるようにした。⑤水銀で天下の河川、江河《こうが》（長江と黄河）、大海を模し、器械仕掛けで流れるように細工した。⑥墓室の上には天文、下には地理を描いた。⑦人魚の膏《あぶら》を灯りとし、いつまでも消えることがないようにした。⑧二世皇帝が先帝の後宮で子がなかった者を外に出すのはよくないとし、殉葬させ、多くの者が亡くなった。⑨埋葬が終わると、中羨《ちゅうせん》を閉じ、外羨門《がいせんもん》を下ろし、内部の秘密を知る工匠を閉じこめた。⑩草木を植えて山を象《かたど》った。

ここでは始皇帝陵の立地（①）や外観（⑩）、造営過程（②）、地下宮殿の様子（③④⑤⑥⑦）、殉葬《じゅんそう》（⑧）などが語られている。この記述の真偽を確かめるには、考古資料が役立つ。陵墓の墳丘と

図 8-1　始皇帝陵

(図8―1)、それを取り囲む縦長の長方形の内外城(内城は南北一三五五、東西五八〇メートル、外城は南北二一六五、東西九四〇メートル)が現存しており、墳丘の中心の地下に始皇帝は埋葬されているが、まだ発掘されていない。したがって地下宮殿内部の様子を直接確かめることはできない。

しかし内外城とその周囲に広がる地から、ものを埋蔵した陪葬坑《ばいそうこう》と人間を埋葬した陪葬墓《ばいそうぼ》が数多く発掘されてきている(図8―2)。一九七四年の兵馬《へいば》俑坑《ようこう》の発見以来、四〇年が経過した。現在見つかっているのは、銅車馬《どうしゃば》坑、珍獣異獣《ちんじゅういじゅう》坑、馬厩《ばきゅう》坑、動物坑、石鎧《いしよろい》坑(K9801、Kは坑kengの頭文字、四桁の数字の最初の二桁は発見年、下二桁はその年の総番号)、百戯俑《ひゃくぎよう》坑(K9901)、文《ぶん》官俑《かんよう》坑(K0006)、水禽《すいきん》坑(K0007)などである。これらの陪葬坑の存在は『史記』の記述にはなく、推計八〇〇

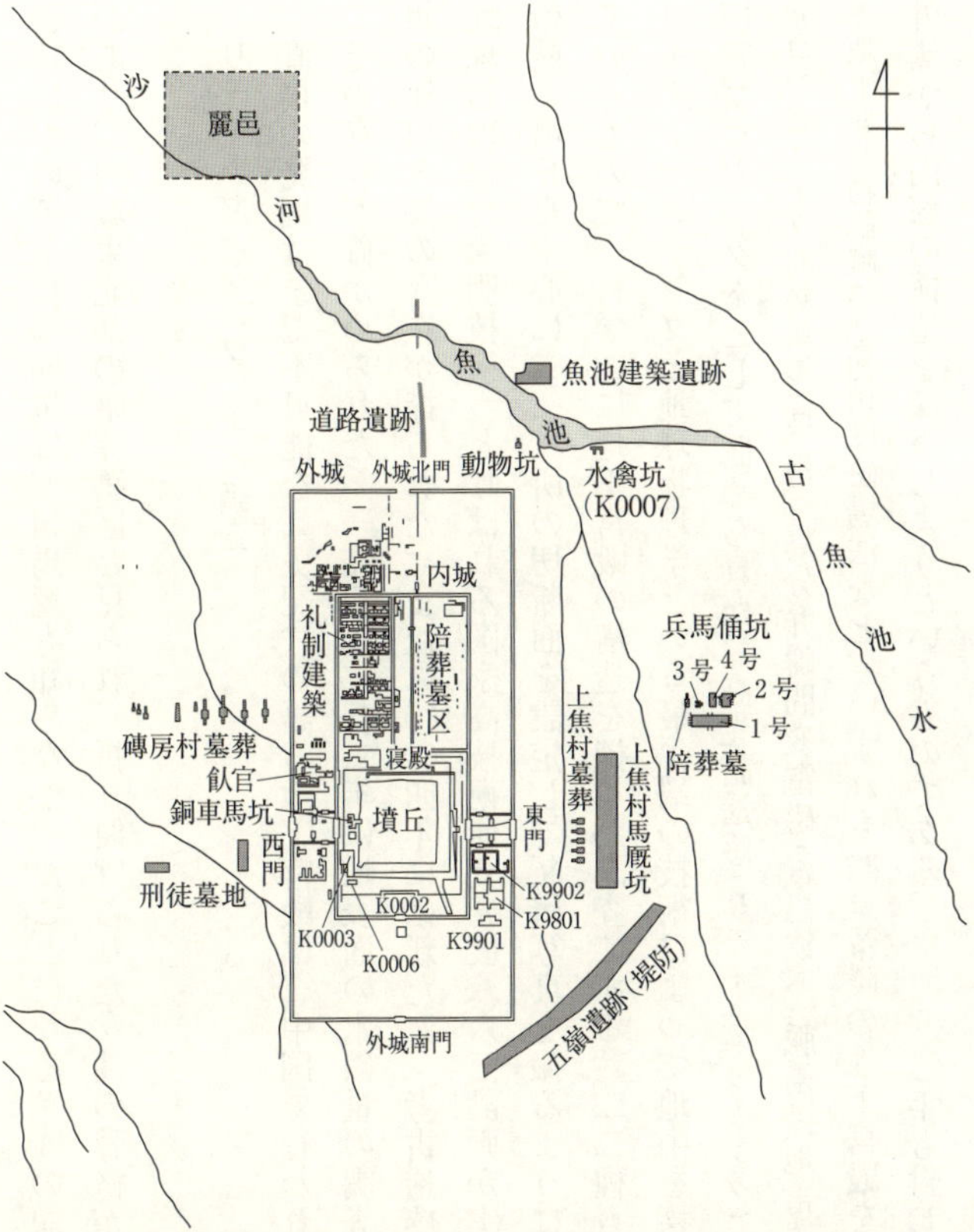

図 8-2　秦始皇帝陵遺跡平面図(2014 年，張衛星〈秦始皇帝陵博物院〉作成，一部加筆)

〇体にものぼる兵馬俑坑は、司馬遷も知らなかったことになる。⑧の記述だけは該当する遺跡があり、内城東北部の陪葬墓区と見られ、折り曲げられた女性の骨格が発見されている。

リモートセンシングによる調査

直接の発掘はまだ不可能な『史記』の語る地下宮殿は、中国で行われた科学的な探査によってその存在が確かめられた。一九八一―八二年に地表面の水銀量の調査が行われ、⑤にいう水銀の河川と海の存在が探られた。また二〇〇四年には新たに「考古遥感(リモートセンシング)と地球物理総合探測技術」と呼ばれる国家高技術研究発展八六三計画が実施された。これは始皇帝陵の墳丘を中心に二三ヶ所の切断面を設定して断層写真を撮るように地下の構造を画像化していくもので、科学的に地下宮殿の構造を探った調査である。二二種もの物探方法が採用され、リモートセンシングと地球物理学という最先端の技術によって地中を探査する研究が、中国の国家プロジェクトとして認められた。高光譜遥感(リモートセンシング)、三維弾性波CT(三次元コンピュータ断層撮影)技術、高分弁瞬間変電磁(電磁波)、脈衝探地雷達(パルスレーダー法による地下埋蔵物認識)、高精度磁場法など、いずれも始皇帝陵の地下宮殿を掘ることなく、まずは外側から内部の構造を探査しようというものである。二二〇〇年も封じ込まれてきた地下宮殿を、そのまま地上から探ろうとする試みで、その成果は調査報告書として出版された（国家高技術研究発展計画（八六三計画）・中国地質調査局聯合資助『秦始皇陵地宮地球物理探測成果與技術』地質出版社、二〇〇五年）。こうした科学探査によって、従来『史記』秦始皇本紀の文献から推測されていた地下宮殿の構造が確認されるとともに、新たな知見も出てきた。地下三〇メートルの深さに大きな空間があることのほかに、地上の墳丘の内部には階段ピラミッド状の土盛りが隠されていることも確認されたのである。

私の所属する学習院大学でも二〇〇九年から現在まで、衛星画像分析の専門機関である東海大学情報技術センターの惠多谷雅弘氏のチームとともに、始皇帝陵の自然環境を衛星画像から復元する共同研究を進めている。『史記』に記載された始皇帝陵の記述を裏付けるというよりは、司馬遷も伝えなかった新たな陵墓建造の秘密を発見するためである。

始皇帝陵の立地

まずは『史記』の記述の①に注目した。始皇帝陵のことを同時代には始皇帝陵とはいわず、酈山《りざん》（『史記』）あるいは驪山《りざん》（『漢書』）といい、自然の山岳の驪山と区別していなかったことは重要である。紛らわしいので、本書では酈山陵（始皇帝陵）と驪山（自然の山岳）というように使いわけておく。つまり始皇帝は山岳の驪山の北麓の斜面に埋葬されたのであり、そこに人工の墳丘を築きながらも、人びとはその墳丘を同じ山の名称で呼んだのである。

驪山に埋葬されたことの意味をさぐるために、私たちは各種の衛星画像を分析し、驪山の北麓の立地を詳しく検証した。まずはLandsat 7号(分解能一五メートル)、ALOS(だいち、分解能一〇メートル)、QuickBird(分解能〇・六メートル)を組み合わせて4K衛星三次元映像を作成し、驪山周辺の地形を観察した。すると、驪山を全方位で俯瞰するこの動画画像を一目みて明らかだった。驪山と渭水《いすい》とがもっとも接近した驪山の北麓には屏風のように立つ独特な地形があり、その中央に守られるかのように始皇帝陵が位置していたのである(図8―3)。

引き続いてSRTM/DEM(米国スペースシャトル搭載デジタル地形モデル・数値地形モデル)から作成した始皇帝陵の墳頂を中心とする南北、東西方向の断面図を作成した(図8―4)。始皇帝陵の場所は平地ではなく、南北方向(正確には北北西方向)に傾斜している。墳丘を囲む外城の南北の傾斜度は二度、現地の地表では雨水が勢いよく流れるほどの斜度である。始皇帝陵周辺は西北方向に古河道の痕跡が多く、CORONA画像から抽出してみると、五嶺遺跡という陵の東南にある堤防が、墳丘への河川の流入を阻止し、陵墓を守っていることがわかる。始皇帝陵の墳丘の築き方も見えてきた。標高五〇〇メートルの等高線をとってみると、始皇帝陵の所で不自

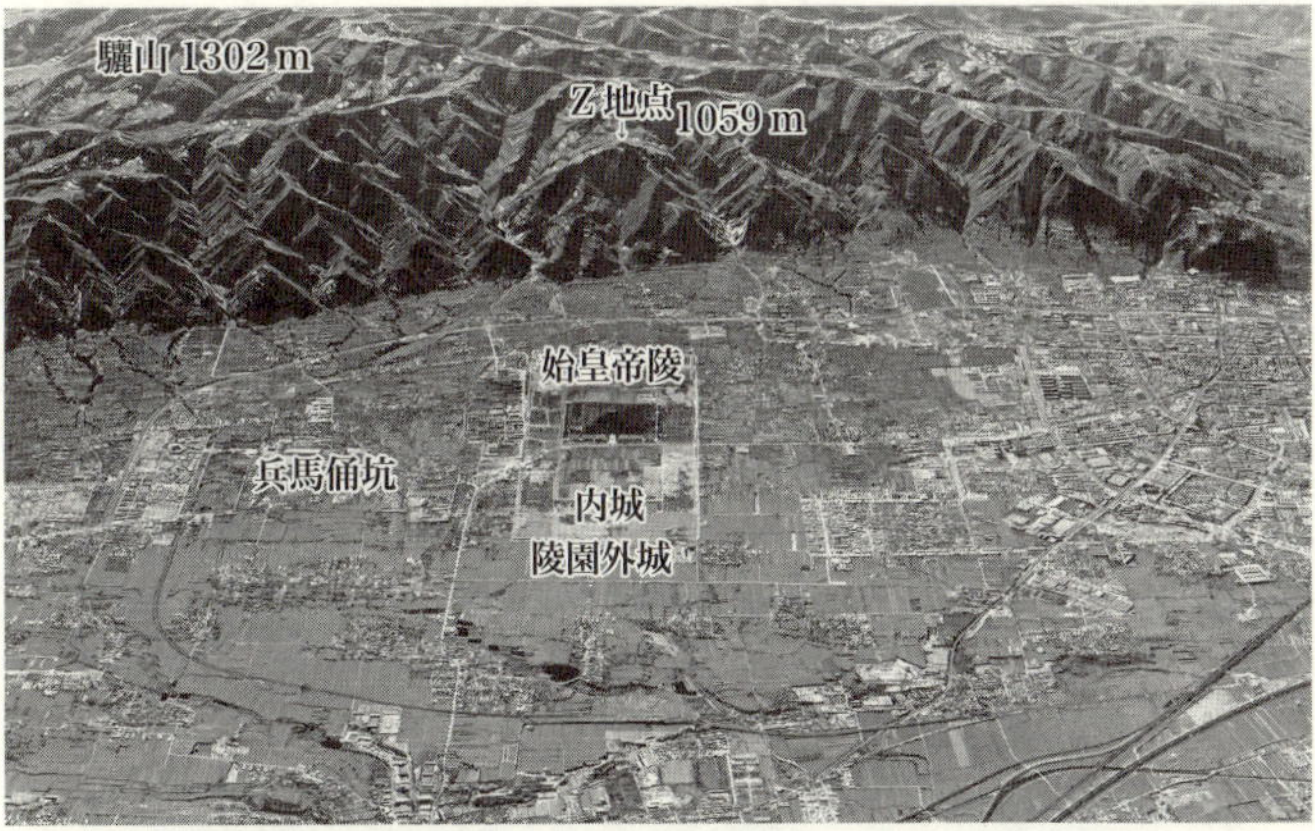

図 8-3　驪山と始皇帝陵（図の下が北）
画像処理：東海大学情報技術センター．
データ：WorldView-2　2011/01/07 および 2010/12/30 撮影データのモザイク画像（ⓒDigitalGlobe/日立ソリューションズ）

然に突出していることがわかる。始皇帝陵の基礎の水平面を出すために、驪山の麓の土壌を切り落としたのである。

驪山の斜面を利用したのは、③の記述に関わっている。始皇帝の遺体や棺、槨室が地上の温度や湿度の変化の影響を受けずに、腐乱せずに残るためには、ともかく深く掘る必要があった。地下水脈を三層まで掘り下げると地下水が流入する。この地下水を斜面に流して排出しようとしたのである。この地の地下水の深さは秦の時代の古井戸の深さから見ると一五、六メートルである。陪葬墓、陪葬坑の深さは地下水を避けてこれ以下であり、始皇帝陵の地下宮殿は三〇メートルまでわざわざ掘り下げている。『史記』には地下水を避

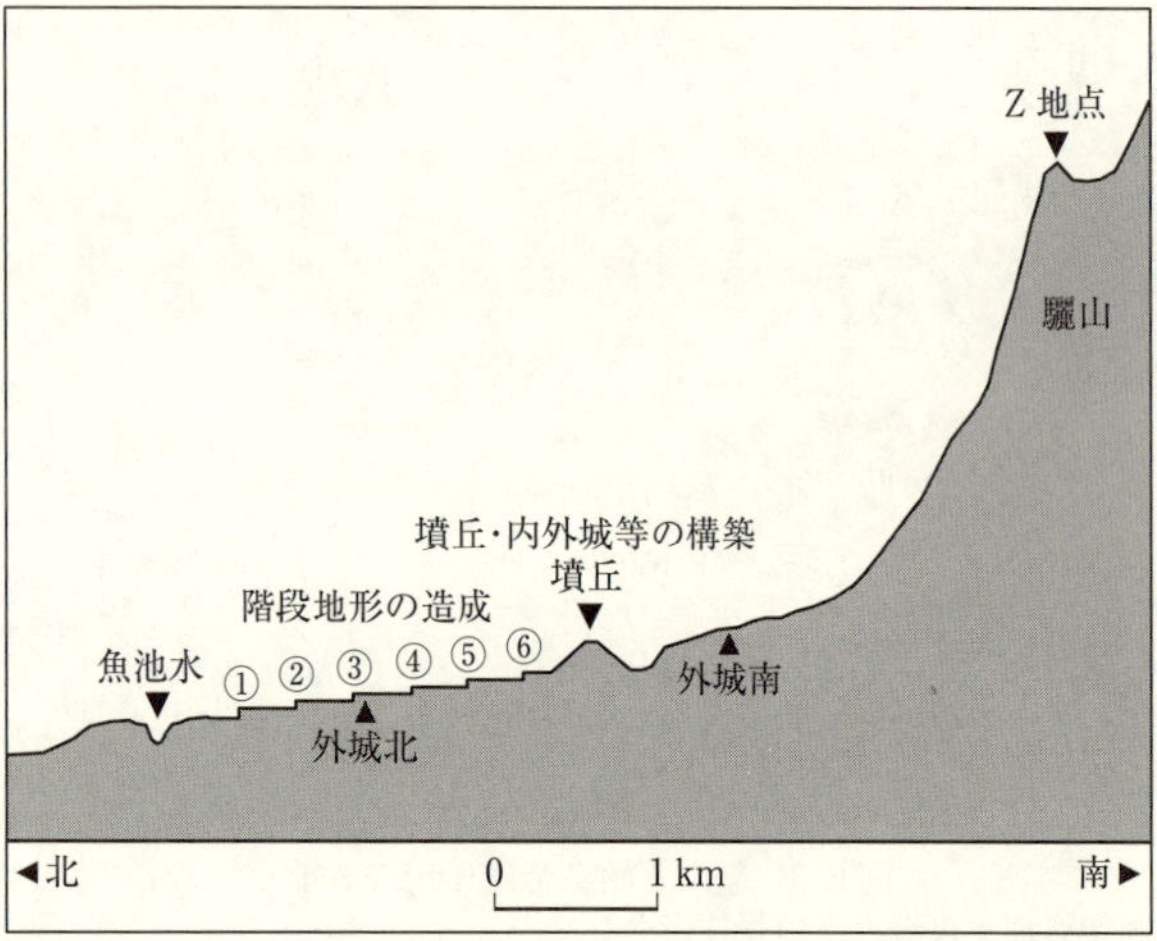

図 8-4　CORONA 画像から想定される陵園建設当時の南北中軸線上の地形断面　SRTM/DEM・ALOS/DSM データを元に東海大学情報技術センターが作成．高さは約 10 倍強調（ⓒTRIC/NASA/JAXA/PASCO）

けるために銅で塞いだというが、それだけではない。中国側の調査では地下に堤防が設けられていることがわかった。地下水は斜面を流れ、堤防によって地下宮殿に浸透することを避ける。こうして地下宮殿を地下水から守り、始皇帝の遺体を三〇メートルほどの地下に密封して収めることで、腐乱から守ろうとしたのである。

二つの驪山

次に⑩の人工の墳丘を築き、そこに草木を植えて自然の山を象るとは何を意味するのであろうか。現存する墳丘は東西三四五メートル、南北一一五メートル、高さは斜面に位置しているために南で測るほど高い。本来の大きさは東西四八五メートル、南北五一五メートル、高さは一一五メートルあったといわれる。最大限であったとしても始皇帝陵は驪山の高さにはとうてい及ばない。

私たちは当初驪山山頂に手がかりがあるかと思って調査したが、山頂から始皇帝陵は望めず、始皇帝陵からも驪山山頂が望めないことに気づいた。始皇帝陵の内城の南門から眺望に入る驪山は、東に戯水、西に華清池までの一〇キロメートルほどの山並みである。その屛風のような円弧状の山麓は左右対称であり、その中央に位置する尖った一峰が目に入った。近くの鄭家庄《ていかしょう》(Zhengjiazhuag)の村の頭文字をとってZ地点と名付け、始皇帝陵との関係をさぐっていった(図8—3参照)。

東海大学が作成した高精細の4K衛星三次元映像は、始皇帝陵の景観をどこからでも俯瞰できる。その結果、外城西壁の南北軸線を始皇帝陵の頂上に平行移動させると、その南北中軸線上にZ地点が重なることがわかった。始皇帝陵は驪山山頂ではなく三キロメートル離れた驪山北麓円弧面の中心のZ地点(標高一〇五九メートル)をランドマークとしていたことがわかる。始皇帝陵は驪山のZ地点を中心とした視界に入る一連峰と一体化した景観をもっていたのである。始広大な驪山山系全体と一体化した景観はもちようがないことから、ランドマークを決めて、そこに一望可能な景観を築こうとしたのだろうか。「自然の山」と一体化した景色を作り上げようとしたことは間違いない。

あわせてWorldView-2（米国デジタルグローブ社の地球観測衛星、分解能約五〇センチメートル）画像で精度をあげて南北軸を確認すると、現在の地図上の真北方向よりも東に一・四度傾いていることがわかった。墳丘を囲む内外城や、兵馬俑坑などの多くの陪葬坑も同じであった。これは二二〇〇年前の北極星の位置に合致し、それを基準に南北を測定したのであろう。

広がり行く陵園の空間

さらに共同研究者の惠多谷雅弘氏は、墳丘の南北軸と直交する東西方向に重なる地形の直線をCORONA画像から探しだした。南北軸が東偏しているので、東西線も地図上の東西とはずれている。六本の東西直線はともに外城の外、墳丘の北にあった。私たちは即刻現地で確認すると、約二—三メートルの段差をもつ階段状の地形であることがわかった（図8—4参照）。一九六〇年代のCORONA画像は、まだ当地で行われた開発の影響を受けていない。つまりこの階段状の整地が、陵墓建設の一環として行われた可能性がある。

司馬遷は始皇帝陵の墳丘とそれを囲む内外城の存在を知っていたはずである。しかし外城外の地下に設けられた数多くの陪葬坑については、すでに知るところではなかった。始皇帝陵の陵園が外城外のどこまで広がっているかはまだ確定しがたい。兵馬俑坑は外城の東一・五キロメートルも離れた地点にあった。衛星画像から発見した外城外の階段地形は、驪山北麓の斜面を階段状に整地し、水平面を割り出してから陪葬坑などを作った痕跡であろう。現在でも傾斜地に建築をする場合、まずは水平の土地に整地する。古代でも同じことを行ったまでのことである。ここに何らかの遺構が人知れず埋もれている可能性が大いにある。

始皇帝陵の北には麗邑《りゆう》という都市や魚池《ぎょち》という湖沼があった（図8―2参照）。墓葬地は居住地の都市と切り離すのが一般的であったが、始皇帝陵にはすでに始皇一六（前二三一）年に麗邑が置かれ、始皇三五（前二一二）年には三万家を麗邑に移住させていた。始皇帝が生きているときに、すでに巨大都市が建設中の墓葬地の近くに作られていたのである。「酈邑《りゆう》に葬る」（秦始皇本紀の附録の『秦記』の記事）といういい方は、酈《りょう》（麗）邑《ゆう》と驪山陵とが一体であったことを意味している。始皇帝に始まったこの制度は前漢では陵邑といい、受け継がれていった。一九八八年、新豊鎮劉家寨《しんぽうちんりゅうかさい》で麗邑の建築遺構が発見されている。漢代になっても高祖（劉邦《りゅうほう》）はこの都市を重視し、新豊県として引き継いだ。

魚池は、始皇帝陵の墳丘の土を掘り出した場所に水が溜まった池と伝えられるが、始皇帝陵と麗邑の間に位置し、いろいろな機能があった。始皇帝陵へ河川の流入を避ける遊水池であり、麗邑に居住する人びとの給水源であり、さらには地下宮殿への地下水の浸透を避ける貯水池でもあった。池のほとりの地下には水禽坑が発見されており、青銅製のハクチョウ、ツル、マガンなどの鳥類が地下の水辺に立ち並んでいた。地上の魚池の光景を彷彿とさせる。

水銀の流れる永遠の世界

秦始皇本紀始皇二七（前二二〇）年条によれば、この年、始皇帝は咸陽の極廟から酈山まで（図8—5）道路で連結させたとされる。さらに始皇三五（前二一二）年条には、阿房宮の造営や麗邑への移民とならんで咸陽や始皇帝陵のほぼ真東、一〇〇〇キロメートルも離れた東海の海辺に東門を置いた。都と陵墓と帝国の東門を直線で結んだのである。この東門の彼方は不老不死の三神山の世界である。その地上の壮大な空間は、地下宮殿のなかにも凝縮して表現されている。

中国側の物理探査では、地下宮殿の大きさは東西一七〇、南北一四五メートル、墓室は東西八〇、南北五〇、高さ一五メートルとされている（図8—6）。墓室の周壁は石灰岩で守られ、周囲は一六—二二メートルの厚い版築の土壁で覆われているらしい。秦始皇本紀の⑤の記述にあるように、その地下宮殿の内部に、水銀によって、全国の河川が長江と黄河に注ぎ、それらが東の大海に流れるしくみを再現する器械仕掛けをしたという。鉄よりも重い比重(二〇度で一三・五四)で、常温で液体の金属は重々しく流れる。

墳丘の地表の水銀調査の図のなかに地下宮殿と墓室の位置を重ねてみた。地下の墓室内の東北部で二八〇ppb(一〇億分の一グラム、ナノグラム)と高く、地下宮殿の南側にも広がっている。水銀はすべて蒸発したわけではないので、地下宮殿には今でも大量の水銀が液体のまま残されているはずである。⑥にあるように、墓室の上にも天文、下には地理を描いたという。始皇帝みずからが巡行で訪れた地理すなわち山岳の世界が壁画で表現された。天文は北極星を中心にめぐり、河川は絶えず西方の山岳から流れ、東方の海に注ぐ。こうした永遠の世界のなかで始皇帝の遺体を残そうと考えたのである。そして⑦にあるように、人魚(ジュゴンのような海棲哺乳類の脂か)の厚い皮下脂肪の膏で永遠に灯りを灯し続けようとした。

兵馬俑坑の発見

一九七四年三月、春の旱魃のため、臨潼《りんとう》県(現西安市臨潼区)西揚《せいよう》村の柿の木の果樹園で井戸掘りが行われていた。一メートル掘ると赤い堅い土の層に行き当たり、五メートルまで掘ったところで不思議な陶片が出てきたという。当初は始皇帝陵と関連するものとは考えられなかっ

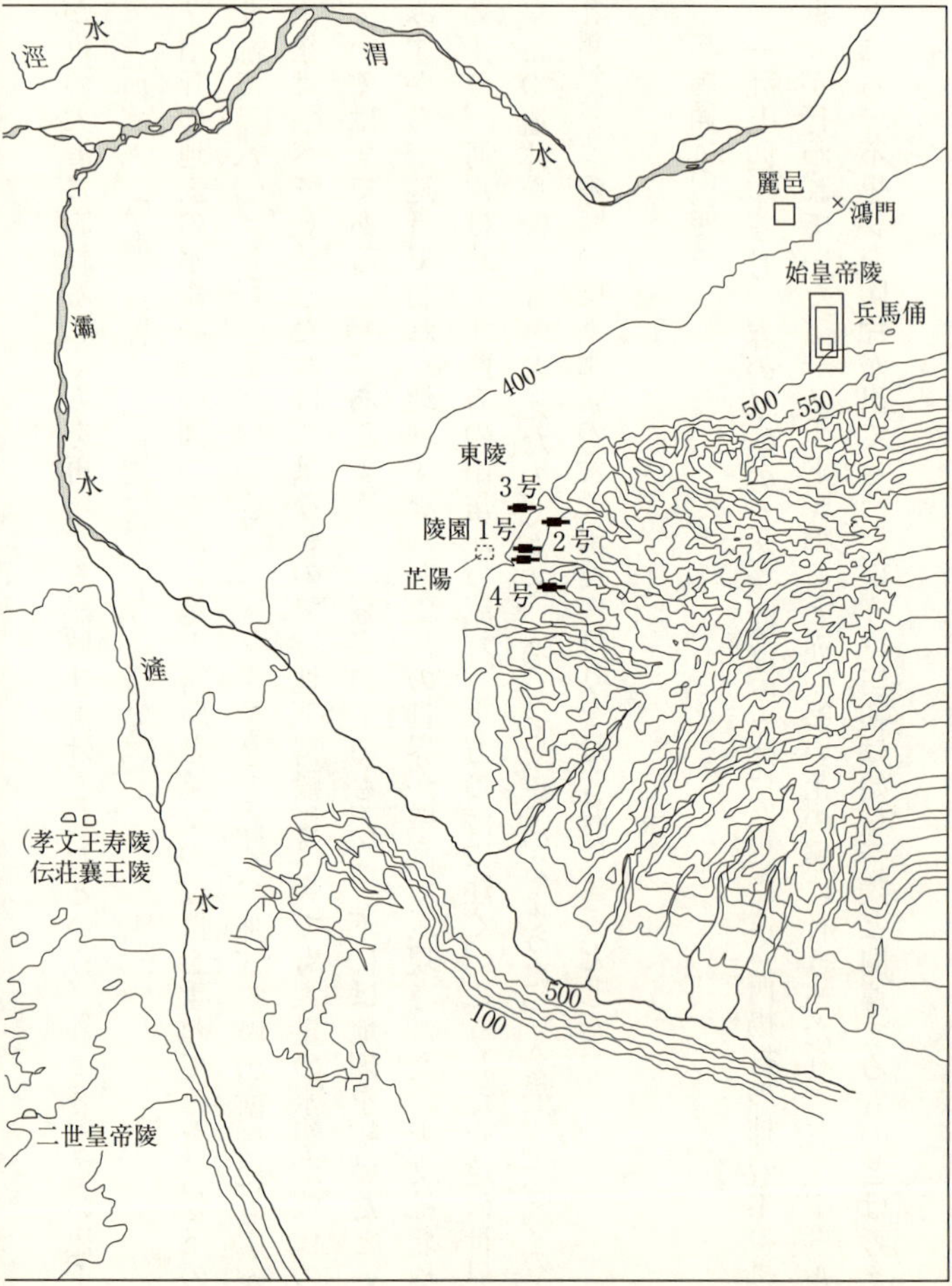

涇
水
渭
水
麗邑
鴻門
始皇帝陵
兵馬俑
灞
水
400
500
550
東陵
3号
陵園
1号
2号
芷陽
4号
滻
水
(孝文王寿陵)
伝荘襄王陵
500
100
二世皇帝陵

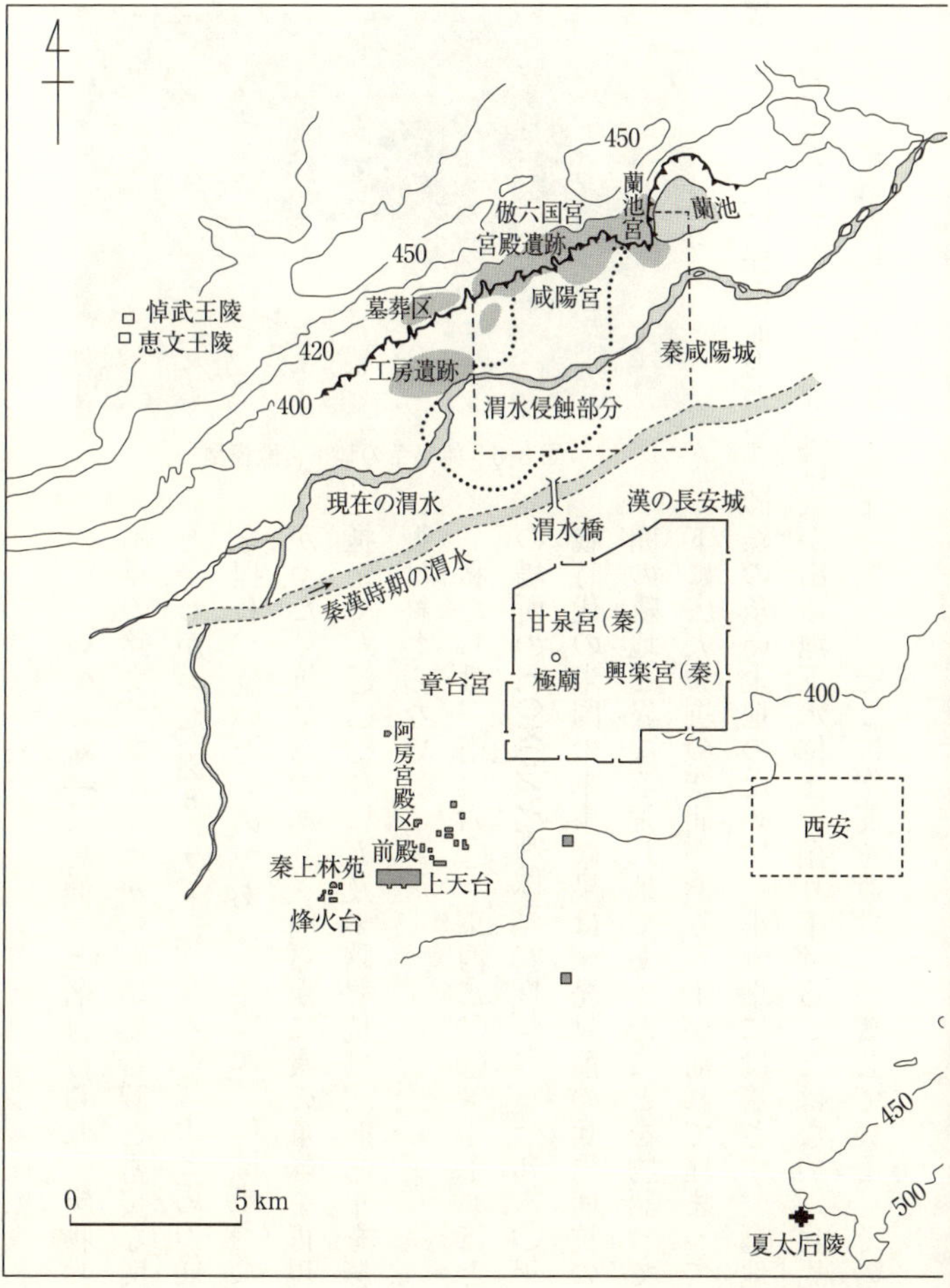
450
蘭池宮
蘭池
倣六国宮
宮殿遺跡
450
咸陽宮
墓葬区
悼武王陵
恵文王陵
420
秦咸陽城
工房遺跡
400
渭水侵蝕部分
現在の渭水
漢の長安城
渭水橋
秦漢時期の渭水
甘泉宮(秦)
極廟
興楽宮(秦)
章台宮
400
阿房宮殿区
前殿
秦上林苑
上天台
烽火台
西安
450
500
0
5 km
夏太后陵

図 8-5　咸陽と始皇帝陵

図 8-6　始皇帝の地下宮殿模型

たが、いつしか「兵馬《へいば》俑《よう》」と名付けられ、実物兵器に相邦呂不韋の銘文があることからも始皇帝陵と密接な関係があることがわかった(図8—7)。等身大の兵士と馬の俑、黄土の土を捏ね、焼いたものである。『史記』にはまったく記載がなかった。坑は三つあり、明らかに秦の軍隊を再現したもので、推定で八〇〇〇体にも及ぶ陪葬坑は、四〇年を経てもまだ発掘は終わらない。

私たちは、南北六〇、東西二〇〇メートルほどの兵馬俑坑の場所のCORONA画像を分析した。一九六〇年代の米ソ冷戦時代の米国の軍事衛星は、発見前の兵馬俑坑の場所が、周囲の耕地と異なる荒れ地であったことを物語ってくれた。地下に広大な坑の空間があり、土が崩れて埋まってしまったとはいえ、土壌に保水能力がなく砂礫の多い土地のために、小麦畑には適さず、墓地や果樹園として利用されてきた。陪葬坑は水が出る地下水位まで掘り下げることはない。兵馬俑坑で五メートル、銅車馬坑で八メートルまで掘り、そこに空間を設けて埋蔵している。そのため地表から一メートルも掘れば陪葬坑の天井の版築の堅い層に当たる。陪葬坑の地上の土壌には何らかの痕跡が残る。衛星画像の分析から、第二の兵馬俑坑の発見も夢ではない。ただしそのときには兵馬俑坑は始皇帝陵の東方に唯一設けられたという定説を覆すことになる。

図 8-7　兵馬俑坑

二号坑からは、鮮やかに彩色された兵士俑が続けて発見された。これまで土色の兵馬俑に慣れていた私たちには異様なものであった。生き生きとした等身大の兵馬俑は、始皇帝の前にも後にも類例がない。なぜそのようなものを作ったのだろうか。

秦ではすでに献公《けんこう》（在位前三八五―前三六二）の時代、献公元（前三八四）年に殉葬《じゅんそう》の制度は廃止していた。王が死去すれば近臣や女官たちが服毒させられて王の墓のなかに埋葬される。王が愛用していた車馬も生き埋めにされる。それが殉葬の制度であった。一人の王の時代を王の周囲の人びととともに地下に封じ込めることを意味した。秦の旧都雍城《ようじょう》の南にある秦公《しんこう》一号墓では、一六二人も殉葬させられていた。秦の武公（在位前六九八―前六七八）には六六人、穆公《ぼくこう》（在位前六六〇―前六二一）には一七七人も殉葬者があったことを『史記』は伝える。また穆公が秦の三人の良臣を殉死させたことを秦人が哀しんで黄鳥《こうちょう》の詩を作ったことにも言及している。その後に生まれた孔子も、こうした殉死を批判した。

その孔子が同時に俑《よう》（ひとがた）を批判していたことはあまり知られていない。孔子の「始めて俑を作りし者は、それ後《こう》なからんか（子孫が滅びてしまう）」のことばは『論語』にはなく、孔子を継承した戦国時代の孟子が伝えたものである（『孟子』梁恵王章句《しょうく》上）。孔子は人間に似た俑を埋めることが忍びなかったのだという。ここには生身の人間の殉死に代わって埴輪を作ったという『日本書紀』に見えるような発想はない。等身大で生身の人間を忠実に写し取った秦の兵馬俑をもし孔子が見たとしたら、ひどく哀しんだことであろう。人の魂を移したようなリアルな俑を作るべきではないというのが儒家の思想であった。また、一九七四年の兵馬俑の発見によってはじめて始皇帝陵と俑とが結びついたが、一四世紀の日本の軍記物語『太平記』において、すでに始皇帝陵の殉葬に言及する箇所で孔子の俑への発言を引用しているのは興味深い。

引き裂かれた遺体

さて、始皇帝の死後の秦に話をもどそう。趙高は二世皇帝胡亥《こがい》に、沙丘《さきゅう》の策謀を疑った始皇帝の公子や大臣たちを法のもとに断罪することを提言した。李斯列伝によれば、蒙毅《もうき》らの大臣を殺し、一二人の始皇帝の公子は咸陽の市場で死刑に処し（秦始皇本紀では六公子は杜《と》県で死刑としたとあって異なる）、始皇帝の一〇人の公主（皇女）は杜県の地で身体を引き裂く刑にあてた。いずれも公開処刑であり、まだ微力な二世皇帝の権力に服従することを大臣たちに求めたのだろう。とはいえかれらが断罪された理由は明らかではない。父始皇帝への一種の殉死の強制であったのかもしれない。

胡亥は、始皇帝陵の東の外城外にかれらを埋葬した（上焦《じょうしょう》村墓葬）。一七基のうち八基が発掘されている。その遺跡から見た凄惨な状況は、『史記』の記述を上まわる。ここでは考古学者は検死官にならなければならない。まず、一一号墓の推定三〇歳の女性は銅印から名前が陰嫚《いんまん》ということが判明し、鏡や帯鉤《たいこう》（帯どめ）を副葬し、骨格はほぼ完全であった。上下の顎骨《あごほね》だけが異様にずれており、死因は縊《い》死《し》であることがわかった。次に、一七号墓の推定年齢二〇歳の女性の骨格は、頭部と胴体部と足部が切り離されていた。一六号墓は三〇歳の男性、やはり銅印から栄禄という名前がわかった。新たな知見である。栄禄も頭骨と足部は分離していた。無防備の動脈一五号墓の三〇歳の男性の左側頭部と下顎骨の間隙に青銅の鏃《やじり》が貫入していた。

の急所を狙われた即死状態であった。一八号墓には副葬品のなかに銅剣などがあるものの、遺体は見られない。そこには『史記』には残らない事実が隠されているのであろう。すぐ東隣には実物の馬を生き埋めにした馬厩《ばきゅう》坑が九三件もある。

始皇帝の公子と公主の罪は始皇帝に対する不臣と不孝とされたため、身体を引き裂く極刑に処された。大臣たちも不臣が罪とされた。趙高は二世皇帝に新たな厳しい法律を作らせ、始皇帝の偽詔に疑念をもった人びとを処刑していったのである。天地ないしは父母から授かった五体を引き裂く刑罰は、死後の永遠の生命を断ち切る残忍なものであった。

このとき始皇帝の公子の高だけは、死刑は免れ、みずから殉死の道を選んだ。自分は先帝に対して子として孝行に務め、同時に臣下としても忠信を全うしたいと訴えた。そして酈山陵（始皇帝陵）の麓に殉葬してほしいと二世皇帝に嘆願した。これが認められ、一〇万銭を与えられて埋葬された。始皇帝陵の墳丘の西北端にある甲字形の墓葬が公子高のものだと言われているが、陪葬坑の可能性もある。他の公子とは違ってみずからの意志で始皇帝に殉じ、内城内のだれよりも始皇帝の遺体に近い場所に眠っている。

始皇帝には処刑された一二人の公子と一〇人の公主、そして高と、長子扶蘇、将閭《しょうりょ》の三兄弟、そして末子の二世皇帝胡亥、少なくとも二六人の子どもがいた。そしてかれらの母親は殉葬されずに、まだ若い後宮の女性たちが殺されたのである。始皇帝の後宮の女性はひとりの名前すら残っていない。始皇帝の母親でさえ帝太后と呼ぶだけで名前はわからない。始皇帝の皇后の名前すらもわからない。

墳丘の西側、内城と外城の間に陪葬墓がある。六一もの墓葬があり、だれも埋葬されていない形だけの空墓であるらしい。外城西にも墓葬がある。始皇帝の死後わずか三年で秦帝国は崩壊し、始皇帝の陵園も未完で終わった。本来は始皇帝に仕えた大臣や将軍たちが陪葬されるべき墓域であったのかもしれない。始皇帝に仕えた丞相の王綰《おうわん》、隗状《かいじょう》、馮去疾《ふうきょしつ》らの高級官吏たち、王翦《おうせん》、王賁《おうほん》、王離《おうり》の三代の将軍、そのほかにも始皇帝の弟の長安君成蟜《せいきょう》、王齕《おうこつ》、麃公《ひょうこう》、李信、桓齮《かんき》、楊端和《ようたんわ》、羌瘣《きょうかい》らの六国との戦争を推進した将軍たちの名前が青史に残る。秦の社稷が失われなければ、死後の始皇帝を地下で守るべき人びとであった。李斯は始皇帝の統一事業を支えながら、最期は趙高との確執のなかで咸陽の市場で腰斬《ようざん》に処せられた。かれは始皇帝陵から遠く故郷の楚の上蔡《じょうさい》の地に帰葬されたという。蒙驁《もうごう》、蒙恬《もうてん》、蒙毅《もうき》ら三代始皇帝に仕えた将軍蒙家の人びとは、始皇帝の長子の扶蘇とともに、始皇帝にもっとも信頼された人びとであった。かれらも二世皇帝胡亥と趙高に排斥され、始皇帝を地下で守ることはなかった。蒙恬も扶蘇も二世皇帝から北辺の地で死罪を言い渡された。現在伝えられる墓はともに陝西省北部の綏徳《すいとく》県にある。始皇帝自身ではなくて、二世皇帝胡亥と趙高の政治的意志によって陪葬者が選別されたのである。

影の帝王趙高

始皇帝の死後、二世皇帝の三年(二世皇帝元〈前二〇九〉年一〇月―三〈前二〇七〉年八月)と三代目の秦王子嬰《しえい》の治世四六日間は、秦帝国の崩壊に向かう歴史である。三年間の『史記』の文章量は始皇帝の時代に比べても多いし、なによりも一人一人の人間像が動乱のなかで克明に描かれている。

この三年間の歴史について、秦始皇本紀を読めば、二世皇帝、秦王子嬰の二代の宮廷の混乱した内情がわかる。一方、項羽本紀、高祖本紀を読めば、上将軍項羽と沛公劉邦の側から二世皇帝と戦った歴史がわかる。司馬遷は陳勝の反乱によって樹立されたわずか六ヶ月の楚の政権を重視し、陳渉(陳勝の字《あざな》)世家をまとめた。読み手は農具片手に秦軍に抗して立ち上がった農民たちに喝采せざるをえない。蒙恬列伝では始皇帝に信頼された蒙家一族が始皇帝の後継者扶蘇とともに、没落していく歴史に涙をさそわれる。李斯列伝も、あれほど始皇帝の政治を支えて頂点に立った男の没落ぶりに歴史の運命と悲哀を知る。どの箇所も筆の冴えた、読み応えある記述である。ただ、わずか三年の歴史を読むために、『史記』の各所を前後して読むのが煩わしい。『史記』のなかにある秦楚之際月表《しんそのさいげっぴょう》という年表を手元に置くと、年代順が理解しやすいだろう。

こうして様々な角度から秦の最後を描きながら、じつは司馬遷は三年間の秦の最後を主導した人物がほかにあることに気づいていた。しかしその人物を列伝にあげることはなく、他の複数の列伝に巧みに潜ませている。表に出したくはないものの、その人物の重要性をよく認識していた証であろう。司馬遷が依拠した史料はわからないが、始皇帝の死後、始皇帝にもっとも信頼されていた男がとった行動を、分散させて、胡亥との対話は本紀に、胡亥を通してみずからを断罪した蒙恬・蒙毅兄弟へ恨みを晴らしていく経過は蒙恬列伝に、李斯に代わって政治の中枢に駆け上っていく様子は李斯列伝に収めている。その人物こそ趙高であった。

始皇帝の後をうまく引き継いだものの、二世皇帝胡亥自身に智恵があったわけではなかった。胡亥を支えていたのは、教育係の趙高である。始皇帝の末子胡亥の年齢は二説ある。胡亥の兄弟を埋葬した上焦《じょうしょう》村秦墓の骨格から公子たちは三十代、公主たちは二十代という推定年齢が出されている。すると末子の胡亥の即位時の年齢は二〇歳に満たないことになる。『史記』秦始皇本紀では胡亥が即位したのは二一歳とするが、同じ秦始皇本紀の最後に附した『秦記』(司馬遷が本紀編纂で依拠した秦の史書)では一二歳とする。胡亥が成人か少年かによって秦帝国最末期の状況はかなり異なってくる。

『史記』のなかで、胡亥自身が趙高に向かって「朕は年少で即位したので、人民がなついていない」とこぼす場面があり、趙高も胡亥に「いま陛下は春秋に富んでいる」といい、大臣たちの前に出ずに禁中(宮中)にこもって自分に政治を任せるようにいっている。古代では十代やそれ以下の年齢で皇帝に即位したときには、臣下は皇帝に向かって年少というのをはばかり、「春秋に富む」という婉曲的な表現を用いた。前漢では一七歳の恵帝、一六歳の武帝、九歳の昭帝など少年皇帝に使用された表現で、二一歳の成年皇帝にいうものではなかった。胡亥も即位時で一二歳であったならば、始皇帝が天下を統一した前後に生まれたことになる。胡亥は一三歳で即位した始皇帝よりも、さらに一歳若くして秦帝国二代目の帝位に即いた。少年始皇帝に呂不韋《りょふい》がいたように、少年胡亥には趙高がぴったりと寄り添っていた。二代目帝王の影の存在であった。

二世皇帝のわずか三年の在位期間のうちに、趙高はまず郎中令《ろうちゅうれい》として禁中から帝命を発し、やがて丞相李斯に代わって丞相に上り詰め、内外の権力をほしいままにした。始皇帝の時代を総括して神話化し、始皇帝の地下帝国を整備したのも趙高の力によるところが大きい。嫪毐《ろうあい》と並んで悪役のイメージが強いが、悪役であればあるほど趙高という人間の実像を掘り起こしたくなる。それがまた、人間・始皇帝の解明につながる。

趙高は秦に滅ぼされた東方趙国の王族の遠縁であった。おそらく秦王趙正が趙を猛攻撃したころに両親は秦に降伏し、母親の官奴婢身分としての監禁中に趙高が生まれた。兄弟ともに秦の宮殿での雑役から身を起こした。趙高はそのような境遇でも学問を身に付けていた。始皇帝がまだ秦王であったときに趙高の法律の博識に惚れ込んで、中車府令とした。皇帝の乗輿《じょうよ》を管理する側近の重職である。皇帝が宮城を離れれば、いつも御輿《ぎょよ》に同乗することになる。

皇帝の側近として仕える官吏は、一般の官吏とは一線が引かれていた。宦者《かんじゃ》と呼ばれて宦籍《かんせき》に登録されていたのである。皇帝に宦《つか》えることに、本来は去勢された男子の意味はない。後漢以降、宦者にはいわゆる去勢された男子がもっぱらあてられたが、始皇帝の時代は一般の男子も皇帝の側近であれば宦者と言われた。唐代の人びとは趙高を去勢された宦官と断定したが、秦漢の史料にはそういうものはない。宦官の政治的弊害が大きかった唐代であったからこその見方であった。

趙高は始皇帝に二十数年も仕えた。かれは始皇帝の公子とも身近に接していた。とりわけ末子の胡亥には、人を罰するということがどのようなものであるのか教えている。始皇帝の信頼が厚かっただけに、始皇帝の死をだれよりも身近で受け止め、始皇帝亡き後の秦の政治の行方を動かすことになった。趙高は秦という国への復讐のためにみずから進んで宦者になり、始皇帝に近づいたという意見もあるが、趙高には娘婿がいることからも、それは穿ちすぎた見方であろう。むしろ始皇帝への忠誠心の強さから、少年胡亥を陰で動かしていったのだと思われる。

したがって二世皇帝胡亥が発した詔には、郎中令として皇帝の側近となった趙高の意志が読み取れる。すでにふれたように始皇帝の子を産まなかった後宮の女性たちを殉死させる命令を発したのは、始皇帝の後宮まで自由に出入りできた趙高の策といえよう。

ほかにも始皇帝の位牌《いはい》を収めた廟を極廟とし、極まさに天下の中心に据えようとしたのも趙高の智恵であろう。趙高は生ける皇帝(二世皇帝)よりも死せる始皇帝を中心とした帝国の体制を目指した。始皇帝が生きていた時代は、始皇帝といえども歴代の秦王の一人であった。歴代の秦王は遺体を収めた陵墓のほかに、位牌を収めた廟が古都雍城や咸陽に分散して置かれていた。それをいま、天子七廟という礼にならって七つに整理し、始皇帝の廟をその中心に置いていこうというのである。始皇帝の廟からはじまり、その後の皇帝の廟を左右に三つずつ並べていく。始皇帝の生前に王を超えた「皇帝」という称号が定められたが、趙高は始皇帝亡き後にそれに対応した帝者の廟を設定した。始皇帝の寝殿や廟に供える犠牲の数も増やし、全国から献上された供物が並べられた。趙高は始皇帝亡き後も、秦帝国の崩壊を、始皇帝を神格化することで乗り切ろうとしたのである。全国の官吏と民衆を始皇帝の鬼神に仕えさせる帝国を築こうとしたともいえる。その意味でも始皇帝の陵園の完成が急がれた。

始皇帝の東方巡行を二世皇帝に再現させ、始皇帝の威信を借りて二世皇帝の力を天下に示そうとしたのも趙高の策謀であった。始皇帝のときの刻石には生前の呼称である皇帝としか記されていない。横に新たな皇帝（二世皇帝）の詔書の文章を追刻し、二世皇帝の大臣の名を添えた。丞相の李斯と馮去疾、御史大夫の徳《とく》の名を刻んだが、趙高の名を表に出すことはしなかった。この文章の一部は泰山刻石の残存部分で見ることができる。趙高の意志は二世皇帝の行動として実現されていたので、あえて表に出る必要はなかったのだろう。ここではじめて始皇帝という文字を刻んだことは重要である。始皇帝が生きている間は皇帝としか称していない。始皇帝とは諡号《しごう》を嫌った秦王趙正が自ら命じた死後の称号であった。秦の皇帝の帝国が、いまはじめて始皇帝の帝国となったともいえる。

未完の帝国

しかし趙高は、始皇帝の死とともに現実の秦帝国が危機的な状況に陥ったことを知っていた。事実、始皇帝が亡くなってから三年後に始皇帝の帝国は崩壊するのである。一年目はそれでも咸陽城の拡張工事を行い、始皇帝の死で中断した未完の帝国を完成に近づけようとする余裕があった。二世皇帝を巡行に送り出し、丞相李斯に同行させた。郎中令趙高も当然随行したはずである。地下帝国の建設事業も地上帝国の建設と連動するかのように推進した。

始皇帝の未完の帝国とは、始皇帝がやり残した事業である。匈奴と百越との戦争によって始皇帝は中国の周縁世界を知り、中華帝国を実現させようと考えた。二世皇帝の巡行には、始皇帝亡き後の帝国の威容を全国に知らしめる目的もあった。帝国の中心には戦国秦の咸陽城では物足りず、新たな帝都咸陽城が必要であった。天の川に見立てた渭水を南北にまたぐようなスケールの首都が求められたのである(図8―5参照)。

趙高には地下の帝国が地上の帝国を補完しうると思えた。ところが、始皇帝の死から二年目、陳勝の農民反乱の一部隊が戦車千乗、数十万の歩兵とともに函谷関を突破して咸陽の近くまで侵入してきた。兵士を集める間もなく、始皇帝陵の建設作業は一時中断し、刑徒や奴隷たちに武器を持たせて戦わせることになる。これにとどまらず、始皇帝の死を待っていたかのように、各地の勢力が秦帝国に反旗を翻した。陳勝は張楚と称して楚王となり、それに連動した勢力が趙王、燕王、斉王、魏王、韓王を立てて兵を挙げた。このころ項羽と劉邦も兵を挙げたが、まだ表舞台に出るほどの力はなかったし、このときの秦軍はまだ優勢に出ることができた。諸王の間の連係はまだ十分ではなかったからである。秦は将軍章邯《しょうかん》を中心に反撃し、陳勝を殺した御者の荘賈《そうか》も秦に降伏し、項羽とともに立ち上がった叔父の項梁も定陶《ていとう》で秦に敗れた。

このような事態のなか、始皇帝の死から三年が経過し、趙高がいよいよ二世皇帝を排除して権力を握り、新たな帝国を目指しはじめる。郎中令は弟の趙成に任せて二世皇帝を内から抑え、自らは李斯を処刑して丞相に上り詰めた。皇帝権力の内外を抑えたことになる。あとは二世皇帝を追いつめ、皇帝の璽印を奪うだけであった。しかしこのときには、趙高に忠誠を誓う将軍も軍隊もすでに離れてしまっていた。

丞相李斯の処刑

左丞相まで上り詰めた権力者の李斯が、二世皇帝三(前二〇七)年の冬に、咸陽の市場で腰斬に処せられ非業の死を遂げた。その経過は李斯列伝に詳しい。籾山明氏は「李斯の裁判」の物語として取り上げ、創作であったとしても現実の裁判制度が反映している事件とした。近年の法律関係の出土史料から秦の時代の裁判の制度が明らかになっているので、宮中の内朝(皇帝側近の官僚)の最高権力者である趙高が、朝廷の外朝(行政官僚)の最高権力者の裁判を巧みに誘導しながら失脚させる故事も、現実性をおびて甦ってくる。『史記』の新しい読み方として重要な事例である。籾山氏の研究も参考にしながら、李斯列伝の文章をあらためて整理してみたい。

この裁判は以下の四段階に展開していく。①郎中令趙高の主導による裁判、②李斯の獄中からの上書の訴え、③二世皇帝みずからによる裁判と趙高の介入、④判決と処刑。趙高が李斯を排斥しようとしても恣意的には実行できず、一定の裁判の手続きをとらなければならなかったことは、たしかに秦の法治主義が徹底していたことの証である。

まず趙高は丞相李斯の裁判を主導した。李斯は牢獄に捕らえられ、刑具を架せられて拘束された。李斯の嫌疑は子の李由《りゆう》とともに謀反を起こしたというものであった。二世皇帝元(前二〇九)年七月に陳勝・呉広の農民反乱が起こり、その一軍の周章の軍が函谷関を越えて咸陽に迫った。三川郡守であった李由は、反乱軍の経路にありながらそれを阻止できなかった。そのことによって父であり丞相であった李斯の責任が問われたのである。李斯の一族や賓客たちも連坐の容疑者として捕らえられた。趙高は李斯を千度あまりも笞打ったところ、李斯は痛みに耐えられずに無実の罪に服した。睡虎地秦簡の『封診式《ふうしんしき》』と題する裁判の方法を論じた書によれば、自白のための笞打ちは拷問であったが、法のもとで認められていた。『史記』のこの箇所の文章は、「痛みに勝《た》えずして自ら誣服《ふふく》す（しいられて罪を認める）」といい、李斯の無実を信ずる立場で書かれている。李斯とともに二世皇帝を諫めた右丞相馮去疾《ふうきょしつ》と将軍の馮劫《ふうきょう》は死罪を受けた際に、屈辱的であるとして自殺の道を選んだ。しかし李斯は再審のための機会を得ようと、獄中から二世皇帝へ上書し、自らの心情を訴えた。しかし趙高はこの書状を破棄した。

この上書文で李斯は丞相として秦の統一事業に貢献した七つの功績を逆説的に罪として吐露し、二世皇帝に訴えようとした。ここには李斯にとっての始皇帝の統一事業が本音で総括されている。六国王を捕虜とし秦王を天子にしたこと、南北の戦争で秦の強さを見せたこと、大臣に爵位を与えて君臣の関係を固めたこと、秦の社稷と宗廟を立て、秦の君主の賢さを天下に明らかにしたこと、秦の度量衡、文章（行政文書の形式）を天下に広めたこと、馳道（国有道路）と離宮を全国に興して秦の君主の権威を広めたこと、刑罰を緩めて税を軽減し、君主と民衆の信頼を得たこと、以上が七つの罪、つまり秦に対して民衆が起ち上がっている事態の責任は自分にあるが、自分が秦に謀反を起こしたのではないと言っている。

上書文は破棄されたが、二世皇帝みずからの主導で再審が始まった。趙高はここで密かに動いた。本来は皇帝の裁判を行うために御史（侍御史）、謁者《えつしゃ》、侍中という皇帝の側近が李斯を尋問するはずであったが、趙高は息のかかった賓客にこれらの官職を偽装させて介入したのである。李斯はそのことを知らずに、彼らの前で自らの無実を訴え、本心を告白したことが、前の自白を覆すことになった。李斯はふたたび笞打たれ、最後は覚悟して罪状を認めた。罪状と刑罰の上奏が行われ、二世皇帝はこれを認めた。李由のところに使者が送られたが、すでに殺されていたので、趙高は李由の謀反の自白書を偽造した。判決は五刑を加えた腰斬《ようざん》を咸陽の市場の人びとの面前で実施することになった。黥《げい》（いれずみ）、劓《ぎ》（鼻切り）、斬左右止《ざんさゆうし》（止は趾《し》〈あし〉、左右の足きり）を行った上で、最後に腰斬によって息の根を止める、前例のない何とも惨い処刑であった。こうして趙高は、二世皇帝三年冬、丞相の地位を得た。

二世皇帝の最期

その後、二世皇帝三（前二〇七）年八月、趙高はついに皇帝の地位を狙いはじめた。それは二世皇帝に鹿を献上することから始まった。鹿は皇帝権力を象徴する動物であり、秦では追い求めて捕らえた鹿を失うことは忌避されていた。そのような鹿を献上されれば二世皇帝も喜ぶはずである。しかし趙高は臣下たちの面前で鹿を馬と言った。少年皇帝は眼前の鹿を馬と言いくるめる丞相趙高を笑うほかなかった。皇帝の側近の者たちは黙し、趙高にへつらいその鹿を馬という者もいたが、正直に「鹿である」と答えた者は密かに趙高に罰せられた。こうして趙高は二世皇帝を退位させ、より民望のある二世皇帝の兄の子である子嬰を立てる策略を実行した。

ちょうどこのとき、項羽が秦の将軍王離を捕らえ、章邯を追い込み、六国の王が立ち上がったという報が入った。この難局を乗り切るには皇帝の首をすげ替えることが得策だと趙高は考えた。陳勝が立ち上がったときに、二世皇帝よりも始皇帝の長子の扶蘇を支持する者があった。趙高は秦帝国の頂点を子嬰に替えれば民衆の反乱を抑えることができると考えたのかもしれない。趙高は女婿の咸陽令閻楽《えんらく》に命じ、千人あまりの兵士を率いて望夷宮《ぼういきゅう》に押し入り、二世皇帝に死を迫った。二世皇帝が人びとを誅殺してきたことが天下の混乱を招いたという理由をつけ、天下のために皇帝を誅殺することを伝えた。それを受け、二世皇帝は自殺した。趙高は二世皇帝の埋葬地として杜県の南、宜春苑《ぎしゅんえん》のなかを選び、黔首《けんしゅ》（庶民）の礼で埋葬する。二世皇帝胡亥は一二歳で即位し、一五歳で短い生涯を終えたのである。

西安市南郊外、父始皇帝の陵からは三五キロも離れた所に、高さわずか五メートル、直径二五メートルばかりの小さな円墳が現在でも残されている（図8―5参照）。暗愚で無能な皇帝という評価を下すには若すぎる。むしろけなげに父始皇帝のあとを見届けた少年皇帝であった。胡亥は趙高に、兄扶蘇を廃して弟が立つのは不義であり、父の詔を奉じないで死を恐れるのは不孝であると述べたことがある。前漢武帝のときの司馬相如《しばしょうじょ》は、宜春苑の曲江《きょくこう》の泉池に二世皇帝の荒れた墳墓を見て賦《ふ》を詠み、二世皇帝の魂のよりどころのないことを嘆き悲しんだ。唐の時代この地は長安城の東南角に当たり、曲江池として皇帝以下多くの人びとが訪れた。宦官の弊が顕著であった唐代だからこそ、趙高は刑余の人(宦官)であると断定され、秦を亡ぼした張本人であるとされた。それだけ二世皇帝には同情的であったのかもしれない。

秦王子嬰

趙高は倒れた二世皇帝の身体から璽印を引き寄せて自分の身に帯びようとした。このときの二世皇帝は始皇帝から受け継いだ皇帝の璽印を保持していた。趙高がこれを帯びたならば皇帝趙高の誕生となる。趙高の胸の内では皇帝になることを十分意識していたと思う。しかし趙高の権力を恐れても、趙高が皇帝になることを認める者が誰一人としていなかった。趙高はやむなく子嬰に璽印を渡すことにした。

子嬰は二世皇帝の兄の子であると秦始皇本紀はいい、李斯列伝では始皇帝の弟とする。『史記』のなかではこのような記述の矛盾はいくらでもある。前者の説が無難である。趙高はその子嬰に素直に皇帝の璽印を渡さなかった。亡き二世皇帝を皇帝から庶民に下し、子嬰に対しても始皇帝の宗廟の前で皇帝ではなく秦王の璽印の方を授けようとした。始皇帝は王の時代には秦王の璽印、皇帝になってからは皇帝の璽印を所持していた。趙高は、秦はもともと王国であり、始皇帝が天下に君臨してから皇帝と称したが、六国がふたたび自立したからには、王にもどるのがよいと考えたのであった。信頼した始皇帝だけを皇帝として青史に残そうと趙高は考えたのかもしれない。

しかし子嬰の耳には、趙高が沛公劉邦と通じ秦を滅ぼして関中の王になろうとしているという報が入ってきた。斎宮《さいきゅう》を出て王璽を受け取りに宗廟に赴けば、無防備の宗廟のなかで殺される。子嬰は二人の子と策謀し、逆に斎宮で趙高を待ちうけて刺殺した。そしてその後、子嬰は即位したもののわずか四六日で沛公劉邦に降伏した。首には縄紐を懸け、白馬と飾りのない車を引いて降伏の意志を伝え、皇帝の璽印と割符を持って沛公劉邦を迎えた。そして一月あまりたって子嬰は秦の公子たちや一族とともに項羽に殺された。子嬰は皇帝ではなく秦王にとどまったとされるが、皇帝の璽印を堅持しており、みずからは三代目の皇帝としての自負があったのだろう。始皇帝に始まった皇帝位は趙高から遠のき、ここで劉邦に託されることになった。

劉邦はまだこのとき漢王にもなっていなかったが、一時的とはいえ秦の子嬰から劉邦へ禅譲が行われたのである。

結局秦帝国は始皇帝に始まり孫の子嬰で終わった。地下帝国の夢もこのときに終わった。項羽に殺された子嬰はどこに眠っているのであろうか。子嬰の墓と伝えられるものは始皇帝陵の北方にあることが近年わかった。二〇〇三年、始皇帝の陵園の西北隅から西に五〇〇メートルのところにある陪葬墓の発掘が行われた。六基のうち五基は甲字形墓(墓室に一本の墓道)、一基が中字形墓(墓室に二本の墓道)である。中字形墓は墓道を含めた南北の全長は一〇九メートル、墓室は幅二六メートル、深さは一五・五メートルにもなる。袁仲一《ユエンチョンイ》氏はこのような王墓クラスの大墓の主は秦王子嬰である可能性が高いという。

子嬰を埋葬したことは『史記』には記録されていない。子嬰の死とともに秦帝国は終焉を迎えたからである。しかしもしこの墓葬が子嬰のものであるとすると、いったい誰が埋葬したのであろうか。子嬰とともに秦の最後の公子や王族たちは項羽に殺された。子嬰を埋葬したのは劉邦である可能性が高い。劉邦は子嬰が降伏したときに、将軍たちの秦王子嬰を誅殺せよという声を制止し、子嬰を生かした。始皇帝の陵園は秦帝国が崩壊した後も劉邦の時代まで引き継がれていた。劉邦が始皇帝陵に墓守を置いたことはよく知られている。

エピローグ――秦都炎上

前二〇六年、関中に入った劉邦と項羽は鴻門《こうもん》の地で会見した。ここは始皇帝陵の真北に位置し、渭水と驪山がもっとも接近しているので、秦からすれば秦都咸陽の喉元を押さえられたようなものだった。始皇帝陵の頂に登ると、鴻門と渭水の川面がかすかに見渡せる。始皇帝陵の西北に置いた麗邑《りゆう》の都市も鴻門のすぐ近くにあった。多くの秦の人びとが、二人の軍勢に圧倒されたことだろう。

項羽も劉邦も生ける始皇帝と戦ったわけではなかった。二人は生前に始皇帝と出会い、権力者始皇帝を意識しながらも、天下を争った相手は始皇帝亡き後の二世皇帝であった。しかし二人が関中に入ったこのときは二世皇帝胡亥もすでに趙高に殺され、趙高は子嬰を秦王に立てたが、その趙高も子嬰に殺されていた。

沛公劉邦の一〇万の兵は秦都咸陽を背に灞水《はすい》のほとりにとどまり、上将軍《じょうしょうぐん》項羽の軍四〇万は戯水の西の鴻門にとどまった。このときの二人はまだ王にもなっていなかった。西楚覇王《せいそはおう》項羽と漢王劉邦の戦いは秦帝国崩壊後に始まる。このとき沛県の民衆から県令に担ぎ出されて沛公と呼ばれていたのが劉邦であった。始皇帝のようになりたいと洩らした劉邦、一方始皇帝にとって代わるとまで豪語した項羽、かれらにとって皇帝とはまだ雲上の存在であった。

陵墓の地下に眠る始皇帝の前で秦の運命が決せられようとしていた。劉邦が始皇帝の璽符を手にしたものの、秦の社稷(土地神と穀物神で国家の象徴)が壊されたわけではなかった。劉邦の将軍のなかには秦王子嬰を誅殺せよという声もあったが、劉邦は押しとどめ、樊噲《はんかい》と張良の意見に従って咸陽の財物を収めた倉庫を封印することにした。つまりは秦王に代わる関中の王を誰にするのかは保留し、項羽との会見で決着しようとしたのである。沛公劉邦も上将軍項羽も皇帝の地位を望まず、まずは秦の地である関中の王になることを求めたのである。復活した楚の懐王のもとで、配下の将軍たちはいちはやく咸陽に入った者が王になるという約束をかわしていた。東方の地はすでに戦国の国々が復興していたので、二人は秦に代わって関中の王になるしか余地がなかったのかもしれない。

しかし勢力に勝《まさ》った項羽も、結局関中の王にはならなかった。東方に戻り、西楚覇王になる道を選択した。項羽から見れば、始皇帝の築いた帝国など、虚構にしか映らなかったのだろう。劉邦が秦の最末端の官吏であったのに対して、項羽はつねに秦帝国のアウトサイダーとして行動していた。項羽は劉邦を関中の王にさせることもしなかった。約束に背いて劉邦を巴蜀《はしょく》と漢中の地に左遷し、漢王とした。そして関中とその周辺の秦の故地を三分割して秦の将軍を王にするなかで、章邯《しょうかん》は雍王となった。始皇帝に代わるという項羽の願望は消え、秦の人間にまた秦の本土の統治を任せたのである。

その後、項羽は子嬰を殺し、始皇帝の血を引く王を抹殺した。さらに容赦なく咸陽の宮殿を焼きはらい、始皇帝陵をも暴いた。都咸陽は炎上し、その火は三ヶ月も消えなかったという。

しかし始皇帝陵を暴いたことに関しては、咸陽の三ヶ月炎上の故事に引きずられて後世に誇張されたものであり、実際に項羽が地下宮殿まで暴いたとは思われない。漢代には、牧人が羊を捜しに陵墓のなかに入り込み、そのたいまつの火で陵内が九〇日間も燃え続けて消えなかったと伝えられ、また北魏の時代には項羽が三〇万人を動員して盗掘し、三〇日間かけても埋葬物を運びつくせなかったという話にまでなっている。三ヶ月、九〇日、三〇万とは、秦の宮殿と陵墓の規模を誇張する数字のトリックにすぎないが、地下空間がゆっくりと燃え続けたということはありえない話ではない。しかしリモートセンシングによる調査によれば、地下の空間は確かに残されている。

巨大な墳丘に守られた始皇帝の陵墓は、二〇〇〇年も驪山北麓の地に生き続けることになった。密封されて保護された地下空間には、始皇帝の遺体が二二〇〇年をへて腐乱せずに残されている可能性は大きい。帝王の権威を天に求め続けてきた人間趙正は、永遠の真人になることはできず、五〇年と八ヶ月ほどを生きたにすぎなかったが、いまでも永遠の深い眠りに就いているにちがいない。

人物紹介

以下、始皇帝以外の主要な関係人物を挙げる。複数の章に登場する人物については初出の章に挙げ、登場の章番号をそれぞれ該当する内容の末尾に付した。

第一章

昭王《しょうおう》（前三二五―前二五一、在位前三〇七―前二五一）昭襄王《しょうじょうおう》ともいう。母は楚《そ》人の宣太后《せんたいこう》。質子《ちし》として燕《えん》に出国していたが、帰国して一九歳で秦王に即位。当初は母宣太后とその兄弟の楚人が秦の政治を動かした。在位五七年にも及び、積極的に東方への軍事侵略を推進する。

安国君《あんこくくん》（**孝文王**《こうぶんおう》）（前三〇三―前二五一、在位前二五一）昭王の太子が亡くなったために次子として三九歳のときに太子となり、昭王の長い治世を待ったすえに五三歳でようやく秦王に即位した。諡《おくりな》は孝文王。［一章］／即位後、わずか三日にして死去し、寿陵《じゅりょう》に埋葬される。［二章］

華陽夫人《かようふじん》（―前二三〇）楚人で安国君の正夫人。継嗣がなかったために夏姫《かき》の子の子楚《しそ》を養子にする。

子楚《しそ》（**荘襄王**《そうじょうおう》）（前二八一―前二四七、在位二五〇―前二四七）安国君の二十数人の子の中男《ちゅうなん》。華陽夫人の養子となり、人質先の邯鄲《かんたん》から帰国して三二歳で秦王として即位。諡は荘襄王。荘王ともいう。

趙姫《ちょうき》（―前二二八）始皇帝の母、趙の豪族の女。名も残っていないので趙姫と呼んでおく。のち始皇帝の母の意味で母《ぼ》太后《たいこう》、帝太后と呼ばれる。

夏姫《かき》(―前二四〇)　安国君の夫人、子楚の母、始皇帝の祖母、のち夏太后と呼ばれる。

呂不韋《りょふい》(―前二三五)　韓《かん》あるいは衛《えい》人。戦時下の韓、衛、趙《ちょう》を拠点にして財をなした大商人。子楚を秦の王位につけるために、子楚を秦軍に包囲された邯鄲から脱出、帰国させる。[一章]／荘襄王と秦王趙正《ちょうせい》の治世の相邦《しょうほう》となる。戦国四君《しくん》にならぶ勢力を持ち、食客三〇〇〇人を養い、全国の食客の言論を集めた『呂氏春秋《りょししゅんじゅう》』の著作がある。洛陽《らくよう》に一〇万戸の領地をもち文信侯《ぶんしんこう》と呼ばれる。[二章]／秦王趙正の相邦となり、仲父《ちゅうほ》と呼ばれて十代の若き王を支えた。[三章]

白起《はくき》(―前二五七)　秦国出身の将軍、武安君《ぶあんくん》。昭王のもとで韓、魏《ぎ》、楚を攻撃、長平《ちょうへい》の戦いで最大の戦績を収めたが、秦の側の犠牲者も多かったことから邯鄲攻撃戦を拒否し、最後は死罪となり自害した。

趙括《ちょうかつ》(―前二六〇)　趙の名将馬服君趙奢《ばふくくんちょうしゃ》の子。廉頗《れんぱ》に代わる趙の若き将軍として、秦の白起軍と長平で戦うが、射殺されて敗北する。

平原君趙勝《へいげんくんちょうしょう》(―前二五一)　趙の霊王《れいおう》の子、食客数千人をかかえる戦国四君の一人。援軍の到着前に決死の兵三〇〇〇人で邯鄲を守り、食客の力で楚との合従《がっしょう》を成功させ、楚の大軍を待つ。

信陵君魏無忌《しんりょうくんぎむき》(―前二四三)　魏の昭王《しょうおう》の子、食客三〇〇〇人をかかえる戦国四君の一人。姉である平原君の夫人のためにも邯鄲を決死で救おうとしたが、魏王は秦を恐れて決断せず、魏王の妃に割符の虎符《こふ》を盗ませて将軍晋鄙《しんぴ》を殺して軍を奪い、選抜した八万の軍を率いて邯鄲を救う。

春申君黄歇《しゅんしんくんこうけつ》(―前二三八)　楚人であるが、王族ではない。食客三〇〇〇人をかかえ、呉《ご》の領地をもった戦国四君の一人。考烈王《こうれつおう》に太子のときから仕え、丞相として王を二五年も支えた。趙と楚の合従が成立し、邯鄲に援軍を出す。

第二章

鄭国《ていこく》　水利技術者であり韓の間諜として秦に入ったとされたが、鄭国渠《きょ》と呼ばれる灌漑水路を造営し、秦の国力を高めた。

李斯《りし》（—前二〇七）　楚の地方の官吏であったが、儒家の荀子《じゅんし》から帝王の術を学び、秦の昭王に期待して秦に入り、呂不韋《りょふい》の舎人となる。やがて秦王趙正に客卿《かくけい》として優遇される。［二章］／廷尉《ていい》として帝号の議論に参加するなど秦の法制を整備する。第二回の巡行に参加し卿李斯の名を琅邪台《ろうやだい》刻石にとどめる。［五章］／廷尉から丞相になり焚書坑儒《ふんしょこうじゅ》を提議する。丞相としては『蒼頡篇《そうけつへん》』という字書を作成する。字書は官吏が文字を覚え、行政知識を得る教科書であった。［六章］／左丞相として最後の巡行に参加し、亡き始皇帝に忠誠を尽くそうとするが趙高《ちょうこう》に迫られて胡亥《こがい》を後継にする。［七章］／丞相として二世皇帝を支えたが、趙高によって謀反の罪で腰斬《ようざん》の極刑となる。［八章］

＊孝文王、荘襄王、呂不韋については第一章参照

第三章

嫪毐《ろうあい》（—前二三八）　呂不韋の舎人。秦王趙正の母太后のもとに宦官《かんがん》と偽って送られ二子をもうける。長信侯《ちょうしんこう》に封ぜられ、秦の国外の山陽《さんよう》や太原《たいげん》に領地をもつ。奴婢《ぬひ》数千人、舎人千余人をもつ勢力を誇った。

昌平君《しょうへいくん》（—前二二四）　名前はわからない。楚人で秦の丞相となり、嫪毐の乱では秦王を助ける。［三章］／後に楚に帰り楚王となって秦に抗戦したという。［四章］

昌文君《しょうぶんくん》（—前二二四）　楚人で昌平君とともに秦王を助ける。『編年記』には秦が楚を攻撃した年に死去したことが記されていた。

＊呂不韋については第一章参照

第四章

荊軻《けいか》（—前二二七）　慶卿《けいけい》・荊卿《けいけい》とも尊称された衛人。各国の有力者と絆を結び、秦への報復をひそかに考える。燕《えん》太子丹《たん》の依頼で秦王に謁見し、脅して秦の侵略をくい止めようとしたが失敗し、殺される。

秦舞陽《しんぶよう》　燕の賢将の秦開《しんかい》の孫。勇士として荊軻の副使となったが、秦王に謁見するとおびえてしまう。

夏無且《かむしょ》　秦王の侍医。秦王暗殺の現場で秦王を救い黄金の報賞をもらう。

燕太子旦《えんたいしたん》（—前二二六）　秦王趙正とは邯鄲で幼なじみ。趙正が秦王になると秦の質子となったが、冷遇されて燕に帰り、秦王への報復を考えた。

高漸離《こうぜんり》　筑《ちく》の楽器の名手。荊軻とよく交遊する。荊軻の死後、鉛を隠し入れた筑の楽器を始皇帝に投げて暗殺を試みたが、失敗して殺された。

鞠武《きくぶ》　燕太子丹の相談役の太傅《たいふ》。秦と敵対することには慎重であり、田光《でんこう》先生を丹に紹介する。

田光《でんこう》（—前二二七）　燕の知識人で田光先生と呼ばれた。老齢のために荊軻を燕太子に紹介する。

樊於期《はんおき》（―前二二七）　秦の将軍であったが秦王に対して罪を犯して逃亡し、燕太子丹に匿われる。一族を連坐で殺されたことから、秦への報復をとげるために、みずからの首を荊軻に差し出した。

王翦《おうせん》　秦の出身。若いときから秦王趙正に仕え、老将軍として趙を滅ぼし、また若き李信《りしん》に代わって楚を攻撃して滅ぼす。

王賁《おうほん》　王翦の子の秦の将軍、通武侯《つうぶこう》。若き同世代として蒙恬《もうてん》、李信と行動を共にし燕を攻める。魏の大《たい》梁《りょう》の都も三ヶ月かけて水攻めにして陥落させた。統一後、琅邪台刻石に名を残す。

蒙武《もうぶ》　蒙驁《もうごう》の子で蒙恬、蒙毅《もうき》の父。秦の将軍として同世代の王翦と行動を共にし、楚を滅ぼす。

蒙恬《もうてん》（―前二一〇）　蒙武の子。秦の将軍として同世代の若き王賁、李信将軍と行動を共にして最後は斉を攻め統一を果たす。［四章］／統一後も将軍として匈奴《きょうど》と戦い万里の長城を建設する。［六章］／始皇帝の死後に出された後継の詔について、偽詔を疑う。死罪を求められるが拒否し、陽周の牢獄に収監される。［七章］／最期は服毒自殺した。墓は扶蘇《ふそ》と同じ陝西《せんせい》省綏徳《すいとく》県にある。裁判や行政の文書に長けていたこともあり、民間では蒙恬が毛筆を作ったという伝説がある。［八章］

李信《りしん》　秦の青年将軍。燕、楚、斉を攻撃する。楚では抵抗に遭い失敗し、老将の王翦に交替する。

項燕《こうえん》（―前二二四）　楚の将軍、項羽《こうう》の祖父。昌平君と共に秦に抵抗したと伝えられ、秦の王翦に殺される。

＊昌平君については第三章参照

第五章

王綰《おうわん》　丞相として統一時の始皇帝を支え、度量衡器にはめこまれた詔書版や琅邪台刻石にも名を刻す。

馮劫《ふうきょう》（―前二〇八）　秦の将軍。副丞相の御史大夫《ぎょしたいふ》として統一時の始皇帝を支える。［五章］／秦の白起《はくき》将軍に殺された韓の上党守馮亭《ふうてい》の子孫。馮氏一族は秦の将軍と丞相を出した。嶽麓秦簡《がくろくしんかん》『奏讞書』には馮将軍毋択《ぶたく》の子と偽る詐欺事件が見え、琅邪台刻石に名を刻んだ一族の馮毋択も将軍であったことがわかった。馮劫は右丞相馮去疾《ふうきょしつ》とともに二世皇帝を諫めたことから罪を問われて自殺する。［八章］

徐市《じょふつ》　『史記』淮南《わいなん》列伝では徐福《じょふく》と書かれる。斉人の方士。第二回巡行で始皇帝と会い、海中の三神山の仙人の話を伝え、未婚の男女数千人を連れて海に出たが失敗に終わる。

＊李斯については第二章参照

第六章

盧生《ろせい》　燕人の方士。始皇帝に不死の薬の話をし、また侯生とともに始皇帝の性格を非難。その後「秦を亡ぼす者は胡なり」という予言書を始皇帝に献上する。

扶蘇《ふそ》（―前二一〇）　始皇帝の長子。始皇帝が孔子を学ぶ学者を穴埋めにしたことを諫めて怒りをかい、蒙恬の監督を命ぜられて北辺に送られる。［六章］／始皇帝の死後に出された偽詔を信じ、不孝と不忠を問われて死罪を受け、蒙恬に止められたが自殺した。陝西省綏徳県に墓が現存する。［七章］

＊李斯については第二章、蒙恬については第四章参照

第七章

胡亥《こがい》（**二世皇帝**）（前二二一―前二〇七、在位前二一〇―前二〇七）　二二人の始皇帝の子の末子。始皇帝の最後の巡行に同行し、始皇帝の死後太子となり、一二歳で二世皇帝として即位する。［七章］／即位後、二年八ヶ月で趙高に自殺を迫られる。宜春苑に庶民の身分で埋葬された。［八章］

趙高《ちょうこう》（―前二〇七）　趙高の趙の姓は戦国趙の王族の遠戚であることを示す。始皇帝に能力を見いだされ、皇帝側近の宦者《かんじゃ》（去勢された宦官ではなく、皇帝に宦《つか》える側近）となった。始皇帝の車馬と璽《じ》印《いん》を管理する中車府令《ちゅうしゃふれい》として重責を担っていた。みずから教育した胡亥を始皇帝の後継とする策謀を行う。［七章］／郎中令《ろうちゅうれい》として李斯の裁判を主導し、李斯の死後には中丞相、安武侯となり二世皇帝を自殺に追い込んだが、その後みずから立てた子嬰《しえい》に刺殺される。［八章］

馮去疾《ふうきょしつ》（―前二〇八）　右丞相として始皇帝が都を空けた期間、咸陽《かんよう》で留守の任務を果たす。二世皇帝の代も左丞相李斯とともに右丞相となる。里耶《りや》秦簡にも右丞相去疾の名が見える。

蒙毅《もうき》（―前二一〇）　蒙恬の弟、大臣。趙高に死罪を下したが始皇帝が覆して以来、趙高との間に確執が生まれる。［七章］／二世皇帝は代の獄中に収監された蒙毅に御史の曲宮《きょくきゅう》を使者として送り、始皇帝の忠臣でなかったことを非難して死罪を下した。［八章］

＊李斯については第二章、蒙恬については第四章、徐市については第五章、扶蘇については第六章参照

第八章

子嬰《しえい》（在位前二〇七）　二世皇帝胡亥《こがい》の兄の子。本紀で始皇帝の弟とするのは孫の間違い。蒙恬《もうてん》・蒙毅《もうき》兄弟を救おうと二世皇帝を諫めたが、受け入れられず。二世皇帝の後に、趙高によって秦王に立てられたが、趙高に殺意を感じて逆に刺殺する。劉邦《りゅうほう》に降伏し、項羽に殺される。諡号はない。

陳勝《ちんしょう》（—前二〇九）　字《あざな》は渉《しょう》。中国史上最初の農民反乱である陳勝・呉広《ごこう》の乱の指導者として知られる。各地で反秦の乱が起こるきっかけになった。

項羽《こうう》（前二三二—前二〇二）　名は籍、叔父の項梁《こうりょう》とともに、陳勝・呉広の乱に呼応して秦打倒の軍を挙げる。祖父である楚の将軍項燕《こうえん》が秦王の軍隊に殺された恨みを懐いていた。

劉邦《りゅうほう》（前二四七—前一九五）　陳勝・呉広の乱に呼応して沛《はい》県で兵を挙げた。秦滅亡のあと、漢王から皇帝となった。

章邯《しょうかん》　秦の少府という帝室財政を握っていた高級官僚から将軍になった。陳勝軍を壊滅させる勢いがあったが、項羽軍に敗北して降伏した。『趙正書』では章邯が趙高を殺したと伝える。

王離《おうり》　戦国秦の地の出身。秦の将軍、武城侯《ぶじょうこう》。王翦《おうせん》、王賁《おうほん》、王離は三代にわたって秦の将軍となる。最初は琅邪台刻石に名を残すが、最後は陳勝軍と戦った後、項羽に捕らえられて降伏する。

＊李斯については第二章、蒙恬については第四章、馮劫については第五章、趙高、二世皇帝胡亥、蒙毅については第七章参照

参考史料・文献

◆出土史料

馬《ま》王堆《おうたい》漢墓帛書《はくしょ》『天文気象雑占』 一九七三年湖南省長沙市馬王堆前漢三号墓から出土した帛書（絹の書籍）のなかに『五星占』と『天文気象雑占』の二つの天文書があった。前者には木星の動き、後者には彗星の記載がある。

＊『長沙馬王堆漢墓簡帛集成』壱（全七冊）、中華書局、二〇一四年

睡虎《すいこ》地《ち》秦簡《しんかん》 一九七五年湖北省雲夢県睡虎地一一号墓で出土した一一五五枚の秦代の竹簡。農耕生産・倉庫・財政などの法律・法律問答集・裁判文書を含む。法律文書はその後、龍崗秦簡、王家台一五号秦墓竹簡、嶽麓秦簡にも見られる。

――**『編年記』** 被葬者である秦の南郡の県の官吏（名は喜）の年代記。秦昭王元年から始皇三〇年までの年代記に一族の記事をはさむ。始皇帝の同時代の年代記として貴重である。

――**『日書《にっしょ》』** 法制文書とともに日書と題した占いの書があり、人の一生にかかわる出生・任官・成人・婚姻・旅行・疾病のほか、農耕・祭祀・移民・戦争・夢など、日の吉凶を見て行動していたことがわか

る。始皇帝の行動も『日書』に規制されていたように思われる。『日書』はほかに放馬灘《ほうばたん》一号秦墓竹簡、岳山三六号秦墓木牘《もくとく》、王家台一五号秦墓竹簡、周家台三〇号秦墓竹簡、北京大学所蔵秦簡にも見られる。

——**木牘《もくとく》**　一九七五—七六年湖北省雲夢県睡虎地四号墓で出土した統一前の秦代の木牘二枚。戦地から故郷に当てた書簡。

——『**為吏之道**《りたるのみち》』　五一枚の竹簡に五段に分けて綴った官吏の手引き書。
　＊睡虎地秦墓竹簡整理小組『睡虎地秦墓竹簡』文物出版社、一九七七、七八年
　＊睡虎地秦墓竹簡整理小組『睡虎地秦墓竹簡』文物出版社、一九九〇年

張家山漢簡《ちょうかさんかんかん》　一九八三年湖北省荊州区張家山二四七号前漢墓で出土した一〇〇〇枚以上の竹簡。前漢初期の法律文書が見られ、はじめての体系的な漢律の発見である。
——『**奏讞書**《そうげんしょ》』　上級官庁に裁判の再審をうかがう文書。二二件の裁判事例のなかに四件の秦代の事例が見られる。盗牛(始皇元年)・密通(始皇元年)・強盗傷害(始皇六年)・戦場逃亡(始皇二七年)の四つの事件である。
　＊張家山漢簡二四七号漢墓竹簡整理小組『張家山漢墓竹簡〔二四七号墓〕』文物出版社、二〇〇一年

岳山秦簡《がくさんしんかん》　一九八六年湖北省江陵岳山崗三六号秦墓で出土した木牘二枚。内容は日書。

＊江陵県文物局・荊州地区博物館「江陵岳山秦漢墓」『考古学報』二〇〇〇年、第四期

天水放馬灘秦簡《てんすいほうばたん》　一九八六年、甘粛《かんしゅく》省天水市放馬灘一号秦墓から四七二枚の竹簡が出土し、『日書』と「志怪故事」という死者が甦って死後の世界を語る内容が見られる。秦王趙正即位の初期の文書として重要である。始皇帝の時代に関わる甘粛省の出土文書は珍しい。

＊甘粛省文物考古研究所編『天水放馬灘』中華書局、二〇〇九年

龍崗秦簡《りゅうこうしんかん》　一九八九年湖北省雲夢県龍崗六号秦墓から出土した木牘一枚、竹簡一五〇余枚。秦統一後の禁苑・馳道・馬牛羊管理・土地賃貸に関する法律文書。

＊劉信芳・梁柱『雲夢龍崗秦簡』科学出版社、一九九七年

＊中国文物研究所・湖北省文物考古研究所編『龍崗秦簡』中華書局、二〇〇一年

楊家山秦簡《ようかさんしんかん》　一九九一年湖北省江陵県荊州鎮楊家山一三五号秦墓で出土した竹簡七五枚。内容は遣策《けんさく》（副葬品の目録）。

＊荊州地区博物館「江陵楊家山一三五号秦墓発掘簡報」『文物』一九九三年、第八期

王家台秦簡《おうかだいしんかん》 一九九三年湖北省江陵県荊州鎮王家台一五号秦墓で出土した竹簡八〇〇余枚。内容は秦律・日書・易占。

＊荊州地区博物館「江陵王家台一五号秦墓」『文物』一九九五年、第一期

周家台秦簡《しゅうかだいしんかん》 一九九三年湖北省沙市周家台三〇号秦墓で出土した竹簡三八七枚、木牘一枚。占い・暦譜・医書・農書などが記されている。

――**『暦譜』** 始皇三四、三六、三七年、二世皇帝元年の暦譜というカレンダー。三四年の暦譜は一年間の干支と被葬者の官吏の出張の記録。木牘は二世皇帝元年の一二ヶ月の朔日《ついたち》の干支と大・小月の別が記されている。

＊『関沮秦漢墓簡牘』中華書局、二〇〇一年

里耶秦簡《りやしんかん》 二〇〇二年湖南省湘西《しょうせい》土家族《トゥチャ》苗族《ミャオ》自治州龍山県の里耶古城の古井戸から発見された約三万八〇〇〇枚の始皇二五年から二世皇帝二年までの年代を含む簡牘。二〇〇五年に古城の壕《ほり》で発見された五一枚の簡牘も含む。洞庭郡遷陵県の公文書であり、人口・土地・税・官吏・刑徒・道路・兵器管理などの内容。

――**八-四六一号簡** 里耶秦簡のなかに一枚の木牘があり、秦詔版、秦詔令牘などと呼ばれ、統一時に

中央で出された詔書の内容が箇条書きにされている。本書では詔書版と呼んでおく。
＊湖南省文物考古研究所編著『里耶秦簡』壱（全五巻）、文物出版社、二〇一二年
＊陳偉主編『里耶秦簡牘校釈』第一巻、武漢大学出版会、二〇一二年
＊胡平生「里耶秦簡八－四五五号木方性質芻議」武漢大学簡帛研究中心主辯『簡帛』第四輯、二〇〇九年
＊渡邊英幸「里耶秦簡「更名扁書」試釈――統一秦の国制変革と避諱規定」『古代文化』第六六巻第四号、二〇一五年

嶽麓秦簡《がくろくしんかん》　二〇〇七年湖南大学嶽麓書院が香港で購入した二一七六枚の秦代の竹簡。二〇〇八年に香港収蔵家が寄贈した七六枚の竹簡も含む。官吏の出張日誌・官吏の手引き・夢占い・算数書・上級官庁への再審書・秦の律令などの内容。

――『**奏讞書**《そうげんしょ》』　裁判の具体事例から統一前後の地方社会の実態を知ることができる貴重な史料である。殺人・詐欺・窃盗・戦地離脱・逃亡・文書偽造・姦通など多彩な事件の内容である。

――『**為吏治官及黔首**《りたりてかんおよびけんしゅをおさむ》』　八六枚に四段に分けて綴った、官吏が官と庶民を治める手引き書。

――『**占夢書**《せんぼうしょ》』　四八枚の竹簡に夢理論と具体的な夢占いが記してあり、『占夢書』と呼んでいる。睡虎地秦簡の『日書』にも夢と題するものがあったが、より体系的な内容で貴重である。

――『**質日**《ちじつ》』　嶽麓秦簡では暦譜を質日と記し、始皇二七、三四、三五年のカレンダーに官吏の出張を記入したもの。

＊朱漢民・陳松長主編『嶽麓書院蔵秦簡』壱（質日・為吏治官及黔首・占夢書）、弐（数書）、参（奏讞書）、肆（律令）、上海辞書出版社、二〇一〇―一四年

＊陳松長『嶽麓書院蔵秦簡的整理與研究』中西書局、二〇一四年

＊池田雄一編『漢代を遡る奏讞——中国古代の裁判記録』汲古書院、二〇一五年

北京大学所蔵漢簡（**北大漢簡**）　二〇〇九年北京大学に寄贈された三三四六枚の前漢武帝期の竹簡、北大漢簡と呼んでいる。『老子』、『蒼頡篇』（字書）、『趙正書』のほかに、『日書』『雨書』、『六博』（すごろく占い）などの占い、『魂魄賦』『妄稽』などの文学小説が見られる。

——『**趙正書**《ちょうせいしょ》』　五〇枚（もとは五一枚、二枚を接合）の竹簡に秦王趙正をめぐる晩年の故事を約一五〇〇字に記したもの、『史記』秦始皇本紀とはまったく異なる内容がうかがえる。『史記』よりも少し早い武帝の前半期に書かれたものか。隷書《れいしょ》の字体は端正な漢隷、右上がりで波勢があり、前漢初期の小篆《しょうてん》的隷書とは違う。

＊北京大学出土文献研究所『北京大学蔵西漢竹書墨迹選粋』二〇一二年

＊趙化成「北大蔵西漢竹書〈趙正書〉簡説」『文物』二〇一一年、第六期

＊藤田忠「北京大学蔵西漢竹書『趙正書』について」『国士舘人文学』第二号、二〇一二年

北京大学所蔵秦簡（**北大秦簡**）　二〇一〇年北京大学に寄贈された秦代の竹簡七六二枚、木簡二一枚。始

皇三一、三三年の質日《ちじつ》(官吏の出張日誌を暦譜に記入したもの)・算書・日書・医書・九九表・田書・道里書(水陸交通路)・祠祝之道・善女子之方など多彩な内容。

——『従正《じゅうせい》(政《せい》)之《の》経《みち》』 四六枚に四段に分けて綴った官吏の手引き書。

*北京大学出土文献研究所「北京大学蔵秦簡概述」『文物』二〇一二年、第六期

*李零「北大秦牘『泰原有死者』簡介」『文物』二〇一二年、第六期

*朱鳳瀚「北大蔵秦簡『従政之経』述要」『文物』二〇一二年、第六期

益陽秦簡《えきようしんかん》 二〇一三年湖南省益陽市の古井戸で発見された戦国・秦漢・三国時代の木牘・竹簡約五〇〇〇枚。

*「湖南益陽兎子山遺址二〇一三年発掘収穫」『二〇一三年中国重要考古発現』文物出版社、二〇一四年

◆参考文献

第一章

山西省考古研究所・晋城市文化局・高平市博物館「長平之戦遺址永録一号戸骨坑発掘簡報」『文物』一九九六年、第六期

工藤元男『睡虎地秦簡よりみた秦代の国家と社会』創文社、一九九八年

工藤元男『占いと中国古代の社会』東方書店、二〇一一年

第二章

藤田勝久『史記戦国列伝の研究』汲古書院、二〇一一年
藤田勝久『史記秦漢史の研究』汲古書院、二〇一五年
平勢隆郎編著『新編史記東周年表』東京大学東洋文化研究所報告、一九九五年

第三章

西嶋定生「嫪毐の乱について」『中国古代国家と東アジア世界』東京大学出版会、一九八三年、第一篇第六章

第四章

鶴間和幸「秦始皇帝諸伝説の成立と史実――泗水周鼎引き上げ失敗伝説と荊軻秦王暗殺未遂伝説」『秦帝国の形成と地域』汲古書院、二〇一三年、第二編第四章

第五章

栗原朋信『秦漢史の研究』吉川弘文館、一九六〇年
栗原朋信「秦と漢初の「皇帝」号について」『上代日本対外関係の研究』吉川弘文館、一九七八年
西嶋定生「皇帝支配の成立」前掲『中国古代国家と東アジア世界』第一篇第二章

浅野裕一『黄老道の成立と展開』創文社、一九九二年
平勢隆郎『史記の「正統」』講談社学術文庫、二〇〇七年
王睿『八主祭祀研究』北京大学博士研究生学位論文、二〇一〇年
鶴間和幸「秦帝国の形成と東方世界―始皇帝の東方巡狩経路の調査をふまえて」前掲拙著、第一編第三章
鶴間和幸「秦始皇帝の東方巡狩刻石に見る虚構性」前掲拙著、第一編第四章
中国国家博物館田野考古研究中心他『連雲港孔望山』文物出版社、二〇一〇年
鶴間和幸「秦都咸陽與秦始皇陵」『史念海先生百年誕辰紀念学術論文集』陝西師範大学出版総社有限公司、二〇一二年

第六章

藤田勝久「霊渠と相思埭――桂林地区の水利遺跡」『「社会科」学研究』第一三号、一九八七年
湯浅邦弘『竹簡学　中国古代思想の探究』大阪大学出版会、二〇一四年
鶴間和幸「秦始皇帝の中華帝国への夢」ＮＨＫ「中国文明の謎」取材班『中夏文明の誕生　持続する中国の源を探る』講談社、二〇一二年
鶴間和幸「秦始皇帝與孔子――関于焚書坑儒的反省」『史林揮塵　祈念方詩銘先生学術論文集』上海古籍出版社、二〇一五年
鶴間和幸「秦長城建設とその歴史的背景」前掲『秦帝国の形成と地域』第三編第五章

第七章

李開元『復活的歴史　秦帝国的崩壊』中華書局、二〇〇七年
小沢賢二「伝世本『左伝』の天文暦法データ再検証から見た浙江大『左伝』の有用性」（浅野裕一・小沢賢二『浙江大『左伝』真偽考』汲古書院、二〇一三年）
森和「秦人の夢――岳麓書院蔵秦簡『占夢書』初探」『日本秦漢史研究』第一三号、二〇一三年

第八章

籾山明『中国古代訴訟制度の研究』京都大学学術出版会、二〇〇六年
宮崎市定「史記李斯列伝を読む」（『宮崎市定全集』第五巻、岩波書店、一九九一－九三年、『史記列伝抄』国書刊行会、二〇一一年）
藤田勝久『項羽と劉邦の時代　秦漢帝国興亡史』講談社選書メチエ、二〇〇六年
鶴間和幸『始皇帝陵と兵馬俑』講談社学術文庫、二〇〇四年
鶴間和幸・惠多谷雅弘監修他『宇宙と地下からのメッセージ――秦始皇帝陵とその自然環境』D－CODE、二〇一三年
惠多谷雅弘・鶴間和幸他「衛星データを用いた秦始皇帝陵の陵園空間に関する一考察」『中国考古学』第一四号、二〇一四年
段清波『秦始皇帝陵園考古研究』北京大学出版社、二〇一一年

始皇帝関係年表

本年表は、司馬遷『史記』を元に従来語られてきた年代を軸としつつ、近年発掘された新史料から見えてきたことを加えて構成する。『史記』と他史料とで食い違う内容や、新たにわかった事実他の補足、また時期が明確に特定できない事柄については、〈 〉の中に示した。秦の暦では冬の始まりの一〇月を年初とし、新しい王が即位したときは年初(一〇月)まで待って、そこから新しい年号として元年、二年……となる。太陽暦の西暦は正月(一月)から始まるので、秦の暦の年初は西暦(ユリウス暦)では前の年に含まれるが、便宜上一月以降の西暦を合わせて示しておく。太字は特に重要な事項を示す。

昭王四二(前二六五)年

秦の安国君、父昭王の太子となる。秦が趙の三城を占領する。

〈このころ商人の呂不韋《りょふい》、趙の都の邯鄲《かんたん》にて秦の質子の子楚《しそ》と出会う。〉

昭王四六(前二六一)年

趙の廉頗《れんぱ》将軍、長平で秦軍を迎え撃つ。

〈このころ呂不韋は秦に入り、子楚を安国君の後継とするための約束を取り付ける。〉

昭王四七（前二六〇）年

秦が長平の趙の陣営を攻める。〈秦と趙の間の壮絶な長平の戦いが始まる。〉

〈呂不韋列伝によれば、趙正誕生から一二ヶ月さかのぼると、この年の正月ころに趙姫《ちょうき》が呂不韋の子を懐妊したことになるが、疑わしい。〉

子楚は呂不韋の邸宅において趙姫に出会う。〈秦始皇本紀によれば、趙正誕生から一〇ヶ月さかのぼると、三月ころに趙姫が子楚の子を懐妊したことになる。〉

九月、秦の白起《はくき》将軍、趙の兵士四十数万人を長平で偽って穴埋めにする。

昭王四八（前二五九）年［趙正一歳］［年齢は生まれた年を一歳とする数え年］

正月、停戦。**趙都邯鄲で趙正が誕生する。**

秦が武安を攻撃して邯鄲に近づく。

昭王四九（前二五八）年［趙正二歳］

一〇月、秦の五大夫の王陵が邯鄲を攻撃しはじめる。

正月、秦は王陵軍を増兵して邯鄲を攻撃するが、陥落できず。

昭王五〇（前二五七）年［趙正三歳］

一〇月、秦の武安君白起、有罪となり流刑となる。〈白起は長平の戦いのあと邯鄲攻撃には反対して参加していなかった。〉

秦の王齕《おうこつ》将軍が王陵に代わって邯鄲を包囲する。趙の平原君みずから迎え撃つなか、魏の信陵君と楚の春中君の援軍が駆けつけ、秦は邯鄲を一七ヶ月も攻撃しながら陥落できなかった。〈このころ呂不韋と戦国三君が邯鄲にいたことになる。〉

子楚は呂不韋の工作によって戦乱のなか邯鄲を脱出し、秦軍のもとに走り帰国する。〈趙正は母とともに邯鄲に残され、殺されそうになるが母の家にかくまわれて助かる。〉

一一月白起ふたたび有罪となり死す。臨終の際、長平の戦いを回顧する。

昭王五一（前二五六）年［趙正四歳］

秦軍は邯鄲の南の新中にまわるが、韓・魏・楚の援軍に攻撃されて撤退する。

昭王五二（前二五五）年［趙正五歳］

秦、東西に分裂していた西周君を服属させ、周の九鼎を得る。〈周が滅び、周秦革命が行われた。〉

昭王五六（前二五一）年［趙正九歳］

秋（七–九月）、昭王死去（秦本紀）。〈『編年記』により閏《うるう》月の後《こう》九月と判明。〉

一〇月己亥《きがい》、孝文王即位。〈『編年記』により年末の後九月二八日に修正。〉

一〇月辛丑《しんちゅう》、孝文王死去。〈『編年記』により年末の後九月三〇日に修正。〉

〈趙正と子楚夫人の趙姫このころ帰国。〉

孝文王元（前二五〇）年［趙正一〇歳］

荘襄《そうじょう》王即位。〈『編年記』により年が改まった一〇月と判明。荘襄王が即位していながら、亡き父を

尊んで孝文王の元年とする。〉

罪人の恩赦、先王（昭王）の功臣への優遇、王族への厚遇を行う。〈秦本紀は孝文王の施策とするが孝文王は生存していないので、荘襄王の記事をそのまま転載。〉

荘襄王元（前二四九）年［趙正一一歳］

呂不韋、秦の相邦《しょうほう》（丞相）となる。

秦、東周君を服属させる。太原郡を置く。

罪人に恩赦、先王（孝文王）の功臣へ厚遇をする。〈秦本紀は前年とほぼ同じ内容。〉

荘襄王二（前二四八）年［趙正一二歳］

秦の将軍蒙驁《もうごう》、趙の楡次《ゆじ》など三七城を攻撃する。〈秦本紀は荘襄王三年。〉

荘襄王三（前二四七）年［趙正一三歳］

五月丙午《へいご》（二六日）荘襄王死去し、**趙正、秦王に即位する。**〈秦本紀は荘襄王四年とするが、『編年記』のように三年が正しい。〉

始皇元（前二四六）年［趙正一四歳］

酈山陵《りざんりょう》（始皇帝陵）の造営始まる。

韓の鄭国《ていこく》、秦に入り**渠《きょ》（鄭国渠）の造営**を始める。

〈三、四、五、七、八年の秦王趙正の年号を刻んだ相邦呂不韋の青銅武器がある。〉

〈張家山漢簡《ちょうかさんかんかん》『奏讞書《そうげんしょ》』によれば、この年、盗牛の罪で服役していた者が再審を請求して認められ、中央の廷尉《ていい》の判断で県の誤審が明らかになり冤罪が晴らされる。また同じ文書によれば、亡き夫の喪中に棺の前で別の男性と関係を持った女性が義理の母に対する不孝の罪になるかが審議され、中央の廷尉では大議論になり、罰せられないことになった。〉

始皇四(前二四三)年[趙正一七歳]

燕太子丹、秦の質子《ちし》となり咸陽《かんよう》に滞在。

始皇五(前二四二)年[趙正一八歳]

衛の濮陽《ぼくよう》に、秦、東郡を置く。〈衛人の荊軻《けいか》は故郷を失う。〉

始皇六(前二四一)年[趙正一九歳]

衛君、濮陽から野王へ追放される。〈このとき荊軻も衛を離れるか。〉

〈張家山漢簡『奏讞書』によれば、この年、都咸陽で起こった強盗傷害の難事件を、獄吏《ごくり》が現場に残された凶器と市場に出入りする人びとへの聞き込みから見事解決した。〉

始皇七(前二四〇)年[趙正二〇歳]

彗星が東方に出て、北方に現れ、五月に西方に現れる。

将軍蒙驁《もうごう》死去。彗星が再び一六日間西方に現れる。夏太后死去。

始皇八(前二三九)年[趙正二一歳]

秦王の弟の長安君成蟜《せいきょう》が趙を攻撃する途中反乱を起こし、軍吏とともに殺される。

河水(黄河)の魚がさかのぼる。〈洪水か。〉

この前後、鄭国が間諜《かんちょう》であることが発覚し、鄭国は殺されそうになったが、秦王に利を説いて助かる〈河渠書《かきょしょ》〉。〈李斯《りし》列伝ではこれをきっかけに外国人排斥の風潮が高まり、後の李斯の反逐客令《はんちくかくれい》の上書につながるという。〉

〈放馬灘《ほうばたん》一号秦墓竹簡に八年八月己巳《きし》(該当する干支はない)の故事が見える。一〇年前に埋葬された男が一〇年後に甦る奇怪なもので志怪故事と命名された。〉

嫪毐《ろうあい》、長信侯に封ぜられ、秦の国外の東方(山陽と太原)に広大な領地を持つ。

始皇九(前二三八)年[趙正二二歳]

楚の春申君黄歇《こうけつ》(幽王の父と疑われた楚の令尹《れいいん》[丞相])、趙人李園に殺される。

(一〇—一二月の冬か)彗星《すいせい》が現れ尾が天に広がった。

嫪毐が雍城《ようじょう》近くの蘄年宮《きねんきゅう》を攻める陰謀をしているとの密告があり、証拠が得られる。**嫪毐《ろうあい》の乱が起こる。**〈嫪毐も呂不韋も東方の外国人として内乱事件に関わる。〉

秦王は相邦の昌平君と昌文君らに嫪毐を先制攻撃させて咸陽で戦う。

嫪毐は逃走し、賞金が懸けられる。

嫪毐とその一党が逮捕、処刑され、嫪毐の舎人《しゃじん》四千余家も蜀に流される。

四月、秦王は雍城に泊まり、己酉《きゆう》(二一)の日に戴冠し、剣を帯びる。〈このとき嫪毐が秦王を襲ったとの説がある(呂不韋列伝論賛)。〉

四月は寒冷で凍死する者があった。

彗星が西方に現れ、つづいて北方に現れる。斗宿《としゅく》から南へ八〇日間移動する。
九月、嫪毐一族が殺され、母太后《ぼたいこう》の二人の子も殺され、太后は雍城に幽閉された。

始皇一〇（前二三七）年［趙正二三歳］
一〇月、相邦呂不韋、嫪毐の乱に連座して罷免され、母太后は咸陽に戻される。
この年、**逐客令**《ちくかくれい》（外国人排斥令）が下されたが、李斯が反対の意見を上書したために取りやめになる。
〈秦始皇本紀によれば鄭国よりも嫪毐の乱をきっかけに逐客令が出されたことになる。〉

始皇一二（前二三五）年［趙正二五歳］
秦王は呂不韋の復権を恐れて蜀に移ることを命ずるも、呂不韋、服毒自殺をする。呂不韋が密葬され、参列者が処罰される。
秋、蜀に流された嫪毐の舎人が釈放される。

始皇一三（前二三四）年［趙正二六歳］
秦王、河南に行く。正月に彗星が現れる。

始皇一四（前二三三）年［趙正二七歳］
韓非、秦を訪れるが、自殺させられる。

始皇一五（前二三二）年［趙正二八歳］
秦、大規模な軍事行動に出、太原郡の狼孟《ろうもう》、楡次《ゆじ》県など三七城を占領する。〈このころ荊軻、秦の占領地太原郡の楡次県に行くか。〉

〈嶽麓《がくろく》秦簡に「泰原《たいげん》死者の書」と命名された木牘《もくとく》一枚があり、泰原すなわち太原で死んだ者が三年後に甦り、都咸陽に送られて死者の世界を語るという物語が書かれている。背景に秦の太原攻撃の戦争があるのかもしれない。〉

燕太子丹、帰国する。

〈兵馬《へいば》俑坑《ようこう》から出土した青銅武器に一五、一六、一七、一八、一九年の秦王趙正の年号がある。〉

始皇一六（前二三一）年［趙正二九歳］

男子に年齢を自己申告させる。麗《り》邑《ゆう》を置く。

始皇一七（前二三〇）年［趙正三〇歳］

秦の内史騰《とう》、韓王安を捕虜にする（韓滅亡）。華陽太后死去。

始皇一八（前二二九）年［趙正三一歳］

秦、大規模な軍事行動に出て趙を攻撃する。

〈嶽麓秦簡『奏讞書』によれば、亡き夫の財産を相続した女性が子に相続させることをめぐって争議が起こった。女性はもと妾（婢）であり、先妻が亡くなったあとに身分を解放され妻とされたが、入籍していないことがわかったためである。しかしすでに一族と里の人には披露されていた。秦では戸籍主義がとられていたが、南の楚の地域では里の共同体の承認が重要であった。〉

始皇一九（前二二八）年［趙正三二歳］

秦の王翦《おうせん》将軍、趙王遷《せん》を捕虜にし、邯鄲が秦に降る。〈燕世家・田敬仲完世家は趙滅亡とする。〉

遷の嫡子の兄弟である公子嘉《か》が代《だい》で王となる。〈六国年表や趙世家の論賛では趙存続とする。〉
秦王、邯鄲に行き、秦王の母家と確執があった者を穴埋めにする。
秦王、太原郡を経由して都に戻る。母太后亡くなる。〈このころ荊軻、趙の邯鄲に行くか。〉
南郡警戒する（睡虎地秦簡『編年記』）。〈このころ荊軻、燕に入るか。〉

始皇二〇（前二二七）年［趙正三三歳］

荊軻、燕を出発し、易水で見送られる〈冬のことか。〉
荊軻、咸陽に到着し、秦王暗殺未遂事件を起こす。〈正月のころか。〉
四月丁亥《ていがい》（二日）、秦、南郡に警戒の命令を下す（睡虎地秦簡『語書』）。〈事件後の措置か。〉
〈嶽麓秦簡『奏讞書』によれば、魏の占領地で降伏し奴隷身分に落とされたものが、秦に入り、殺人事件を起こした。現場の遺留品から聞き込み調査を続け、最後に真犯人にたどりついたという。〉

始皇二一（前二二六）年［趙正三四歳］

秦の王翦将軍、燕都を攻め太子丹の首をとる（秦始皇本紀）。〈燕世家では、燕王が遼東に逃げ、子の太子丹を斬って秦に献上したという。〉
韓王死去（『編年記』）。昌平君、楚に帰る。〈秦王と何らかの軋轢があったか。〉

始皇二二（前二二五）年［趙正三五歳］

秦の王賁《おうほん》将軍、魏の大梁《たいりょう》城を三ヶ月水攻めにして魏王の仮《か》を捕虜にする（魏滅亡）。
〈嶽麓秦簡『奏讞書』によれば、一二月に楚を攻撃中に秦人の逃亡者を逮捕。証言では一〇年前、一

二歳のときに母と楚に逃亡したという。始皇一二年の年はちょうど蜀に流されていた嫪毒の舎人が釈放されている。〉

始皇二三（前二二四）年［趙正三六歳］

秦の王翦と蒙武将軍、楚の将軍項燕を殺す（六国年表、楚世家、蒙恬《もうてん》列伝）。

四月、昌文君死去（『編年記』）。

秦王みずから楚の陳に行く。

〈秦始皇本紀はこの年に楚王負芻《ふすう》が捕虜となった後、項燕《こうえん》が昌平君を楚王に立てて淮南《わいなん》で反乱したとする。〉

始皇二四（前二二三）年［趙正三七歳］

〈睡虎地四号秦墓出土木牘によれば、二月辛巳《しんし》（一九日）に出された、戦地から故郷に宛てた書簡では、秦軍は淮陽《わいよう》でまだ楚の城を攻略中であるので、楚はまだ亡んでいない。〉

秦の王翦と蒙武将軍、楚王負芻《ふすう》を捕虜にする（楚滅亡）。

〈秦始皇本紀では、楚王となった昌平君死去、項燕自殺とする。〉

始皇二五（前二二二）年［趙正三八歳］

秦の王賁将軍は燕王喜を捕虜にする（燕滅亡）。

秦の王賁将軍は代王嘉を捕虜にする（趙の滅亡とする）。

天下に宴会を許す（斉以外の五国が滅亡したことを慶賀）。

〈里耶《りや》秦簡によれば、三月に丞相啓、王綰《おうわん》と典客李斯《りし》が見える。典客は東方諸侯の使節を迎える職務。嶽麓秦簡『奏讞書』によれば、この年に南郡で秦人と楚人が共謀して殺人事件を起こしている。〉

始皇二六（前二二一）年［趙正三九歳］

①秦の将軍王賁《おうほん》が斉王建を捕らえる（東方六国最後の**斉の滅亡**）。

②丞相の王綰、御史《ぎょし》大夫《たいふ》の馮劫《ふうきょう》、廷尉の李斯らに王に代わる称号を議論させ泰皇号が提案されたが、秦王はみずからの意志で**皇帝号を採用**する。〈大臣や博士の意見にそのまま従わなかったことが趙正らしい。〉

③皇帝号にあわせて亡き父の荘襄王を太上皇と称する（**荘襄王追尊**）。〈始皇帝は父への孝行の姿勢を表明した。出土史料の詔書版にも荘王を泰上皇とすると記されている。大臣たちが提案した泰皇は始皇帝に拒否されたが、父の尊号に使われたことになる。〉

④死後の諡《おくりな》の制度をやめ、始皇帝、二世皇帝、三世皇帝との称号をあらかじめ決めておく（**諡号廃止**）。〈皇帝になると同時に死後を考え、父が子に、君が臣に評価されることを避けようとした。〉

⑤斉人から戦国の鄒衍《すうえん》による終始五徳の書を上奏され、秦を五徳の火徳の周に勝つ水徳の王朝とする。水徳の季節の冬に合わせて年始は一〇月、朝廷の服や旗の色は水徳の黒とし、冠や御輿《ぎょよ》の幅、馬も水徳の数の六（六寸、六尺、六馬）に合わせ、河水（黄河）も徳水と改名する（**水徳政治**）。〈五徳説では天の数は一、三、五、七、九の奇数、地の数は二、四、六、八、十の偶数、五徳の木は三、八、火は二、七、土は五、十、金は四、九、水は一、六の数字が配当された。数字にこだわるのは数合わせ

ではなく、宇宙を数学で読み解く現代の科学に近い感覚ではないか。秦と東方六国を貫流するもっとも重要な大河を徳水と名付けたのは、永遠に海に注ぎ続ける自然の大きな循環を五徳の徳で表現したのであろう。〉

⑥封建制と郡県制の可否を議論し、廷尉李斯の提案にしたがい全土に**郡県制**をしく。三六の郡を置き、郡には中央から守（長官）、尉（軍官）、監（監察官）を任命して派遣する。〈秦はすでに戦国時代から占領地に郡を置き、その下に県を置いて支配していた。それを全国化したものといえる。三六は水徳の六の自乗数。具体的な郡名はすでに漢代には忘れられ、二〇〇〇年来、諸説紛々の議論がある。里耶秦簡の発見により、二〇〇〇年後に三六郡のなかに洞庭《どうてい》郡が入っていることがはじめてわかった。〉

⑦正式な民の呼称を**黔首**《けんしゅ》と改め、大宴会を行わせる。〈人民と向き合う皇帝の姿勢を感じる。黔は黒、首は頭、庶民は黒髪を露出することからこう呼んだ。龍崗《りゅうこう》秦簡、嶽麓秦簡、張家山漢簡、里耶秦簡などに黔首のことばが見える。〉

⑧旧六国の兵器を都咸陽に回収し、溶解して編鐘《へんしょう》のつり台座とそれを支える金人《きんじん》一二体を作り、宮中に置く（**刀狩りと金人一二体**）。〈武器には鉄と銅の両方があったが、銅・錫・鉛の合金の青銅の武器は内部が腐食することはなく、表面の錆を除けば鋭利さを保て、鉄よりも利点が多い。編鐘とは音階の異なる鐘を連続してつり下げたものをいう。金人の重さは一体で一〇〇〇石《せき》（約三〇トン）であったという。一二は中国の絶対音階の一二律に通じる。基本音は九寸の最長の音律管の黄鐘、ここから

交互に三分の一を減じ、三分の一を加えて一二律を決める。秦は黄鐘《こうしょう》よりも半音低い八寸の大呂《たいりょ》を王朝の音律とした。始皇帝は秦の音律の音楽を宮中で奏でて統一を祝ったのだろうか。秦の六国征服を意味した一二金人は、後漢には西方の夷狄征服を象徴するものと誤解された。長城の西の起点の臨洮《りんとう》に夷狄の服を着た長人が現れたのを記念したというが、始皇二六年の時点にはありえない。〉

⑨**度量衡の規格、車輪の幅、文書の形式を統一**する。

⑩領土は東は海と朝鮮、西は臨洮と羌中《きょうちゅう》、南は北向きに窓を設ける地方まで、北は河（黄河）に沿って塞《さい》（長城）を築き、陰山《いんざん》から遼東までを連ねる（**国境確定**）。〈長城は戦国の北辺の長城を残しただけでまだ統一長城は築かれていない。南の国境も未確定で漠然としか語られていない。〉

⑪全土の富豪一二万戸を咸陽に移住させる（**咸陽移民**）。〈一二は水徳の六の二倍の数、木星が太陽を回る周期が一二年、一年一二ヶ月など自然から生み出された数である。〉

⑫渭水《いすい》の南岸に咸陽城を拡張し、歴代秦王の霊廟と宮殿、上林苑《じょうりんえん》（全国の動植物を集めた御苑）を置く（**咸陽城の拡張**）。〈咸陽城の拡張はこのあと時間をかけて行われていく。〉

⑬六国諸侯の宮殿を壊して咸陽宮周辺に再建し、略奪した六国の後宮の女官や楽器の鐘、太鼓を秦の宮殿に満たす（**東方六国の宮殿再建**）。〈このとき同時に六国の首都の城郭を破壊し、六国の国境にあった内地の長城を取り除く政策が実施された。〉

〈里耶秦簡には統一のこの年に洞庭郡遷陵《せんりょう》県で起こった事件が記されている。三月に徴兵された兵士の名簿が作成され、五月に郷里の戸数を調整し、六月に越人の反乱事件を調査し、八月に県の公船を

借用して返却しない事件を調査している。〉

始皇二七（前二二〇）年［趙正四〇歳］

始皇帝は秦の西の故郷の地にはじめての巡行に出る（**第一回巡行**）。〈秦の歴代の諸侯の陵墓と廟に前年の天下統一を報告した。この行程を見ると、五帝の始祖黄帝《こうてい》の巡行にならっている。黄帝は琅邪の丸山《がんざん》に登り、泰山《たいざん》に行き、西の空桐山《くうどうざん》、鶏頭山《けいとうざん》に登ったと伝えられる。〉

渭水の南に作った信宮《しんきゅう》の建物を極廟《きょくびょう》とし、天の北極星を地上に投影する。この極廟から酈山《りざん》（始皇帝陵）までを道路でつなぐ。〈始皇帝が亡くなると極廟は始皇帝の廟となるので、遺体を収める陵と位牌を収める廟が結ばれることになる。〉

渭水南にあらたに甘泉前殿を作り、目隠しのための側壁を設けた甬道《ようどう》で渭水北の咸陽宮と連結させる。〈始皇帝は渭水の南北を、姿をさらさずに秘密裏に移動できた。これらによって北極星を中心にめぐる天文を地上の都と陵墓の配置に投影させ、天下の中心に位置する咸陽城にした。〉

爵一級を民に賜る。〈天下統一と皇帝即位を記念した。竹簡史料には爵位のない士伍《しご》から一級の公士《こうし》、二級の上造《じょうぞう》、三級の走馬《そうば》、四級の不更《ふこう》、五級の大夫《たいふ》などが見える。民の爵位はひとつずつ加算して六級の官大夫《かんたいふ》、七級の公大夫《こうたいふ》を経て八級の公乗《こうじょう》まで上がっていくので、実際に受爵の機会は何度もあったことがわかる。〉

全国に都咸陽を中心とした**馳道**《ちどう》（一級国有道路網）を建設する。〈咸陽から放射状に東方に広がる。翌年からの東方の巡行に備えて道路建設を行った。〉

〈張家山漢簡『奏讞書』によれば、この年に南方の蒼梧《そうご》県で反乱が起こったので、秦に服属したばかりの民衆を徴発して反乱を鎮圧しようとしたところ、民衆が逃亡した事件が起こった。〉

〈里耶秦簡によれば、二月に洞庭郡下の兵を中央や周辺の郡に動員している。〉

始皇二八（前二一九）年［趙正四一歳］

始皇帝、はじめての東方巡行に出発し（**第二回巡行**）、嶧山《えきざん》と泰山に登り、石を立て、秦の徳を顕彰する（嶧山刻石、泰山刻石）。

泰山では魯の儒生たちと、封禅《ほうぜん》と山川の祭祀の次第を議論する。泰山の頂上に登る途中で暴風雨に遭遇したときに樹木の木陰で休息できたので、その樹木に五大夫《ごたいふ》の爵位を与える。〈この樹木は五大夫の松として伝わる。五大夫は二〇等の爵位の下から九級、ここから上は庶民ではなく高官となる爵位である。〉

泰山で天を祀り、その東南の梁父山《りょうほざん》で地を祀る（**封禅《ほうぜん》**）。〈泰山は歴代諸侯が羨望していた山岳、梁父山は斉の八神のなかの地主を祀る場所。〉

渤海沿岸を東に向かい、黄県、腄《すい》県を通過し、半島の突端の成山《せいざん》を極め、もどって之罘山《しふざん》に登り、石を立てて秦の徳を顕彰する（**之罘刻石**）。

南に向かい、琅邪台《ろうやだい》に登る。始皇帝は大いに楽しんで三ヶ月滞在する。黔首三万戸を琅邪台の麓に移住させ、その者には一二年間税を免除する。琅邪台の宮殿を作り、石を立てて秦の徳を顕彰する（**琅邪台刻石**）。

〈このとき王賁・王離父子や馮毋《ふうぶ》択《たく》の将軍、隗状《かいじょう》と王綰の両丞相、廷尉李斯ら文武の官が同行し、琅邪台の海辺でこれまで始皇帝がたどった足跡を回顧している。〉

斉人の方士の徐市《じょふつ》らが上書し、海中には蓬莱《ほうらい》・方丈《ほうじょう》・瀛洲《えいしゅう》の三神山があり、僊人《せんにん》(仙人)が住んでいると伝える。斎戒《さいかい》して未婚の男女を連れて探したいと申し出て、未婚の男女数千人を連れて海に入り僊人を求める。〈三神山は渤海《ぼっかい》にあったのであろう。山東半島の蓬莱では初夏や初秋に蜃気楼《しんきろう》が現れる。海面の低温と大気の暖気の温度差が太陽の光線を異常に屈折させ海峡の島嶼を投影するものである。『史記』封禅書では、三神山は雲のように望め、近づけば水中に沈んでしまうという。〉

始皇帝、彭城《ほうじょう》を過ぎたときに、泗水《しすい》の川を斎戒して祭祀し、周が伝えてきた鼎《かなえ》を引き上げようとしたが、一〇〇〇人を使って水にもぐっても引き上げられず。〈彭城は現在の江蘇省徐州市、この周鼎は楚の荘王が周の定王に鼎の軽重を問うた鼎であり、権力をねらう野心を示すことばとなった。周鼎は夏の禹《う》王が全土九州の銅を集めて作ったので九鼎《きゅうてい》といったという。周の天子が九つの鼎を持っていたという説もある。周に封じられた殷の微子啓《びしけい》の宋の国が伝えていた。始皇帝は宋にほど近い彭城に鼎が流されていたという伝説を聞いたのであろう。〉

西南方向に進み、淮水《わいすい》を渡り、衡山《こうざん》から南郡に行く。〈南郡はながらく楚を占領支配していたときの拠点であった。『編年記』に「二八年、今安陸を過ぎた」と、このとき始皇帝が南郡安陸県を通過したことが記録されていた。〉

江水(長江)に船を浮かべ、湘山《しょうざん》の祠に行く。すると大風に遭遇し、少しの所で渡ることができなかった。始皇帝は同行の博士に湘君《しょうくん》の神の由来を尋ねると、堯《ぎょう》の女で舜《しゅん》の妻であるという。始皇帝はひどく怒って刑徒三〇〇〇人に湘山の樹木をまるごと抜いて裸にさせる。

〈始皇帝は五帝最後の舜に惹かれた。堯に命じられた舜は五年ごとに四嶽《しがく》への巡行を繰り返して山川を祀り、東方の君長を集めて暦と音律と度量衡を一つにしたという。その舜は南巡のさなか蒼梧で亡くなり、九疑山《きゅうぎさん》に埋葬されたという。始皇帝はここに想いをよせた。〉

始皇帝は南郡から武関を通って帰京する。

始皇二九（前二一八）年［趙正四二歳］

始皇帝、東方の地の巡行に出発する（**第三回巡行**）。

山東半島の之罘山に登り、二つの石にみずからの顕彰文を刻む（之罘刻石・東観刻石）。〈之罘山は現在では芝罘島といい陸続きとなっているが、当時は細い砂州でつながり、引き潮のときにだけ渡ることができたのだろう。斉の八神では陽気を祀る聖地。〉

琅邪台に行き、上党郡にもどって帰京する。〈琅邪台は斉の八神では四季を祀る聖地。〉

始皇三〇（前二一七）年［趙正四三歳］

秦始皇本紀には「事無し」と記述され、六国年表も空白の年。〈現実になにも事件がなかったとは考えられない。翌年もふくめて巡行はせずに都で休息していたことになる。〉

始皇三一（前二一六）年［趙正四四歳］

〈里耶秦簡には九月に田官《でんかん》の報告書が見える。〉

冬一二月の祭祀の名称を、周の臘《ろう》から殷にならって嘉平《かへい》に改め、黔首（人民）に里（村落）ごとに六石《せき》の米（精米した穀物）と二頭の羊を賜い、祭祀をさせる。精米穀物（米）の価格は一石《せき》（約三〇キログラム）あたり一六〇〇銭。〈全国の里に与えた六石の米の価格は九六〇〇銭となる。〉

始皇帝、夜に武士四人を連れて咸陽周辺をお忍びで出かけていた際に、蘭池《らんち》で盗賊に襲われたが、武士が盗賊を殺す。二〇日間かけて大捜査する。〈蘭池に出かけた目的はわからない。お忍びというのは燕人の方士盧生《ろせい》のことばに、君主は臣下に居場所を知らせないようにすれば、悪気を避け、天地とともに生きる長寿の真人《しんじん》になることができるとあることに拠るか。蘭池は渭水の水を引いたもので、東方の神仙の島を築き、石の鯨を置いたという。東方巡行の代替行為であったかもしれない。〉

始皇三二（前二一五）年［趙正四五歳］

始皇帝、渤海湾の碣石《けっせき》に行き、方士の盧生に羨門高《せんもんこう》と高誓《こうせい》という仙人を探させる（**第四回巡行**）。碣石門に文字を刻した（**碣石刻石**）。〈碣石は河北省秦皇島市西の碣石山のこととするのが有力な説であったが、遼寧・河北省の渤海沿岸にまたがる巨大離宮群の発見によってその南にある渤海沿岸の門のように立つ岩礁であることが確実になった。碣石は一年に一度春節のころの大潮で陸地とつながるという。〉

城郭を壊し、堤防を開通させる。〈司馬遷は碣石刻石の文章からこの年のこととしたが、これは六国の都の城郭と国境にある長城を壊した統一時の施策である。〉

韓終《かんしゅう》、侯公《こうこう》、石生《せきせい》に仙人の不死の薬を求めさせる。

始皇帝、北辺を巡り、上郡から帰る。〈このとき始皇帝がはじめて北の国境を巡ったのは、匈奴《きょうど》など遊牧民の動きが活発化したからである。〉
燕人の盧生が海から戻り、鬼神のことばとして「秦を亡ぼす者は胡《こ》なり」とある『録図書《ろくとしょ》』という予言書を献上する。
始皇帝は将軍の蒙恬に三〇万人の兵を率いて北方の胡(匈奴)を攻撃させ、河南(三方を黄河にはさまれた陝西《せんせい》省北部から内モンゴルの草原地帯)を占領する。〈六国との戦争以来、ふたたびあらたな戦争が始まった。〉

始皇三三(前二一四)年[趙正四六歳]

〈里耶秦簡には正月、四月の文書がある。〉
逃亡した罪人、困窮のために売られて婿入りした者、商人を動員して陸梁《りくりょう》の地(湖南・広東両省境界域の山脈以南の地、嶺南という)を占領し、桂林《けいりん》、象《しょう》、南海の三郡を置き、罪人に守らせる。〈北方の戦争に加えて南方の百越《ひゃくえつ》でも、五〇万もの兵士を送っての大規模な戦争が始まり、秦は南北同時戦時体制に突入した。長江以南の南方は高温多湿の気候のため、乾燥寒冷に慣れた北方人には耐えられない。南方に移住させたのは、家から放出された人びとであった。〉
西北では匈奴を追い、黄河に沿って陰山山脈までの地に三四(四四)の県を置き、黄河のほとりに城を築いて塞とする。蒙恬に黄河を渡り黄河の北部の地を取り、砦を築いて戎人《じゅうじん》を追わせる。初めて置かれた県には罪人を送る。

〈賀蘭《がらん》山脈と黄河が並行するこの地には長城を作らずに県城を並べ、防衛の拠点とした。〉

〈里耶秦簡には三四年二、三、四月の文書がある。〉

始皇三四（前二一三）年［趙正四七歳］

不正に裁判を行った官吏を送り、長城と南方の越の地に砦を築かせる。〈戦時体制のなかで罪人だけの労働力では足りず、不正な官吏も動員しようとした。同時に全国の治安の引き締めになった。陰山山脈と黄河が並行するこの部分に石積の長城を築いた。現在まで部分的に残されている。〉

始皇帝は咸陽宮で酒宴を開き、博士七〇人が長寿のお祝いをする。僕射《ぼくや》の周青臣《しゅうせいしん》は蛮夷を放逐したことを褒め称える。博士の斉人の淳于越《じゅんうえつ》は、古にならって子弟や功臣を封建し、支えにすべきことを提案する。丞相李斯は諸生が古に学び今をそしって黔首を惑わせていることから、今をそしる書物を焼くことを提案する（**焚書**）。

〈里耶秦簡には一〇、六、七、八月の文書がある。八月に遷陵県の弩《いしゆみ》の数一六九件を確認しており、百越戦争と関係があるのか。嶽麓秦簡に『質日』の文書がある。〉

始皇三五（前二一二）年［趙正四八歳］

九原から雲陽まで山を削り谷を埋めて直道《ちょくどう》を作る。〈黄土高原は浸食された谷が多く、そのわずかな稜線上の平坦地を南北に選びながら、長城まで直線の最短距離の道路を建設した。〉

咸陽の人口が増え宮廷も狭くなったので、渭水南の上林苑に朝宮を作り、まず**阿房宮《あぼうきゅう》を造営**する。阿房宮から渭水を渡り咸陽宮に連ねる設計は、閣道《かくどう》（カシオペア座）が天漢《てんかん》（天の川）を渡って営室《えいしつ》（ペガス座）に至る星座を地上に投影したものである。〈当時の渭水は現在の渭水よりも南に流れていた。二〇一二年その古渭水の砂地のなかから木製の橋脚群が発見された。渭水を渡る橋であり、天の川を渡る天の閣道の星座に見立てられたものである。〉

刑徒七十数万人を動員し、阿房宮と酈山《りざん》（始皇帝陵）の建設に参加させる。〈渭水南の咸陽城と皇帝陵の建設は最終段階に入り、工事の完成が急がれた。嶽麓秦簡の『私質日』に、官吏が咸陽に出張した記録が暦のなかに記されていた。四月乙亥《いつがい》（一七日）に戯《ぎ》、丙子《へいし》（一八日）に咸陽、乙酉《いつゆう》（二七日）に麗邑《りゆう》、丙戌《へいじゅつ》（二八日）にまた戯に宿泊している。戯は始皇帝陵の東、麗邑は始皇帝陵を守る都市であることから、亭長劉邦《りゅうほう》が泗水亭長であったときに刑徒を酈山に送る任務を負っていたことに通じる。『質日』を記した地方官吏もこの年の阿房宮と酈山に労働力を送り込む仕事をしていたのだろうか。〉

宮殿の数は函谷関《かんこくかん》の内側の関中に三〇〇、関外に四百余りとなる。〈郡県の役所とは別に、全国に離宮を増築していった。これが始皇帝の巡行時の宿泊のための行宮《あんぐう》となる。離宮付近には国有地の禁苑を設け、自然資源を確保した。〉

石を東海上の朐《く》県《けん》の境界に立て、**秦の東門**とする。〈都咸陽からほぼ同緯度の真東に一〇〇〇キロメートルも離れた江蘇省連雲港《れんうんこう》市の海岸に東の門を築いた。咸陽と同じ星座を眺めることができる場所である。天下の中心に咸陽を置き、東の海と連結させた壮大な中華帝国を目指した。〉

三万家を麗邑に、五万家を雲陽に移し、一〇年間税を免除する。〈始皇帝陵を守る都市と直道の出発点の都市に民衆を移住させた。陵墓を守り、軍事道路を守る目的で行われた。〉

侯生、盧生らが始皇帝を批判したので、始皇帝は咸陽にいる諸生が黔首を乱すとして**四百六十余人を穴埋めにする**。〈『史記』では対象は諸生、術士であったが、後漢に「阬儒」となり、唐代にその場所を「阬儒《こうじゅ》の処」というようになった。〉

〈里耶秦簡に四月の文書がある。〉

始皇三六（前二一一）年［趙正四九歳］

熒惑《けいわく》（火星）が心宿《しんしゅく》に接近する。〈火星と、東方の星宿である心宿の二つの赤い星が接近したことで、不吉な兆候と見られた。しかしこの現象は翌年に起こったことであることがわかってきた。〉

隕石《いんせき》が東郡に墜ちて石となる。ある者がその石に「**始皇帝死して地分かる**」と刻んだ。御史《ぎょし》を派遣して誰の仕業か調べたが見つからず、始皇帝は石の落ちた場所の住民をことごとく捕らえて殺し、その石も溶かす。始皇帝は不快に思い、博士に仙真人の詩と天下巡行の歌を作らせ、楽人《がくじん》に演奏させたという。

秋、使者が（隕石を調べて）東方から戻り、夜に華陰《かいん》県平舒《へいじょ》道を通過したとき、玉璧を持って使者を遮る者がいて、滈池《こうち》君《くん》に贈ってほしいといい、また「**今年祖龍死す**」と予言した。使者がその理由を尋ねると、たちまち見えなくなり、玉璧が残されていたという。玉璧は始皇二八年に始皇帝が長江を渡ったときに沈めたものである。〈滈池君とは周の武王の都の鎬《こう》にあった池の水神を指し、武王が殷の暴君紂《ちゅう》王を討伐したことを連想させ、始皇帝が討伐されることを予知しているという旧来の説は穿ちすぎである。滈池は咸陽阿房宮の西南にあり、長江に沈めた玉璧を江神《こうしん》が拒否したと考えて、咸陽に近い池の水神《すいしん》に戻されるということであろう。始皇帝はみずからの死がはじめて予言されたことに衝撃を受けたとされている。「今年祖龍死す」という予言を、実際に始皇帝が亡くなった「明年」に書き改めてしまう後世の文献（『文選《もんぜん》』『捜神記《そうじんき》』）もあるが、今年のままでよい。〉

始皇帝は占いをし、巡行と移民をすれば吉と出る。そこで北河《ほくが》と楡中《ゆちゅう》に三万家を移し、爵一級を賜った。〈北河、楡中は統一長城である陰山長城の南に位置し、実際には北辺の防備のために移住させたものだろう。『史記』では前項の玉璧の記事を受けて起こした政策としている。不吉な予言を打ち消すには巡行と移民を行うのがよいという流れである。皇帝の行動も暦を見て決められた。〉

始皇三七（前二一〇）年［趙正五〇歳］

一〇月癸丑《きちゅう》（三日）始皇帝、巡行に出発する（**第五回巡行**）。左丞相の李斯が同行し、右丞相の馮去疾《ふうきょしつ》が留守をする。末子の胡亥《こがい》が同行を望んだので許す。〈はじめて南巡からはじめ、東巡をへて北巡を計画する。百越と匈奴との戦争後はじめての巡行となる。癸丑の日を出発日にしたのは建除《けんじょ》の占いによるのであろう。建除とは「建除盈平定執破危成収開閉《けんじょえいへいていしつはきせいしゅうかいへい》」のように循環する一二の吉凶をいい、文字の意味からも「建盈平定成収閉」は良日《りょうじつ》であり、「除執破危開」は忌日《きじつ》である。冬至の一一月から建《けん》子《し》、一二月建丑《けんちゅう》、正月建寅《けんいん》と決めていくと、一〇月は建亥《けんがい》に当たる。つまり一〇月最初の亥の日（一日）が建に当たり、まさにこの丑の日が盈の良日となる。〉

一一月雲夢《うんぼう》に行き、九疑《きゅうぎ》山に埋葬されている虞舜《ぐしゅん》を遥かに離れて祀る。〈雲夢沢は楚以来の資源の豊富な土地。秦は南郡を置いて戦国期より占領支配を続けてきた。出土した秦の封泥にも左右の「雲夢《うんぼう》丞《じょう》」があり、ここから都へ物資を送っていたことがわかった。九疑山は湖南省の南端にあり、九峰が連なる山岳。湖北省南端の雲夢からは直接眺望することはできない。〉

長江を船で下り、浮き橋を見て川岸から上陸し、丹陽を通過してから銭唐《せんとう》に行き、浙江に臨むと、波が荒くて渡れないので、西に一二〇里さかのぼった河幅の狭い所で渡る。〈現在の銭塘江の観潮《かんちょう》で知られる海水の逆流に遭遇したのではないか。杭州湾は三角形に大きく広がっているので、毎年旧暦の中秋節直後の八月一七日、満ち潮のために海水が波を立てて一気に逆流する。この年は閏月が年末の九月の後に入っているので、暦の中秋節より早くに高潮が浙江に押しよせたか。〉

会稽山に登り大禹王を祀り南海を望み、石を立てて秦の徳を謳《うた》う（**会稽刻石**）。〈夏《か》の禹王を祀ったのも、上古の帝王の力に頼ろうとしたからであろう。会稽山麓には禹穴《うけつ》という禹王の墓がある。刻石には、夫が牡豚のように不倫行為をすれば殺しても罪にならない、妻が家を出て不義を行ったら子は母と見なしてはならないというように、南方でも夫婦の倫理を北方の厳格な一夫一婦制にならうべきことが示されている。〉

呉《ご》を過ぎ、江乗《こうじょう》（長江河口の渡し場）から長江を渡る。〈秦の時代の長江河口には、上海はもちろん崇《すう》明《めい》島という長江河口の巨大な中州もまだなかった。現在の揚州あたりが河口であった。〉

海岸に沿って北上して琅邪台に着く。ここで方士《ほうし》の徐市《じょふつ》と会う。徐市は海に入り神薬を求めたが、何年も得られなかった。譴責されるのを恐れ、大鮫魚《だいこうぎょ》に苦しめられたので、あらためて弓の名手を同行させたいと偽りの話をする。

始皇帝は**海神と戦う夢を見る**。博士に夢占いをさせたところ、「水神は目に見えないが、そのまわりにいる大魚が現れたらその兆候である。この悪神を除けば、善神が到来する」という。〈海神は始皇帝に対峙する敵として登場する。海の資源に頼って生きる人びとも海神を畏怖して祀った。夢ではあるが、始皇帝の海に対する無意識のおそれを読み取るべきであろう。〉

始皇帝みずから大魚を連発の弩《いしゆみ》で射ようとして、琅邪から北へ栄成山（成山）に行ったが、大魚は現れなかった。之罘で巨魚が現れたので、一魚を射殺し、海岸を西に向かう。

始皇帝は**平原津《へいげんしん》で病となる**。〈平原津は当時の黄河の渡し場。黄河を海岸からさかのぼり、ここから上陸しようとしたか。〉

長子の扶蘇《ふそ》への**遺詔《いしょう》を作成**して封印し、中車府令《ちゅうしゃふれい》趙高に託す。

七月丙寅《へいいん》、始皇帝は**沙丘《さきゅう》の平台《へいだい》で崩じる**。〈本文で詳述してあるように、八月丙寅（二一日）に修正すべきである。〉

趙高は胡亥、李斯と遺詔を破棄し、偽詔《ぎしょう》を二つ作成する。一つは胡亥を太子にすることを認め、もう一つは長子扶蘇と蒙恬に死罪を賜る内容である。

巡行の列は井陘《せいけい》より九原に着くが、たまたま暑いときであり、轀輬車《おんりょうしゃ》から始皇帝の遺体の臭いがしたので、詔をして一石《せき》の鮑魚《ほうぎょ》を車に積み込ませ、臭いを紛らわせる。〈始皇帝の死を隠して、予定通りに北辺に向かう。出発前に実施した、対匈奴のための北辺移民の成果を確認する予定であったのだろう。この地で胡亥の立太子の偽詔を発表したものと思われる。鮑魚はあわびではなく、くさやのよう

な塩で発酵させた強烈な臭いを発する魚の保存食品。残暑の時期であり、すでに九月に入っていたか。〉

偽詔を受けて扶蘇は上郡で自殺し、蒙恬は陽周、蒙毅は代にそれぞれ収監される。〈始皇帝の死は扶蘇ら三人にも知らされていない。使節が偽詔を伝えた時期は記録がないが、始皇帝の遺体を載せた轀《おん》輬車《りょうしゃ》が上郡を通過したころと推測した。〉

直道を通り咸陽に着く。〈直道の調査発掘により、行宮の遺跡がいくつか確認されている。死を伏せているためにことさら急ぐことなく宿泊をしながら戻ったのであろう。〉

始皇帝の喪《も》を発表し、太子の胡亥が即位して二世皇帝となる。

九月、始皇帝を**酈山《りざん》に埋葬する。**〈この年は九月のあとに閏の後九月があり、後九月に修正すべきである。〉

二世元（前二〇九）年〔胡亥二一歳〕

一〇月戊寅《ぼいん》（五日）、二世皇帝、罪人に大赦を行う。趙高、郎中令となり支える。

一〇月甲午《こうご》（二一日）、二世皇帝が始皇帝の遺詔を実行するという文書を全国に下し、ここではじめて始皇帝と呼ぶ（益陽秦簡）。

二世皇帝が詔を下し、始皇帝の寝廟《しんびょう》に供える犠牲と山川祭祀の礼の供え物を増やす。〈始皇帝陵墳丘の西北にも寝殿、西北部に祭祀（礼制）建築群があり、ボーリング調査されている。〉

一一月、兎園《とえん》を作る。〈皇帝の狩猟用として兎を飼育したのであろう。〉

春、二世皇帝、全国の巡行を実施し、始皇帝のたどった碣石、会稽などを回り、遼東から都に戻る。丞相李斯が随行する。〈始皇帝の刻石には「皇帝」としか記されていなかったので、二世皇帝の詔書を追刻することによって「始皇帝」の称号をはじめて石に刻むことになった。〉
〈周家台秦簡の二世元年の暦譜《れきふ》や里耶秦簡では正月を端月として始皇帝趙正の名を避けている。〉
二世皇帝、大臣の蒙毅を殺し、蒙恬を服毒自殺させ、さらに始皇帝の公子一二人を咸陽の市場で殺し、一〇人の公主《こうしゅ》(始皇帝の娘)を杜県で身体を裂いて処刑する(李斯列伝)。秦始皇本紀では、六人の公子を杜県で殺したという。公子の高は始皇帝への殉葬を願い認められる。〈二世皇帝は兄弟姉妹を公開処刑した。始皇帝の末子の二世皇帝はこのとき一二歳、本紀では二一歳ともいうが、一二歳説をとる。二世皇帝の兄弟を粛清した背後に趙高の指導と判断が感じられる。二世皇帝は、亡き父にたいしては孝行だけでなく臣として仕えるべきであったと主張した。過去の行動を不臣として死罪に服するか、殉死して孝と臣を全うするか、公子、公主たちは追い込まれた。〉
四月、二世皇帝、咸陽にもどる。始皇帝陵の墳丘の土を盛る工事が終わったので、阿房宮の工事を再開させる。全国から材士(能力ある兵士)五万人を徴発して咸陽に駐屯させ、狗・馬・禽獣を射ることを教練する。
七月、北辺の漁陽《ぎょよう》に徴発された**陳勝・呉広らが反乱を起こす**。秦の公子扶蘇と楚の将軍項燕になりすまし、陳勝は楚王となり、張楚国を立てる。〈始皇帝を諌めて北辺に追われた秦の公子扶蘇は民衆からも慕われていた。〉

九月、項梁と項羽、沛公劉邦がそれぞれ反乱を起こす。
陳勝・呉広の軍が西に向かった際、李斯の子の三川《さんせん》郡守李由《りゆう》は阻止できず。〈のちに使者を派遣して李由が取り調べられ、丞相李斯の責任として問われる。李斯は二世皇帝におもねる書で答える。〉
秦、衛の君角を庶人とし、衛の祭祀は絶える(衛康叔世家)。〈平勢隆郎は年代補正し始皇二六年のこととする。〉

二世二(前二〇八)年[胡亥二三歳]

冬、陳勝軍の周章らの兵数十万が始皇帝陵近くの戯に迫る。少府の章邯《しょうかん》を将軍として、始皇帝陵建設の刑徒に武器を持たせて戦わせる。〈この時期でもまだ始皇帝陵の工事を継続していたことになる。酈山の刑徒は多いときで数十万人もいた。始皇帝を地下に埋葬したあとにも、壮大な地下帝国の陵園の工事を行っていた。兵馬俑坑はじめ陪葬坑の建造を進めていたのであろう。兵馬俑坑の四つめの坑は何も埋蔵せず未完成である。〉
一二月、陳勝殺され、六ヶ月の**張楚政権は崩壊する**。〈このころ秦はまだ軍事的に優勢であった。陳勝は章邯らの秦軍に殺されたとも、みずからの御者の荘賈《そうか》に殺されたともいわれる。〉
〈『史記』秦楚之際月表では正月を趙正の名を避けて端月と記述する。〉
二世皇帝は甘泉宮で角抵《かくてい》(相撲)や俳優の演劇を楽しむ。このとき李斯が二世皇帝に趙高の短所を上書するが、二世皇帝は趙高に漏らす。趙高の提案で李斯の裁判が始まる。〈始皇帝陵の陪葬坑に百戯俑《ひゃくぎよう》がある。角抵の力士俑が発見されている。〉

趙高、**李斯の裁判**を始め、子の李由を謀反の罪に問う。
李斯、獄中より上書して無罪を二世皇帝に訴える。
丞相馮去疾、将軍馮劫、二世皇帝を諫めたことで罪を問われ、自殺する。
七月、趙高が裁判を行い、**丞相李斯に腰斬の極刑**を判決として出す。
八月、李由が劉邦、項羽に斬られる。

二世三(前二〇七)年［胡亥一四歳］
秦将の章邯、王離、渉間《しょうかん》とともに鉅鹿《きょろく》を囲む。〈秦軍最後の戦績であった。〉
冬、**李斯は処刑**され、**趙高は丞相**となる。〈趙高には政敵はいなくなった。〉
一二月、上将軍項羽、秦に攻められた鉅鹿を救う。
端月(正月)、秦将王離は項羽の捕虜となり、秦将の蘇角は殺され渉間は焼身自殺する。
四月、秦将章邯、項羽に攻められ、兵を本国に要請するが趙高に受け入れられず。
七月　秦将章邯、項羽と殷虚《いんきょ》(墟)で会盟し、項羽側につく。〈秦は軍事的に完全に敗北する。〉
八月己亥《きがい》(一二日)、趙高、乱を起こそうとして二世皇帝に鹿を献上し、馬といいくるめ、臣下の反応を確かめる。〈いわゆる**馬鹿《うましか》の故事**。群臣がみな趙高の権勢を恐れたことを示すといわれるが、このとき趙高は秦の軍事的な基盤をすでに失っていた。〉
二世皇帝、上林苑に入り斎戒した際、苑中に入った無実の者を射殺する。趙高、二世皇帝の行為を責め、咸陽郊外の望夷《ぼうい》宮に行かせ、**二世皇帝を望夷宮で自殺させる**。

九月、二世皇帝の兄の子の子嬰《しえい》が秦王に立ち、二世皇帝を庶民の身分で宜春苑に埋葬する。趙高が秦を亡ぼして関中の王となる約束を項羽としたことが子嬰の耳に入る。秦王子嬰、宦者の韓談父子と趙高を刺殺する。

漢元（前二〇六）年

一〇月、秦王子嬰、即位四六日で沛公劉邦に降る。〈子嬰は生きていても、降伏したことにより秦という国は亡くなったことになる。〉

一一月、項羽、秦の兵士二十数万人を新安で穴埋めにし、劉邦に遅れて函谷関を撃破して秦都に入る。項羽の兵四〇万は鴻門《こうもん》、劉邦の兵一〇万は灞水《はすい》のほとりに駐屯する。

一二月、沛公劉邦と上将軍項羽の間で**鴻門の会《かい》**が開かれる。〈鴻門は始皇帝陵の真北に位置する。〉項羽、子嬰を殺し、秦の宮殿を焼く、火は三ヶ月消えなかったという。〈秦帝国が完全に滅亡し、項羽と劉邦の五年間の楚漢戦争が始まる。楚漢戦争のときに劉邦は項羽の一〇の罪を挙げ非難する。その一つに、項羽が始皇帝陵を盗掘してその財物を手にしたという。しかし、兵馬俑坑には盗掘と焼却の跡があるが、始皇帝陵の地下宮殿の空間は手つかずで残されていることがわかっている。〉

*日は干支《かんし》で表記されるので、数字に換算するには朔閏表《さくじゅん》（月の朔日《ついたち》の干支、閏月《うるう》、大月〈三〇日〉、小月〈二九日〉の配置を知る表）が必要。本書では張培瑜『中国先秦暦表』（斉魯書社、一九八七年）、徐錫祺『西周（共和）至西漢暦譜（下）』（北京科学技術出版社、一九九七年）を利用し、出土史料の暦譜などで修正した。

鶴間和幸

1950年東京都生まれ.
1980年東京大学大学院人文科学研究科博士課程単位取得退学.
博士(文学)
専攻－中国古代史
現在－学習院大学文学部教授
著書－『秦帝国の形成と地域』(汲古書院)
『ファーストエンペラーの遺産 秦漢帝国』(講談社)
『秦漢帝国へのアプローチ』(山川出版社)
『始皇帝陵と兵馬俑』(講談社)
『秦の始皇帝 伝説と史実のはざま』(吉川弘文館)

人間・始皇帝　　岩波新書(新赤版)1563

2015年9月18日　第1刷発行

著　者　鶴間和幸《つるまかずゆき》

発行者　岡本　厚

発行所　株式会社 岩波書店
〒101-8002 東京都千代田区一ツ橋2-5-5
案内 03-5210-4000　販売部 03-5210-4111
http://www.iwanami.co.jp/

新書編集部 03-5210-4054
http://www.iwanamishinsho.com/

印刷製本・法令印刷　カバー・半七印刷

ISBN 978-4-00-431563-6　　Printed in Japan

岩波新書新赤版一〇〇〇点に際して

ひとつの時代が終わったと言われて久しい。だが、その先にいかなる時代を展望するのか、私たちはその輪郭すら描きえていない。二〇世紀から持ち越した課題の多くは、未だ解決の緒を見つけることのできないままであり、二一世紀が新たに招きよせた問題も少なくない。グローバル資本主義の浸透、憎悪の連鎖、暴力の応酬――世界は混沌として深い不安の只中にある。

現代社会においては変化が常態となり、速さと新しさに絶対的な価値が与えられた。消費社会の深化と情報技術の革命は、種々の境界を無くし、人々の生活やコミュニケーションの様式を根底から変容させてきた。ライフスタイルは多様化し、一面では個人の生き方をそれぞれが選びとる時代が始まっている。同時に、新たな格差が生まれ、様々な次元での亀裂や分断が深まっている。社会や歴史に対する意識が揺らぎ、普遍的な理念に対する根本的な懐疑や、現実を変えることへの無力感がひそかに根を張りつつある。そして生きることに誰もが困難を覚える時代が到来している。

しかし、日常生活のそれぞれの場で、自由と民主主義を獲得し実践することを通じて、私たち自身がそうした閉塞を乗り超え、希望の時代の幕開けを告げてゆくことは不可能ではあるまい。そのために、いま求められていること――それは、個と個の間で開かれた対話を積み重ねながら、人間らしく生きることの条件について一人ひとりが粘り強く思考することではないか。その営みの糧となるものが、教養に外ならないと私たちは考える。歴史とは何か、よく生きるとはいかなることか、世界そして人間はどこへ向かうべきなのか――こうした根源的な問いとの格闘が、文化と知の厚みを作り出し、個人と社会を支える基盤としての教養となった。まさにそのような教養への道案内こそ、岩波新書が創刊以来、追求してきたことである。

岩波新書は、日中戦争下の一九三八年一一月に赤版として創刊された。創刊の辞は、道義の精神に則らない日本の行動を憂慮し、批判的精神と良心的行動の欠如を戒めつつ、現代人の現代的教養を刊行の目的とする、と謳っている。以後、青版、黄版、新赤版と装いを改めながら、合計二五〇〇点余りを世に問うてきた。そして、いままた新赤版が一〇〇〇点を迎えたのを機に、人間の理性と良心への信頼を再確認し、それに裏打ちされた文化を培っていく決意を込めて、新しい装丁のもとに再出発したいと思う。一冊一冊から吹き出す新風が一人でも多くの読者の許に届くこと、そして希望ある時代への想像力を豊かにかき立てることを切に願う。

（二〇〇六年四月）